5

最新 精神保健福祉士養成講座

一般社団法人 日本ソーシャルワーク教育学校連盟　編集

精神保健福祉の原理

中央法規

刊行にあたって

　このたび、新カリキュラムに対応した社会福祉士と精神保健福祉士養成の教科書シリーズ（以下、本養成講座）を一般社団法人日本ソーシャルワーク教育学校連盟の編集により刊行することになりました。本養成講座は、社会福祉士・精神保健福祉士共通科目 13 巻、社会福祉士専門科目 8 巻、精神保健福祉士専門科目 8 巻の合計 29 巻で構成されています。

　社会福祉士の資格制度は、1987（昭和 62）年に制定された社会福祉士及び介護福祉士法により創設されました。後に、精神保健福祉士法が制定され、精神保健福祉士の資格制度が 1997（平成 9）年に創設されました。それから今日までの間に両資格のカリキュラムは 2 度の改正が行われました。本養成講座は、2019（令和元）年度の両資格のカリキュラム改正に伴い、刊行するものです。

　新カリキュラム改正のねらいは、地域共生社会の実現に向けて、複合化・複雑化した課題を受けとめる包括的な相談支援を実施し、地域住民等が主体的に地域課題を解決していくよう支援できるソーシャルワーカーを養成することにあります。地域共生社会とは支援する者と支援される者が一体となり、誰もが役割をもって生活していくことができる社会です。こうした社会を創り上げる担い手として、社会福祉士や精神保健福祉士が期待されています。

　そのため、本養成講座の制作にあたって、❶ソーシャルワーカーとしてアセスメントから支援計画、モニタリングに至る PDCA サイクルに基づく支援ができる人材の養成、❷個別支援と地域支援を一体的に対応でき、児童、障害者、高齢者等のさまざまな分野を横断して包括的に支援のできる人材の養成、❸「講義―演習―実習」の学習循環をつくることで、実践現場に密着した人材養成をする、を目的にしています。

　社会福祉士および精神保健福祉士になるためには、ソーシャルワークに必要な五つの科目群について学ぶことが必要です。具体的には、①社会福祉の原理・基盤・政策を理解する科目、②複合化・複雑化した福祉課題と包括的な支援を理解する科目、③人・環境・社会とその関係を理解する科目、④ソーシャルワークの基盤・理論・方法を理解する科目、⑤ソーシャルワークの方法と実践を理解する科目です。それぞれの科目群の関係性と全体像は、次頁の図のとおりです。

　これらの科目を本養成講座で学ぶことにより、すべての学生がソーシャルワークの基盤を修得し、社会福祉士ならびに精神保健福祉士の国家資格を取得し、さまざまな領域でソーシャルワーカーとして活躍され、ソーシャルワーカーに対する社会的評価を高めてくれることを願っています。

社会福祉士養成教科書の全体像

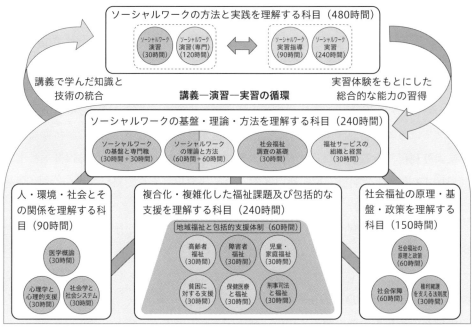

出典：厚生労働省「（別添）見直し後の社会福祉士養成課程の全体像」（https://www.mhlw.go.jp/content/000604998.pdf）
より本連盟が改編

精神保健福祉士養成教科書の全体像

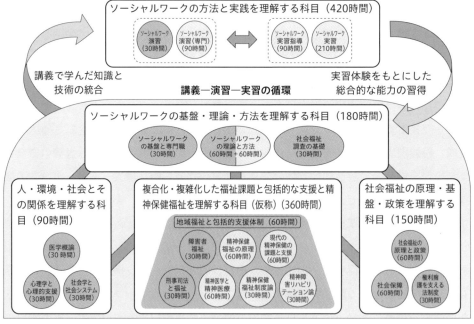

出典：厚生労働省「（別添）見直し後の社会福祉士養成課程の全体像」を参考に本連盟が作成

2020（令和2）年12月1日

一般社団法人日本ソーシャルワーク教育学校連盟
会長　白澤政和

はじめに

　本書は、精神保健福祉士を目指す人、および精神保健福祉士として働いている現任者等が、職業的アイデンティティを獲得し、また再確認するための学習に活用することが期待される。

　『精神保健福祉の原理』は、2018（平成30）年12月より行われた「精神保健福祉士の養成等の在り方に関する検討会」（厚生労働省）における協議を経て、2021（令和3）年度からの教育課程に新設された。従来、複数教科に配当されていた内容を網羅し、精神保健福祉士養成のための中核となる科目とされている。精神保健福祉士は、ソーシャルワーカーとして主に精神障害やメンタルヘルス課題を抱える人々の権利擁護や生活支援を担い、心の健康の保持増進や症状・障害の軽減により、誰もが自分の意思で主体的に暮らすことができるよう、本人および周囲の環境や社会に対する働きかけを行う。そのためには、多様な学問知識とスキルおよびソーシャルワークの価値を習得する必要があり、限られた時間数で効率的に精神保健福祉士とは何かを学ぶことができるように構成されている。

　精神保健福祉士は、「ソーシャルワーク」という世界に共通する実践と学問に基づく専門職として1998（平成10）年に誕生した国家資格である。その前身となる精神医学ソーシャルワーカー（psychiatric social worker）は、第二次世界大戦後の日本が、他の先進諸国とは異なる入院中心精神医療を選択した時期より、患者の社会復帰支援を担ってきた資格なき専門職であった。この職業を日本に導入したのは、アメリカ精神医学の影響を受け、患者に生物・心理・社会的に働きかけることの重要性を認識していた医師らである。そのため、精神医学ソーシャルワークは、日本に固有の特徴をもった精神医療現場である精神科病院を主たるフィールドとして発展してきた。精神病者・精神障害者に対する人権侵害や差別、さらに社会的排除の現実と対峙し、自己決定の原理を掲げることに、精神医学ソーシャルワーカーの存在意義が見出されたのである。

　ところで、「ソーシャルワーク専門職のグローバル定義の日本における展開」では、社会福祉専門職団体協議会（現・日本ソーシャルワーカー連盟）を構成する各専門職団体および日本社会福祉教育学校連盟（当時）の協議により、特に日本で強調すべき点が示されている。ここに掲げられている文言に照らせば、精神医学ソーシャルワークは、精神病者や障害者に対する「差別や抑圧の歴史の認識」に立脚して「生活課題を有する人々がつながりを実感できる社会への変革と社会的包摂の実現」を目指し、

「すべての人々が自己決定に基づく生活を送れるよう権利擁護」を実践している。まさに、日本の「独自の文化や制度に欧米から学んだソーシャルワークを融合させて発展」した理論であり実践であるといえる。

　本科目の全体像は序章で示しているが、概括すると、第1章では「障害者福祉の理念と歴史的展開」を学び、第2章で「精神障害と精神障害者の概念」を学ぶことにより、精神保健福祉士の主な対象となる人と社会の捉え方を理解する。第3章の「精神障害者の排除と障壁をめぐる歴史と構造」では、歴史的な事実のみでなく、そこから人権や社会正義に照らして教訓とすべき考え方を習得する。それを踏まえて、第4章「精神障害者の生活特性」において精神障害のある人々が置かれている状況や生活実態の理解を深め、第5章「精神保健福祉の原理と理念」で、こうした人々や環境・状況に対するソーシャルワークの展開を支える精神保健福祉士の存在意義を理解する。第6章「「精神保健福祉士」の役割と機能」では、前章までの学びを踏まえ、実践上の着眼点や場面・状況に応じた具体の行為の特性を学ぶ、という構成である。基本的には養成カリキュラムに沿った構成であるが、過去の歴史に学ぶ側面に加え、近年の動向を踏まえたメンタルヘルスソーシャルワークの新たな潮流を含んだところに、本書のオリジナリティがみられる。

　上述したように、精神保健福祉士として学ぶべき中核部分を網羅した一冊であり、歴史や法制度、理念などからは重苦しい印象をもたれるかもしれない。しかし、学ぶほどに奥深さや精神保健福祉分野におけるソーシャルワーク実践の重要性を実感し、自身の問題意識を刺激されたり、国家資格取得や実践の動機づけが高まる内容であると確信している。ぜひ、国家試験合格後も手元に残し、精神保健福祉士の現任者となって以降に改めて頁を繰ってもらいたい。そのときはじめて理解できる味わい深さに触れ、自身の専門職としての成長を実感できる楽しみを覚えることと思う。

編集委員一同

目次

第3章　精神障害者の排除と障壁をめぐる歴史と構造

第4章　精神障害者の生活特性

第 **5** 章　精神保健福祉の原理と理念

第6章 「精神保健福祉士」の役割と機能

本書では学習の便宜を図ることを目的として、以下の項目を設けました。

- ・学習のポイント……各節で学習するポイントを示しています。
- ・重要語句…………学習上、特に重要と思われる語句を色文字で示しています。
- ・用語解説…………専門用語や難解な用語・語句等に★を付けて側注で解説しています。
- ・補足説明…………本文の記述に補足が必要な箇所にローマ数字（ⅰ、ⅱ、…）を付けて脚注で説明しています。
- ・*Active Learning*……学生の主体的な学び、対話的な学び、深い学びを促進することを目的に設けています。学習内容の次のステップとして活用できます。

序 章

精神保健福祉の原理とは何か

本科目の学びのポイント

精神保健福祉の原理とは何か

序章

本科目の学びのポイント

　本科目は、精神保健福祉士が国家資格化される以前からの精神医学ソーシャルワークの発展と継承を踏まえ、精神保健福祉士の専門性を自身のうちに確立するための中核となる科目である。

　日本における精神医学ソーシャルワークは、主に第二次世界大戦後に萌芽をみることができる。当時の精神医療は、隔離収容を中心とした入院治療であったが、薬物療法の進歩とともに精神科リハビリテーションが施され、患者の社会復帰やその延長線上にある社会参加の機会の創出、地域生活の支援までの全プロセスを精神科病院が担っていた。そして、先駆的な病院においては精神保健福祉士の前身である精神医学ソーシャルワーカー（psychiatric social worker、精神科ソーシャルワーカーともいう）が、チーム医療の一員として、特に患者の社会復帰の支援を期待され導入されていった。

　こうして精神障害者に対する福祉は精神医療と一体的に行われ、その主たる場が病床を有する精神科病院であったことは、日本における特殊な事情によっている。そのため、精神保健福祉分野におけるソーシャルワークは、精神科病院を主な職域として精神医学ソーシャルワーカーによって、長年にわたり展開されてきた。精神保健福祉士法の成立以降は、国に一定の資質を担保された有資格者が輩出され現在に至る。この間、国内外のさまざまな動向により精神障害者の地域移行が進み、一方で国民のメンタルヘルス課題は増幅したため、精神保健福祉士の活動は、精神保健医療福祉の多様な分野、階層に拡大している（図1）。

　本科目では、こうした経緯について精神保健医療福祉に関する法的変遷を含めて学び、そこにおけるソーシャルワーク専門職である精神保健福祉士の存在意義について理解し、精神保健福祉士らしいものの見方や考え方、行動ができるようになるための学習をする。精神保健福祉士は、ソーシャルワーカーとして特に精神障害やメンタルヘルスの課題を抱える人々の権利擁護や生活支援を担う専門職である。よって、誰もが心の健康を保ち、また不調を改善して自分の意思に基づく主体的な生活を送れるようにソーシャルワークを実践する。そのため、精神障害のある人

図1　精神保健福祉士の役割の拡大

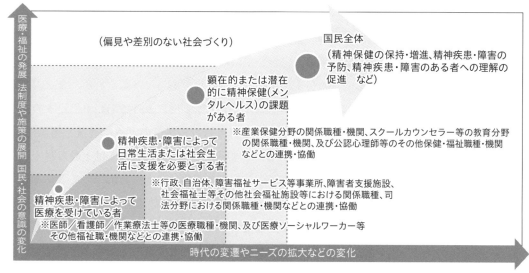

資料：厚生労働省「精神保健福祉士の養成の在り方等に関する検討会」中間報告書，2019.

やその家族、関係者をはじめ、人が暮らす環境や社会に対して働きかける多様な役割をもち、国家資格者として専門的なソーシャルワーク機能を果たすことが期待されている。

　各章の概要を以下に記述するが、関連する主要な科目の教科書を適宜参照して学び、理解を深めることが望ましい。

1　障害のある人をどう捉えるか

　第1章では、精神障害者の福祉を考えるにあたり、「障害者」の捉え方を踏まえたうえで、「精神障害者」の福祉を中心に学ぶ。

　障害は、忌み嫌うべきものか、治すべきものか、障害を抱えて生きるとはどういうことか、といった観点から「障害」とは何かを考え、障害のある人々との共生のあり方を考える。その手がかりとして、障害者福祉の思想がどのように発展してきたか、国内外における思想の変遷を追いながら学ぶ。前提として、人間存在の捉え方を理解することが必要であり、人の生命（いのち）や権利が、時代や社会情勢の変化に伴いどのように規定されているのか、国際基準に照らすとどのような考え方をするべきなのか、といったことも学ぶ。特に障害者の権利に関する条約に基づき整備が進められている障害者差別の禁止や社会参加の促進における精神保健福祉士の役割を考える。

日本では、「精神障害者」という語句は古くから使われているが、精神障害者が「生活上に障害のある人」として福祉の対象となったのは、身体障害や知的障害に比べるとかなり遅く、近年のことである。その理由の一つは、精神障害者を主に精神医療の対象とし、治療や隔離によって対応してきた日本の精神障害者政策であると考えられる。また、自助や共助を前提とする明治時代までの家制度によって培われた日本の風土や国民性が影響しているとも考えられる。このような背景を踏まえて、精神障害のある人々が国家や国民の間でどのように受けとめられてきたかを学び、精神保健福祉士としての望ましい捉え方について考える。

日本における障害者福祉の歴史および精神障害者に対する福祉制度の変遷については「社会福祉の原理と政策」「障害者福祉」「権利擁護を支える法制度」等で習得する知識と合わせて理解することが望ましい。

2 「精神の障害」とはどのような状態か

第2章では、精神保健福祉士として、精神障害のある人や精神的な健康を損なった人とのかかわり方を体得する前提として、精神疾患や障害に関して学ぶ。その際、医学的な理解にとどまらず、疾患や障害がその人の生活にどのような影響を与えるかを理解することが重要であり、症状のつらさに加えて精神医療を受けなければならないがゆえの苦労や苦痛を考えることで、精神障害に関する多面的な理解を図る。

前述したように、日本の精神障害者政策は、かつては隔離収容や強制入院を中心とし、また家族による監護を前提としてきた。こうした強制入院や長期間の隔離収容が、患者の人生にどのような影響を与えるかを想像することと併せて、「精神障害」についてICF（国際生活機能分類）の概念に照らして生活モデルに基づき理解する。また、精神障害が一般社会にどのように認識され受け止められてきたか、ということについて歴史的な変化も含めて学ぶことで、精神障害者を取り巻く社会環境を見据える視点と、必要な改善に向けて働きかける発想を養う。

なお、近年、精神障害に対する見方を変える新たなアプローチとして、患者や障害者本人の語り（ナラティヴ）に注目したり、当事者の主体的な治療やリハビリテーションへの参加の機会や方法が開発されてきている。いわゆる狭義の精神疾患や障害から、広義のメンタルヘルス不調まで、精神保健福祉が扱う課題が拡大していることに目を向け、ソーシャ

ルワークの展開における多様なアプローチの意義を理解する。

　メンタルヘルス不調の心理的・社会的要因や、精神疾患発症のメカニズムと症状については、「現代の精神保健の課題と支援」「精神医学と精神医療」等で学ぶ知識と合わせて理解する。精神医療における入院制度は、「精神保健福祉制度論」「精神医学と精神医療」「刑事司法と福祉」等でより詳細に学ぶため、本科目では入院制度の影響を中心に理解する。また、「精神障害リハビリテーション論」や「ソーシャルワーク演習（精神専門）」「ソーシャルワーク実習（精神専門）」において、精神障害者に対して働きかけるための技術を習得する際に本科目の知識も活用することが求められる。

3 　精神障害のある人を取り巻く社会環境はどのようなものか

　第3章では、主に精神障害者を取り巻く社会のありようについて、国内外の歴史を踏まえて学ぶ。史実を知ることに主眼を置くよりも、そうした事態を生じさせる社会的背景や人々の心のうちにある、異質なものを排除しようとする発想がどのように他者へ影響し、法制度化されていったか、また、そのことが精神疾患や障害のある人々にどのような影響を及ぼしてきたのかを考えることが重要である。

　これまで、精神疾患や障害に対する偏見や間違った認識により、精神障害者の生きる権利がおびやかされる出来事が繰り返し発生している。このなかには、精神障害者が起こした事件、精神障害者が被害者となった事件、精神障害者は事件に直接関係ないにもかかわらず結果的に精神障害者政策や制度に影響を与えた事件などが、複雑に関連している。これらの出来事がなぜ生じ、国家や国民がそれをどのように受けとめ、法制度化や処遇決定されてきたかを総合的に概観するとともに、精神障害者に対する差別や偏見助長への影響を考える。そのうえで精神保健福祉士に必要な、❶人権を尊重すべき存在として精神障害者を理解する視点と、❷差別や偏見と対峙し社会変革を志向する発想を養う。

　精神医療や精神障害者に対する福祉政策の変遷を学ぶことで「障害者福祉」「精神保健福祉制度論」等の科目の理解を深めることができる。また、「ソーシャルワーク実習（精神専門）」において実習先機関の沿革を理解する際には、歴史的な経緯を重ね合わせて捉えることが望ましい。

**精神障害者を支援するうえで知っておく
べきことは何か**

　第4章では、精神疾患や障害、メンタルヘルス不調を抱えることが、
その人の生活に与える影響について、日本の精神医療の特殊性、家族関
係に対する影響、現在の精神障害者の生活実態などを踏まえて理解し、
それに対する支援のあり方について学ぶ。

　日本の精神医療は、本人の意思を尊重しない強制医療を合法化して展
開されてきた。精神障害者を理解する際にこうした特殊な医療提供の実
態や、そこにおける治療やリハビリテーションの実際を理解することが
必要である。また、長期にわたり非自発的な入院生活を余儀なくされて
きた人々が、地域社会へ戻り自分らしく暮らすためには、家族関係の変
化や破綻、居住先の喪失と再獲得の困難さ、就労を中心とした経済活動
の困難さと、所得保障や地域生活支援施策の乏しさなどが障壁となって
いる。また、地域社会においてメンタルヘルス不調や精神疾患、障害を
理由として、不当な扱いを受けたり不利益をこうむる事態もある。

　さらに、近年、学校や職場における高ストレスや、さまざまなものへ
の依存、性的指向や個人の嗜好に基づく生きづらさ、災害への遭遇やそ
の後の環境変化など、多様な要因によりメンタルヘルス不調や精神疾患
を抱える人が増えている。そこで、拡大する精神保健福祉士の役割期待
について、いわゆる狭義の精神疾患や障害から、広義のメンタルヘルス
不調まで、精神保健福祉が扱う課題が増幅していることに目を向け、ソー
シャルワークの必要性として捉え、精神保健福祉士の果たすべき役割に
ついて学ぶ。

　生活者支援の視点と方法については、「地域福祉と包括的支援体制」
「ソーシャルワークの理論と方法（精神専門）」「精神障害リハビリテー
ション論」等の科目で学習する内容と合わせて理解することが望ましい。

 **精神保健福祉におけるソーシャルワーク
の役割は何か**

　第5章では、精神保健福祉に軸足を置くソーシャルワーカーの固有の
価値と存在意義について、精神医学ソーシャルワーク（psychiatric
social work）の発展の歴史を手がかりにして学ぶ。

　「精神保健福祉」という言葉は、主として1995（平成7）年に成立し

た「精神保健及び精神障害者福祉に関する法律」を「精神保健福祉法」
と略記するようになって以降、使用がみられるようになった。1997（平
成9）年の精神保健福祉士法制定により創設された精神保健福祉士もこ
の用語が使われたものと考えられる。つまり、「精神保健福祉」とは、
精神保健・医療と、精神障害者福祉を一体的に捉えたものであり、精神
保健福祉士のほかに精神科医、看護師、作業療法士、公認心理師なども
密接に関与する。また、障害者福祉には、社会福祉士をはじめ介護福祉
士や介護支援専門員、ホームヘルパー、医療関係の各職種もかかわる。
こうした多職種のなかで、精神保健福祉士は、精神医療ではなく社会福
祉学に立脚したソーシャルワークの担い手としての固有性を発揮し、価
値を継承してきている。

　この背景には、精神医療の進歩や日本における人権思想の発展と、精
神科病院における人権侵害に対する国内外からの指摘や批判を受け、長
期入院者に対する社会復帰支援の必要性が重視されたことがある。こう
して国家資格化に向かった精神医学ソーシャルワーカーの価値観や視点
は、法制度上の課題や受け皿不足、社会における偏見や差別、精神障害
者の生活力の課題やそれに対する支援方法の不足など、社会復帰の阻害
要因が多数あったなかで、当事者や家族とかかわり、地域における精神
障害者のごく当たり前の生活を目指す過程で構築されてきた。この過程
を踏まえ、また、精神障害者福祉法が存在しないなかで、制度改革や社
会資源の創出のために社会へ働きかけてきた実践の理念を理解する。

　これらを通じて、精神保健福祉士の役割に関する自覚を確立し、獲得
すべき専門性に関する考察を深める。精神保健医療福祉におけるソー
シャルワークの原理・原則は、「ソーシャルワークの基盤と専門職」の
学習を踏まえ、また「ソーシャルワークの理論と方法（精神専門）」の
学習において応用できるように理解することが望ましい。さらに「ソー
シャルワーク実習（精神専門）」を通して理解を深化させることができる。
精神科チーム医療における専門性の発揮については、「精神医学と精神
医療」「精神障害リハビリテーション論」「ソーシャルワークの理論と方
法（精神専門）」等と照らし合わせながら学ぶことで理解が深められる。
また、「障害者福祉」や「精神保健福祉制度論」の学習内容も、歴史的
な経過を理解するうえで活用できる。

6 精神保健福祉士はどのような仕事をするべきなのか

　第6章では、国家資格法に規定される精神保健福祉士の義務を認識したうえで、前章までの学習を踏まえて倫理綱領の意義と内容を理解し、それらを精神保健福祉士としての実践に活かせるよう具体的に学ぶ。

　精神保健福祉士としての職業人生を考えたとき、必ずしも1か所の職場で働き続けるとは限らないが、精神保健福祉士という国家資格の専門職である以上、どこでどのような人や場面、状況に対するときも有する価値は共通している。これをどのように各職場の職務に合わせて展開するかが実践における重要な課題となる。たとえば、強制入院を受け入れる精神科病院でも、児童生徒や教師の相談に応じる学校でも、ストレスの高い職場で働く社員を支える企業においても、ひきこもり状態で地域社会から孤立している人を発見したときにも、精神保健福祉士であれば遵守すべき事項や重視すべき事柄、当事者に対する姿勢や関係者への働きかけ方、制度政策を捉える視点や社会環境を見渡す際の目のつけどころなどには、共通性がなければならない。

　そのため、精神保健福祉士法、精神保健福祉士の倫理綱領、業務指針の内容を理解し、精神保健福祉士としての基軸と、各職場や状況に対応できる業務上の応用力の基礎を獲得する。

　ソーシャルワーク専門職である精神保健福祉士の原理・原則や法的位置づけについては「ソーシャルワークの基盤と専門職」で学んだことが基盤となり、精神保健福祉士の対象範囲や課題の広がりについては「社会学と社会システム」「精神医学と精神医療」「現代の精神保健の課題と支援」「刑事司法と福祉」等の知識を合わせて理解することが望ましい。また、精神保健福祉士の多様な分野、領域における実践については「精神障害リハビリテーション論」「ソーシャルワークの理論と方法（精神専門）」や「ソーシャルワーク演習（精神専門）」「ソーシャルワーク実習（精神専門）」で具体的に理解する際、本章の学びが活用できる。

第1章

障害者福祉の理念と
歴史的展開

　精神障害者に対する福祉のあり方を考えるため、前提となる「障害」の捉え方や障害者福祉の理念について、国内外における人権に関する考え方や、障害者福祉の思想および法制度の変遷から学び、障害者の社会参加の促進や共生のあり方について考える。

　さらに、日本における精神障害者に対する医療政策や、自助・共助を前提とする日本の風土や国民性の影響を踏まえ、精神障害のある人々が国家や国民の間でどのように受けとめられてきたか、歴史的な事実とともに学び、精神障害者の基本的人権について、精神保健福祉士としての望ましい捉え方について考える。

障害の捉え方と障害者福祉の理念

学習のポイント

● 障害の基本的な捉え方を学ぶ
● なぜ障害の捉え方が歴史的に変化してきたのかを理解する
● 障害者の社会参加に向けた障害者福祉の理念の展開を理解する

1 障害の捉え方

1 法律ではどのように障害者を捉えているのか

❶障害者権利条約などにみる障害者の定義

　障害の捉え方を理解するうえで、現在の日本の法律では障害者をどのように定義しているかをみてみよう（**表1-1**）。

　最初に記したのは、法律ではなく、障害者の権利に関する条約（障害者権利条約）である。条約というのは、国家間の約束事なので通常の法律よりも優位（条約と法律の内容に矛盾があった場合、条約の内容が優先される）にある。日本はこの障害者権利条約を批准しており、障害者施策の基本原則を定めている障害者基本法も、障害者権利条約の定義とほぼ同様のものとなっている。

　これらの定義のポイントは、障害者とは、何らかの機能障害があり、

表1-1　障害者権利条約と障害者基本法の障害者の定義

障害者の権利に関する条約
第1条　目的 〔前略〕 　障害者には、長期的な身体的、精神的、知的又は感覚的な機能障害であって、様々な障壁との相互作用により他の者との平等を基礎として社会に完全かつ効果的に参加することを妨げ得るものを有する者を含む。
障害者基本法
（定義） 第2条〔前略〕 　一　障害者　身体障害、知的障害、精神障害（発達障害を含む。）その他の心身の機能の障害（以下「障害」と総称する。）がある者であって、障害及び社会的障壁により継続的に日常生活又は社会生活に相当な制限を受ける状態にあるものをいう。

さまざまな社会的障壁との相互作用で、社会参加が制限されている人というものである。

　まず「機能障害」とは何であろうか。身体の構造または生理的・心理的機能が制限されていることを意味する。たとえば、目や耳などの機能がうまく働かず、視力や聴力が低下した状態を意味している。一般的には「機能障害」がある人が、障害者と思われがちであるが、必ずしも一致しない。たとえば、眼鏡や補聴器を使って通常の生活をしている人はたくさんいるが、これらの人を障害者とは呼ばないであろう。

　次に「社会的障壁」とは何であろうか。障害者基本法では、次のように定義している。「障害がある者にとって日常生活又は社会生活を営む上で障壁となるような社会における事物、制度、慣行、観念その他一切のものをいう」（第2条第2号）。たとえば車いすを利用する人にとって、階段は、文字どおり壁となっている。駅や公共機関の建物に階段を使わないと入れないとしたら、社会生活が制限されてしまう。逆にエレベーターやスロープが設置されていれば、その制限は相当に軽減されるであろう。その一方で、エレベーターがあっても聴覚障害のある人の社会生活の制限には関係がないかもしれない。それよりは駅員と手話か筆談ができることのほうが重要なのである。つまり「社会的障壁」とは、個々の「機能障害」によって何が障壁になるかが変わってくるのである。

　このように「機能障害」と「社会的障壁」との相互作用によって社会生活が制限されて、「社会参加」が他の人と同じようにできない人が障害者なのである。

　この定義が意味するのは、障害者にとって一番重要なことは「社会参加」ができているかであり、その方法としては「機能障害」を改善することだけでなく、それ以上に「社会的障壁」をなくすことが重要だということである。

　なお、障害者権利条約における障害者の定義は「含む」で終わっており、この定義に限定されないことを意味している。前文にも「障害が発展する概念であることを認め」と書かれており、社会のあり方とともに変化する可能性を示している。

❷障害者総合支援法の定義の問題点

　障害者権利条約や障害者基本法は、障害者施策の基本的な考え方を示すものだが、実際に福祉サービスを提供する法律では、どのように規定されているのだろうか。

　障害者への福祉サービスを提供するうえでの根拠となる法律の一つ

に、障害者の日常生活及び社会生活を総合的に支援するための法律（障害者総合支援法）がある（**表1-2**）。障害者総合支援法では、障害者とは、身体障害者、知的障害者、精神障害者（発達障害者を含む）、および難病（治療方法が確立していない疾病その他の特殊の疾病）患者からなっていることがわかる。

さらに、それぞれの根拠法をみてみると（**表1-2**）、まず身体障害者は、別表に、視覚、聴覚、音声、肢体、内臓などの身体の機能ごとに、視力なら両眼でそれぞれ0.1以下など具体的に定められている。知的障害者に関しては、法律に定義がない。精神障害者は具体的な疾患名が記載されている。発達障害者は、法第2条第1項で機能障害名が列挙され、同条第2項で、「社会的障壁」との関係で「社会参加」できないことが触

表1-2　障害者総合支援法の障害者の定義

障害者の日常生活及び社会生活を総合的に支援するための法律
（定義） 第4条　この法律において「障害者」とは、**身体障害者福祉法**第4条に規定する身体障害者、**知的障害者福祉法**にいう知的障害者のうち18歳以上である者及び**精神保健及び精神障害者福祉に関する法律**第5条に規定する精神障害者（**発達障害者支援法**（平成16年法律第167号）第2条第2項に規定する発達障害者を含み、知的障害者福祉法にいう知的障害者を除く。以下「精神障害者」という。）のうち18歳以上である者並びに**治療方法が確立していない**疾病その他の特殊の疾病であって**政令で定めるもの**による障害の程度が厚生労働大臣が定める程度である者であって18歳以上であるものをいう。
身体障害者福祉法
（身体障害者） 第4条　この法律において、「身体障害者」とは、別表に掲げる身体上の障害がある18歳以上の者であって、都道府県知事から身体障害者手帳の交付を受けたものをいう。
知的障害者福祉法
知的障害者の定義に関する条文はない
精神保健及び精神障害者福祉に関する法律
（定義） 第5条　この法律で「精神障害者」とは、統合失調症、精神作用物質による急性中毒又はその依存症、知的障害、精神病質その他の精神疾患を有する者をいう。
発達障害者支援法
（定義） 第2条　この法律において「発達障害」とは、自閉症、アスペルガー症候群その他の広汎性発達障害、学習障害、注意欠陥多動性障害その他これに類する脳機能の障害であってその症状が通常低年齢において発現するものとして政令で定めるものをいう。 2　この法律において「発達障害者」とは、発達障害がある者であって発達障害及び社会的障壁により日常生活又は社会生活に制限を受けるものをいい、「発達障害児」とは、発達障害者のうち18歳未満のものをいう。

れられている。難病は、政令で定めるとされ、具体的な病名が指定され
ている。なお、難病に関しては、難病の患者に対する医療等に関する法
律があるが、これは主に医療費助成に関するものであり、障害者総合支
援法ではその対象よりも多くの難病を対象としている。

　以上のように、発達障害者支援法を除けば、「社会参加」の状況よりも、
主に「機能障害」（病名を含む）だけで規定していることがわかる。そ
して特に問題なのは、身体障害者福祉法の規定であり、別表で定める要
件が身体機能のなかでも特定の身体機能に限定しており（制限列挙方
式）、かつ障害の「永続性」が求められている。たとえば難病などは、
身体機能に付随する「機能障害」といえるが、別表（および政令）に記
載されておらず、状態も変化するため、多くの難病患者は身体障害者に
は該当しない。そのため、2013（平成 25）年に障害者総合支援法の対
象に難病が加わるまで、難病患者の多くは障害者としてのサービスを利
用できなかった。

　つまり、日本の障害者の定義は、障害者基本法などは障害者権利条約
に合わせて国際的に共通する定義になっているものの、実際にサービス
を提供する法律では、「機能障害」を、身体、知的、精神、難病に分け、
さらに特定の「機能障害」に限定しているといえる。

　その結果、日本の人口に占める障害者の割合は、国際的には低い水準
となっている。障害者白書（令和 2 年版）によると、日本の障害者が全
人口に占める割合は、7.6％となっている。国際連合（国連）によると
国際的な障害者の割合の平均は 15％といわれるので、日本はその半分
程度となっている。このことは、実際に障害者の割合が外国より少ない
というわけではなく、日本の障害者の具体的な定義が狭すぎることを示
している。

❷ 障害の捉え方の変化 ── 社会的排除から社会参加支援の対象へ

❶排除と保護の対象としての障害者

　以上、現在の法律で障害者をどのように捉えているかを確認したが、
歴史的にみると障害者の捉え方は大きく変化してきている。

　まず、明治時代になり、障害者は社会から排除し保護するための存在

Active Learning

国によって人口に占
める障害者の割合は
異なります。日本は
障害の定義が厳格な
ため、低くなってい
ます。定義のほかに、
国によって人口に占
める障害者の割合が
異なる理由はどんな
ことが考えられます
か。たとえば途上国
と先進諸国の社会的
障壁の違いを考えて
みましょう。

---

i 国連は「障害を持つ人々に関するファクトシート」を公表している（2013年）。そ
れによると、世界人口の約15％にあたる10億人が障害者であり、世界最大のマイノ
リティである。障害者の約80％が途上国に暮らしている。世界で最も貧しい人の約
20％には何らかの障害がある。

として位置づけられた。次に大正から昭和時代になると教育訓練によって障害は克服すべきものとして位置づけられた。そして現代では、社会参加をするために特別な支援を必要としている存在として位置づけられている。このような変化が、どのような社会的背景によってもたらされたのかみてみよう。

そもそも日本の法律で、障害者というカテゴリーが法令に出てくるのは、明治時代以降である。明治時代以前の社会は身分社会であり、障害を有するか否かよりも、いかなる身分にあるかが重視された。異なる身分を超えて障害者として一くくりにする社会的な意味がなかったのである。明治政府は、日本の近代化を進めるうえで身分制度を廃止し、天皇制という制約はありながらも臣民の平等化を図った。この平等化政策が障害者というカテゴリーを必要としたのである。なぜなら、人々が平等であるということは、平等に権利が与えられるだけでなく、平等に義務も与えられる。具体的には、兵役や教育といった義務を果たすことが求められる。しかし、全員がその義務を果たすことができない。そこでこれらの義務を免除する対象として、障害者というカテゴリーが必要とされたのである。

たとえば、1873（明治6）年に出された徴兵令では、その常備兵免役概則第2条で「羸弱ニシテ宿痾及ヒ不具等ニテ兵役ニ堪サル者」を免役としている。病弱者や障害者で兵役に堪えられない者の兵役を免除したのである。また、1900（明治33）年の小学校令の改正で、「瘋癲白痴又ハ不具廃疾」児童が就学免除、「病弱又ハ発育不完全」児童は就学猶予となった。精神障害、知的障害、身体障害者が就学免除となったのである。

これらの義務を免除する規定のほかにも、権利を制限する欠格事由として障害事由が採用された。たとえば、1873（明治6）年の鳥獣猟規則（太政官布告25号）が出され、銃猟の免許鑑札交付の欠格者として「白痴瘋癲等人事ヲ辨セサル者」（同規則第9条）として、知的障害や精神障害があり判断能力に制限がある者が欠格とされている。その後も、近代的な資格制度や免許制度が整備されていく過程のなかで、それらを規定するほとんどの法令において障害にかかわる欠格条項★が採り入れられ

---

ii 障害児教育は明治時代では民間による社会福祉事業として行われていた。1923（大正12）年には、盲学校と聾唖学校が公的に制度化された。戦後、学校教育法でさらに養護学校（現・特別支援学校）が制度化されたが、就学免除制度はなくならなかった。養護学校が義務化されたのは1979（昭和54）年のことである。

ていった。

　もちろん「障害者」というカテゴリーは、兵役や義務教育などにおける義務の免除、資格制度などにおける取得の制限のためにのみ利用されたわけではなく、保護の対象規定にも利用されている。1874（明治7）年の恤救規則（貧困者救済施策）の対象規定「極貧ノ者独身ニテ廃疾ニ罹リ産業ヲ営ム能ハサル者」など、保護の対象規定として身体障害によって働けない者が規定されている。だが、これも労働の義務を免除することの裏返しとして保護の対象になったのである。

　このように明治期の障害者にかかわる規定は、一般の臣民が有する権利や義務を免除することで障害者を特別視し、結果として一般社会から排除することになったのである。

❷教育訓練の対象としての障害者

　このように障害者を社会から排除し保護する者と捉える見方とは異なる捉え方がある。それは教育訓練をすることにより「機能障害」を軽減し、一般の臣民（戦後であれば国民）に統合する捉え方である。こうした捉え方は、明治初期から、視覚障害者に対して伝統的な職業である針・灸・あん摩の職業教育を行った民間の福祉事業にみられたが、広く一般化するのは大正期に入ってからである。

　第一次世界大戦（1914〜1918年）は、ヨーロッパにおいて大量の障害者（傷痍軍人や戦災によって受障した市民）を生み出したが、これらの者を単に保護することは財政的に困難であった。そこで、職業再教育をして、労働者として自立できるようにすることが有用であるとされたのである。こうした新しい職業リハビリテーションの動向は日本でも紹介されていたが、本格的に導入されたのは、1923（大正12）年に起きた関東大震災での被災により大量の障害者が発生したことによる。震災によって障害を受けた者に対して、諸外国からの義援金を原資として職業リハビリテーションがなされたのである。こうした教育訓練は、障害者の福祉の向上というよりは、障害者を職業的に自立させることで保護にかかる財政負担を減らすという公益性が重視された。

　こうした公益性の重視は、戦時厚生事業に移行するとよりいっそう強化された。1937（昭和12）年の盧溝橋事件を契機に日中戦争が激化すると、国民を戦争遂行するための人的資源として管理することを目的とした戦時厚生事業が推進された。そして戦争が長期化し、労働力不足が深刻化すると、人的資源として障害者の活用が検討され、戦争遂行という公益のために徴用されたのである。

ただし、こうした公益性のための教育訓練は、すべての障害者に実施されたわけではない。社会防衛思想の観点から隔離収容が図られていた精神障害者やハンセン病者は、その対象外とされ、公益性に寄与しない者として食料などの生活必需品の配給が後回しにされた。

第二次世界大戦後は、日本国憲法によって国民の基本的人権の保障がなされ、社会福祉も公益性の観点からではなく、国民の権利として位置づけられた。しかし、戦後つくられた身体障害者福祉法（1949（昭和24）年制定）は、「すべて身体障害者は、自ら進んでその障害を克服し、すみやかに社会経済活動に参与することができるように努めなければならない」（第2条）と定め（現在は一部改正）、明らかに経済的な「自立」に向けた職業リハビリテーションを行うことを定めた法律としてスタートした。また、知的障害の分野では、1960年代中頃に障害児教育現場において、特殊教育の目標を職業自立とし、「よりよい職業人」をつくり出すため学校工場化が打ち出された。

このように、戦前から戦後にかけて、教育訓練によって「機能障害」を軽減し、職業自立に向けた支援がなされた。こうした障害の捉え方は、障害者を社会に統合しようとするものではあるが、障害者だけに努力を強いて、障害がない状態に近づけることによって、統合を促すものである。障害者権利条約にあった社会的障壁との相互作用という要素が抜け落ちているのである。

❸社会参加支援の対象者としての障害者

障害者への教育訓練に特化した支援からの転換を図るうえで大きな役割を果たしたのは、北欧のノーマライゼーションという理念や、アメリカの自立生活（Independent Living：IL）運動が、障害者を排除している社会的障壁を問題にしたことである。また、日本でも独自の運動として、知的障害領域における糸賀一雄の「この子らを世の光に」という主張や、脳性麻痺者の当事者団体「青い芝の会」の障害者を排除する社会への抗議運動がある（これらの理念の詳細は次項「2 障害者福祉の理念」で述べる）。

こうした理念や運動が前提となって、政府は、障害者の「完全参加と平等」を掲げる国際障害者年（1981（昭和56）年）および1983（昭和58）年からの国連・障害者の十年に対応を求められたことを契機に、社会参加支援へと障害者支援に関する政策を転換することになったのである。

具体的には、1984（昭和59）年には身体障害者福祉法を改正し、第

★学校工場化
特殊教育学級において、教科教育よりも卒業後に工場で働くために、工場の生産活動の一連を学校で実施し、児童への職業準備教育を重視する方法であり、学校工場方式ともいう。障害者の社会への適応のみを重視する点や、重度障害者の切り捨てをもたらす点がのちに批判された。

2条に第2項を追加し、「すべて身体障害者は、社会を構成する一員として社会、経済、文化その他あらゆる分野の活動に参加する機会を与えられるものとする」と定めた。同様の改正は、1993（平成5）年に心身障害者対策基本法が障害者基本法に改正された際にも行われ、第1条の「目的」および第3条の「基本的理念」を規定した条項（第3条第2項、現・第3条第1項第1号）に「完全参加」の理念が追加された。

さらに、2004（平成16）年の障害者基本法の改正では、第3条の「基本的理念」に、第3項として「何人も、障害者に対して、障害を理由として、差別することその他の権利利益を侵害する行為をしてはならない」という差別禁止規定を設け（現・第4条第1項）、さらに「障害者は、その有する能力を活用することにより、進んで社会経済活動に参加するよう努めなければならない」（旧・第6条第1項）および「障害者の家庭にあっては、障害者の自立の促進に努めなければならない」（旧・第6条第2項）を廃止した。特にこの旧・第6条の廃止は、障害者への教育訓練に特化した支援からの決別を意味している。

また、2006（平成18）年には、国連で障害者権利条約が採択された。日本政府は、2007（平成19）年にこの条約に署名し、2014（平成26）年に批准した。条約への署名は、条約への賛成への表明であり、批准は国会での議決を経て国内で条約の効力を発揮できるようにするための手続きである。

なぜ、署名から批准まで時間がかかったのであろうか。それは国連での条約の作成過程で障害当事者団体から主張されたスローガンである、"Nothing About Us Without Us"（私たちのことを、私たち抜きに決めないで）にあるように、政府が批准に向けて条約と国内法との整合性を検討する際に、障害者団体が政策決定そのものに参加することを要求したからである。2009（平成21）年に、内閣総理大臣を本部長とする障がい者制度改革推進本部が設置され、その下に、障害当事者や家族が委員の過半数を占める障がい者制度改革推進会議が設置された。そこでの議論を踏まえて、障害者基本法改正（2011（平成23）年）、障害者総合支援法の成立（2012（平成24）年）、障害を理由とする差別の解消の推進に関する法律（障害者差別解消法）の成立および障害者の雇用の促進等に関する法律（障害者雇用促進法）の改正（2013（平成25）年）がなされ、条約の批准に至ったのである。

障害者福祉の理念

■1 障害者を排除する思想 ── 優生思想

❶優生思想の何が問題なのか

障害者福祉の理念を理解するうえで、まず障害者を排除する思想がなぜ正義に反しているのかを理解しよう。

障害者を排除する思想として代表的なものに優生思想がある。優生思想とは、人間を遺伝的に「優れた生」と「劣った生」に分類し、「優れた生」を繁殖させ、「劣った生」の出現を抑制することで人口の質の向上を目指す思想である。この「劣った生」に障害者が分類されることから、障害者を排除する思想なのである。

優生思想は、19世紀のダーウィン（Darwin, C.）が『種の起源』で示した自然淘汰説を、人間社会に当てはめたソーシャルダーウィニズムの影響を受けている。自然淘汰説とは、生物には、その性質に突然変異が起きるが、環境等によりよく適合する（優生な）性質は遺伝により種全体に広まり、適合しない（劣生な）性質は淘汰されることで、生物が進化するというものである。しかし、これを人間社会に当てはめたとき、自然淘汰を阻害する要因があるという。それは福祉などによる人為的な援助であり、「劣った生」の生存を援助することで自然淘汰を阻害し、彼らが子どもを産むことで「劣った生」の性質が繁殖し、人類の進化を妨げているとした。そこで「劣った生」の性質を遺伝させないために、不妊手術などの施策を実施することを主張したのである。

優生思想は、自然淘汰説という科学的な言説に裏づけられており、一見すると正しい言説のように思われる。しかし、優生思想が前提とするソーシャルダーウィニズムには、明らかな誤りがある。動植物と異なり人間は環境を変えることができる点である。たとえば、移動に困難を抱える障害者であっても、バリアフリーの環境を整備すれば移動の困難は大幅に軽減する。このことは自然淘汰説とは異なり、自然が人間の「優れた生」と「劣った生」を決めることができないことを意味している。

では、優生思想がいう「優れた生」とは、誰が決めているのであろうか。それはその社会のマジョリティである。マジョリティとは、単に数的多数であるという意味ではなく、その社会の仕組みを決める力をもつ人である。マジョリティは、自分たちに有利な性質を「優れた生」とし、それをあたかも全体の利益につながるとみなした。具体的には、資本制

★ソーシャルダーウィニズム
社会が歴史的に進化することを前提とし、その進化を生物の進化過程に当てはめて説明する理論的立場のこと。社会進化論とも呼ばれる。19世紀半ばから主張され、イギリスのスペンサー（Spencer, H.）が代表的な論者である。自由競争を正当化する言説としても利用された。

社会において競争力のある性質（生産性）である。その結果、優生思想は、本来遺伝学に基づいていたが、遺伝とは関係のないハンセン病者、アルコール依存症者、累犯犯罪者なども、「生産性が低い劣った生」とみなした。

こうした優生思想の問題とは、「生産性」という単一の価値で人間を評価することである。国家の正当性は、「生産性」の有無にかかわらず、主権者である市民の生を守り、多様な生が社会に参加できるように社会の仕組みを変えることなのである。国民の価値を、優劣で序列化する考え方そのものが、人権の基盤となる個人の尊厳を損なう行為なのである。優生思想は、2016（平成 28）年に起きた「相模原障害者殺傷事件」の犯人にも影響を与えたとされており、優生思想がなぜ正義に反するのかを明確に理解することが必要である。

❷優生思想に基づく施策——断種法

このように優生思想はさまざまな問題を有しており、障害者を排除する思想といえる。しかし、優生思想は 19 世紀末から 20 世紀にかけて、先進諸国で強い影響力をもった思想であった。アメリカでは、1907 年にインディアナ州で世界初の優生思想による断種法を制定し、精神病者や反社会的行動を行う者等に対する不妊手術が行われた。その後、他の州でも断種法が制定されていった。また、ドイツでは、1933 年に発足したヒトラー（Hitler, A.）によるナチス政権下において、断種法が制定された。さらにドイツでは、1939 年には T 4 計画という障害者の安楽死施策が実施され、7 万人以上の障害者が特殊な施設で殺害された。

また、デンマークでは 1929 年に、スウェーデンでは 1934 年に断種法が制定されたが、その過程には、福祉国家政策との関係があった。障害者を国家の責任で保護する施策をする一方で、そのコストを抑制するために不妊手術が正当化されたのである。このような障害者本人の決定によらない不妊手術は戦後も行われ、1970 年代半ばまで継続された。

日本では、1940（昭和 15）年に国民優生法が、さらに 1948（昭和 23）年には優生保護法が制定され、いずれも優生思想に基づく断種を認めている。こうした不妊手術が障害者の人権を侵害する行為であるとの認識は、1970 年代からの障害者運動によって徐々に浸透していき、

★**相模原障害者殺傷事件**
神奈川県相模原市の重度知的障害者施設「津久井やまゆり園」の元職員が、入所者19名を殺害し、入所者・職員計26名に重軽傷を負わせた事件。加害者は、「障害者は不幸をつくることしかできない」と述べ、優生思想の影響を受けていたとされる。

---

iii T 4 計画では、優生学に基づいて「生きるに値しない命」と医師により判定された人をガス室等で安楽死させた。1941年にキリスト教の司教などから反発を受け計画は中止されたが、その後も病院等で安楽死は続けられ、それを合わせると最終的には20万人以上が犠牲になったといわれている。

1980 年代には優生保護法の改正が検討されるようになった。そして、1996（平成 8）年にようやく優生思想にかかわる規定を廃止した母体保護法に改正された。この間、優生保護法に基づいて約 1 万 6000 人以上の障害者が強制的に不妊手術を受けさせられた。2018（平成 30）年には、不妊手術を受けた被害者が優生保護法は憲法違反であるとして、国に謝罪と賠償を求めて裁判を起こした。提訴を受けて国は、「旧優生保護法に基づく優生手術等を受けた者に対する一時金の支給等に関する法律」を制定し、法の前文で謝罪をするとともに、一時金の支給を定めている。こうした優生保護法による強制不妊手術の違法性を訴える裁判はいくつかなされており、そのなかには精神障害を理由に不妊手術を受けた人からの提訴もある。

　このように、現在では優生思想による断種は行われていないが、新たな問題が発生している。それは出生前診断★により、胎児の先天性疾患（障害）の一部がわかるようになり、胎児に先天性疾患（障害）がある場合に中絶することが、優生思想に加担するのではないかという懸念がされている。これに対して、出生前診断の受診は任意であり、中絶の決定はあくまで妊婦ら家族に委ねられており、優生な社会を目指す優生思想とは異なるという主張もある。しかし、先天性疾患（障害）がある胎児を出産することを選択できるだけの、十分な社会的な支援がなければ、実質的には選択を強制していることになるのである。

2 障害者福祉の理念

❶障害者を包摂する理念

① ノーマライゼーション

　ノーマライゼーションとは、障害者を教育訓練によってノーマルにするのではなく、障害があってもノーマルな（当たり前の）市民生活を保障するという考え方である。この「ノーマライゼーション」を思想として結実させたのは、デンマークのバンク - ミケルセン（Bank-Mikkelsen, N. E.）であった。バンク - ミケルセンは、第二次世界大戦後、社会省の担当官として、知的障害者の親の会から、入所施設の処遇改善の陳情を受けた。当時の知的障害者の入所施設は、大規模で閉鎖的であり、ナチス占領下の強制収容所のようであった。戦時中に収容所にいたことが

★出生前診断
妊娠中に胎児の先天的な異常などを調べる検査を行うこと。超音波、母体血清マーカー、母体血胎児染色体検査などの母体への負担が少ない検査や、羊水検査や絨毛検査など母体への負担をかける検査がある。検査を受けるかは、妊婦らの任意である。

---

iv 〔Neils Erik Bank-Mikkelsen〕1919-1990.「ノーマライゼーションの父」とも呼ばれている。

あるバンク‐ミケルセンは、戦争は終わって市民は当たり前の暮らしを取り戻しつつあるのに、同じデンマーク市民でありながら、この施設の中では、あたかも戦時中のような生活が続いていることに驚いた。そして知的障害者であっても当たり前の暮らしをすべきだと考えるようになった。こうした考えは1959年法で「知的障害者ができるだけノーマルな生活を送れるようにする」という理念として反映され、「ノーマライゼーション」として概念化された。

この「ノーマライゼーション」を原理として世界に広めたのは、スウェーデンのニィリエ（Nirje, B.）である。ニィリエは、スウェーデンの知的障害児者連盟（FUB）のオンブズマン兼事務局長のときに、アメリカで「ノーマライゼーション」に関する講演や視察を行い、アメリカ大統領諮問委員会の求めに応じて「ノーマライゼーションの原理とその人間的処遇とのかかわり合い」（1969年）という論文を著し、また、アメリカの知的障害者に対する大規模施設での収容処遇が人間性を無視していると批判する英文の論文を著した。これらの論文で、「ノーマライゼーション」や脱施設化という考え方が一気に広まった。さらにニィリエは、「ノーマライゼーション」の原理について考察を深め、知的障害者に限らず、すべての障害者に適用される原理と位置づけた。

日本では、「ノーマライゼーション」は1970年代後半から紹介されるようになり、1996（平成8）年度から2002（平成14）年度の国の障害者プランの副題をノーマライゼーション7か年戦略とするなど、障害者福祉の理念として定着している。

② この子らを世の光に

日本でも、知的障害児者への実践のなかから生み出された障害者福祉の理念がある。糸賀一雄の「この子らを世の光に」という理念である。糸賀は、1946（昭和21）年に滋賀県の知的障害児や戦災孤児の施設「近江学園」を設立、1963（昭和38）年には重症心身障害児施設「びわこ学園」を設立した。これらの施設での実践を深めていくなかで「この子らを世の光に」という理念に結実したのである。この子らとは知的障害児のことを指すが、当時の障害者福祉予算の少なさを考えると「この子らに世の光を」と訴えて、社会からの支援拡大を求めるほうが一般的であった。しかし糸賀は「この子らを世の光に」として、知的障害児のも

Active Learning

現代の日本においてノーマルな生活とはどのような生活か、話しあってみましょう。そのうえで、そのノーマルな生活を障害者が実現するには、どのような支援や配慮が必要か話しあってみましょう。

★脱施設化
施設を解体し、入所者をコミュニティに戻すこと。脱施設化には、コミュニティケアなど生活を支えるサービスが伴わなければ、ノーマライゼーションが実現しない。

第1章 障害者福祉の理念と歴史的展開

---

v 〔Bengt Nirje〕1924-2006. 著書としては『ノーマライゼーションの原理──普遍化と社会改革を求めて』1969. などがある。

vi 〔いとが・かずお〕1914-1968. 著書としては『福祉の思想』1968. などがある。

つ光（かけがえのなさ）を相互に認めあう社会にすることが障害者福祉の使命であると訴えた。「生産性」という単一の価値では光とみなされない「異質な光」にこそ価値があることを伝えることが重要であるとしたのである。

❷当事者運動から出された理念

①　自立生活運動

自立生活運動（IL 運動）とは、障害者が、どこで、誰と、どのように生活するのか、それを選択する自由を求めた運動であり、1970 年代のアメリカで始まった。どこで、誰と、どのように生活するのかを自分で選択できることは、当たり前のことのように思うかもしれない。しかし運動が始まるまでは、当たり前ではなかった。多くの障害者は大規模で閉鎖的な施設で生活していた。

アメリカの社会学者ゴフマン（Goffman, E.）[vii] は、施設の問題点を次のように指摘している。施設は、生活の全局面が同一の空間で、同一の権威により、同一の扱いをされ、それに従うことが求められる。毎日の活動は、管理する職員によって施設の目的を果たすように整然と計画され、強制されている。つまり施設とは社会から長期間隔絶され社会的役割などを剥奪されることで、入所者を「無力化する装置」なのである。

こうした施設の状況に対して、自立生活運動は、障害者をエンパワメントし、地域での自立生活を実現することで、自らの生活への決定権を取り戻そうとした運動なのである。

自立生活運動が始まるきっかけとなったのは、1962 年にカリフォルニア大学バークレイ校に重度身体障害学生として第一号となるロバーツ（Roberts, E.）[viii] が入学したことである。首から下が麻痺し、人工呼吸器を必要としたロバーツは、学生生活を送るために必要な支援を大学と交渉し、同級生の協力を得ながら獲得していった。ロバーツが入学したことで、他の重度身体障害の入学者が増え、障害学生への支援プログラムが整備されていった。1972 年には、ロバーツを所長としてバークレイ自立生活センターが設置され、学生に限らず地域生活を支援するプログラムが展開されるようになった。その後、障害者自らが主導する自立生活センターは、全米へ、そして世界に広まった。日本でも 1986（昭

---

vii 〔Erving Goffman〕1922-1982．著書としては『アサイラム——施設被収容者の日常生活』1961．などがある。

viii 〔Edward Verne Roberts〕1939-1995．バークレイ自立生活センター所長、カリフォルニア州リハビリテーション局長等を歴任した。

和61）年に東京の八王子で開設され、その後全国で展開されている。

自立生活運動が提起した「自立」とは、専門家の指導による機能回復訓練を重視したリハビリテーションによって獲得するものではない。「障害者が他の人間の手助けをより多く必要とする事実があっても、その障害者がより依存的であることには必ずしもならない。人の助けを借りて15分かかって衣服を着、仕事にも出かけられる人間は、自分で衣服を着るのに2時間かかるため家にいるほかはない人間よりも自立している[1]」という「自立観」なのである。

② 青い芝の会の運動——重度障害者の社会的存在意義

日本においても1970年代に脳性麻痺者の当事者団体である「青い芝の会」による当事者運動が注目を集めた。「青い芝の会」は、当初は障害当事者による親睦団体であったが、1970（昭和45）年に、障害児の母親が将来を悲観し子どもを殺害するという事件が起きたことを契機に社会運動団体としての性格を強めていった。

「青い芝の会」神奈川県連合会は、担当検察庁や裁判所に対して、意見書を提出した。そのなかで「現在多くの障害者の中にあって脳性マヒ者はその重いハンディキャップの故に採算ベースにのらないとされ、殆んどが生産活動にたづされない状態にあります。このことは生産第一主義の現社会においては、脳性マヒ者はともすれば社会の片隅におかれ人権を無視されひいては人命迄もおろそかにされることになりがちです。このような働かざる者人に非ずという社会風潮の中では私達脳性マヒ者は「本来あってはならない存在」として位置づけられるのです[2]」と自らを規定したうえで、もしも貧困な福祉政策を背景に母親の情状を酌量した無罪判決が出されれば、「脳性マヒ者をいよいよこの世にあってはならない存在に追い込むことになる[3]」のであり、殺害した母親もまた現代社会の被害者の一人であるとは思われるとはいえ、法に照らして厳正な判決を求めたのである。こうした活動は、マスコミにも取り上げられ、大きな社会的反響を呼んだ。裁判は、起訴はされたものの執行猶予付の判決となった。

「青い芝の会」はこれを契機に、車いす利用者のバス乗車拒否撤廃運動、優生保護法改定（障害胎児の中絶を容認する胎児条項の設置）反対運動、映画『さよならCP』上映運動、「青い芝の会」全国組織化運動などを展開した。こうした「青い芝の会」の運動は、障害者は家族や施設が保護すべき存在であるとする当時の常識に異議を申し立て、保護ではなく、障害当事者は権利を主張する主体であることを訴えた。

③　イギリスの当事者運動──社会モデル

　障害当事者の主張の理論化に大きく貢献したのが、イギリスの当事者運動から出てきた社会モデルという考え方である。「社会モデル」という考え方は、1970年代初頭に結成された隔離に反対する身体障害者連盟（Union of the Physically Impaired Against Segregation：UPIAS）が提起した障害の捉え方である。UPIASは、施設入所者による施設の自主管理を求めた当事者が呼びかけ人となって結成された、利用者主権運動団体である。彼らが提起した「社会モデル」とは、障害の次元を、心身のレベル（インペアメント）と社会のレベル（ディスアビリティ）に分離し、ディスアビリティの解決を社会の責任で解決すべき問題としたのである。UPIASは「私たちの考えでは、身体的にインペアメントのある人々を無力化するのは社会なのである。社会から不必要に孤立させられ、社会への完全参加が阻まれることによって、私たちはインペアメントに加えてディスアビリティを課せられている。したがって障害者とは、社会のなかで抑圧された集団なのである[4]」と主張した。

　そして、なぜこのようなディスアビリティが障害者に課せられるようになったのかといえば、資本主義社会の発展に伴い、賃労働者が増加し、個々の労働力の商品価値が着目されるようになった。その過程で、障害者は商品性が低い者として市場から排除され、その結果、生産過程から切り離された家庭に取り残され、施設に収容されていったのである。

　さらに、文化的にも障害へのスティグマ化が促進された。こうした「社会モデル」に立てば、障害者への機能回復訓練を重視したリハビリテーションで健常者に近づけるという「個人モデル（医学モデル）」ではなく、障害者を排除しないように社会を変えることが重視されるのである。障害は個人が克服すべき問題ではなく、社会が解決すべき問題と主張したのである。

　こうした当事者団体からの主張が、大きく障害や障害者の捉え方を変えていったのである。

❸国際連合で承認された理念

①　知的障害者の権利宣言

　これまで述べてきた障害者福祉の理念が、世界的にどのように広まり、承認されていったのかを、国連での議論のなかから確認しよう。

　国連で、障害者問題に関して初めて総会で決議がなされたのは、知的障害者の権利宣言（1971年）である。この宣言の原案は、国際知的障害者育成会連盟（現・国際育成会連盟）の第4回大会で決議された宣言

文「知的障害者の一般権利および特別な権利」（エルサレム宣言）である。エルサレム宣言では、知的障害者が「通常の生活（normal life）」を送ることを求めており、「ノーマライゼーション」の思想が反映している。

1970 年の国連第 21 回社会開発委員会において、フランス代表からエルサレム宣言を国連として承認することが提案された。審議の過程で、エルサレム宣言からいくつかの変更がなされた。第一に参加に関して、すべての側面への参加から、「各種の社会生活に参加」（第 4 条）と文言が修正された。第二に平等に関して、「知的障害者は、実際上可能な限りにおいて、他の人間と同等の権利を有する」（第 1 条）と文言が修正された（下線部追加）。これらの変更点は、知的障害者への支援が進んでいない国からも広く支持を得るためのものであった。こうした修正がなされ、1971 年の国連総会において、「知的障害者の権利宣言」が決議された。

② 障害者の権利宣言

次に国連で、障害者問題に関して総会で決議がなされたのは、「障害者の権利宣言」（1975 年）である。この宣言は、「知的障害者の権利宣言」をすべての障害者に対象を拡大するだけでなく、参加や平等に関する権利性でも前進している。

まず、参加については、「すべての社会的活動、創造的活動又はレクリエーション活動に参加する権利を有する」（第 9 条）とされ、「ノーマライゼーション」の精神がより明確になっている。次に、平等については、「障害者は、その障害の原因、特質及び程度にかかわらず、同年齢の市民と同等の基本的権利を有する。このことは、まず第一に、可能な限り通常のかつ十分満たされた相当の生活を送ることができる権利を意味する」（第 3 条）と定め、「知的障害者の権利宣言」にあった、「実際上可能な限り」という平等性の制限がなくなり、また障害の程度を問わずに（重度障害者を含めて）、その平等性が明記された点は、大きな前進であった。

③ 国際障害者年と国連・障害者の十年

1976 年に国連は、1981 年を国際障害者年とすることを決議した。国際障害者年の基本的な考え方は、1980 年に採択された国際障害者年行動計画にみることができる。まず、国際障害者年の目的が完全参加と平等であることを確認したうえで、障害の捉え方や、障害者が参加する社会のあり方を次のように指摘している。

まず、障害の捉え方として、「障害という問題をある個人とその環境

との関係として捉えることがずっとより建設的な解決の方法であるということは、最近ますます明確になりつつある。過去の経験は多くの場合、社会環境が1人の人間の日常生活に与える身体・精神の不全の影響を決定することを示している」と社会環境の重要性を明記している。

そして社会のあり方として、「社会は、今なお身体的・精神的能力を完全に備えた人々のみの要求を満たすことを概して行っている」が、社会はすべての人々のニーズに適切に最善に対応することが求められている。なぜなら「これは単に障害者のみならず、社会全体にとっても利益となるものである。<u>ある社会がその構成員のいくらかの人々を閉め出すような場合、それは弱くもろい社会なのである</u>。障害者は、その社会の他の異なったニーズを持つ特別な集団と考えられるべきではなく、その通常の人間的なニーズを満たすのに特別の困難を持つ普通の市民と考えられるべきなのである」と指摘している。特に下線で示した文言は、障害者福祉の理念が、障害者だけのものではなく、社会全体のあり方として必要とされていることを述べている。そして、1983年から1992年までを国連・障害者の十年として、加盟国において国連が決議した障害者に関する世界行動計画の実施を求めた。

日本ではこれらに対応するために、政府内に国際障害者年推進本部を設置し、民間では障害者団体が集まって国際障害者年日本推進協議会（現・日本障害者協議会）が設立された。

④ 障害者の機会均等化に関する基準規則・アジア太平洋障害者の十年

「国連・障害者の十年」終了後も、「障害者に関する世界行動計画」を継続するために障害者の機会均等化に関する基準規則が1993年に国連で採択された。これはアクセシビリティ、教育、就労、所得保障と社会保障、家庭生活と人間としての尊厳、文化、レクリエーションとスポーツ、宗教の八つの分野において、障害者の平等な参加を求めるものであった。この基準規則の制定にあたっては、障害当事者団体が積極的に意見を表明した。その結果、基準規則のモニタリングにも、専門家集団として参加し、加盟国の実施状況をチェックする役割を担った。ただし基準規則には、法的拘束力はなかった。

なお、各地域での取り組みとして、アジア太平洋地域では、「国連・障害者の十年」に続けてアジア太平洋障害者の十年（1993年〜2002年）を、国連アジア太平洋経済社会委員会（ESCAP）が採択した。また2002年には、さらに10年延長（2期目）することが決定され、その

行動計画として<u>びわこミレニアム・フレームワーク</u>を採択した。さらに
2012 年には、さらに 10 年延長（3 期目）することが決定され、その
行動計画として「仁川戦略」を採択している。[ix]

　また、ヨーロッパ、中南米、アフリカ、アラブ地域等でも、「国連・
障害者の十年」終了後、「機会均等化」に向けた独自の取り組みがなさ
れた。

⑤　障害者の権利に関する条約

　障害者に関する人権条約の制定を国連で最初に提案したのは、1987
年イタリア政府によってであったが合意には至らなかった。その後、
1990 年にアメリカで障害に基づく差別を禁止した初の法律「障害をも
つアメリカ人法」（Americans with Disabilities Act：ADA）が制定
され、さらにオーストラリア（1992 年）やイギリス（1995 年）でも
<u>障害者差別禁止法</u>が制定されたこともあり、障害者の人権を守るための
条約を求める声が高まっていった。そして 2001 年に、メキシコ政府か
ら条約検討のための特別委員会の設置が提案され採択された。

　そして、特別委員会での検討を受けて 2006 年に障害者の権利に関す
る条約（障害者権利条約）が国連総会で採択され、2008 年に批准国が
20 か国に達したのを受けて発効した。この障害者権利条約の作成過程
では、さまざまな障害当事者団体が審議での発言が認められ、"Nothing
About Us Without Us"（私たちのことを、私たち抜きに決めないで）
と繰り返し主張した。

　障害者権利条約で示された障害の捉え方は本節「1 障害の捉え方」
で紹介したが、ここでの障害の捉え方は、障害の「社会モデル」に基づ
いており、障害者を取り巻く社会的障壁の除去の重要性を指摘している。
社会的障壁を除去することで「（障害のない）他の者との平等」を実現
することを目的としているのである。障害者に特別の人権を認めるので
はなく、障害者を人権侵害の受けやすさ（脆弱性）から守るための方策
を定めているのである。

　この点は、障害者権利条約の検討の過程でも論点になった。という
も、すべての人を対象とした<u>国際人権規約</u>（自由権規約・社会権規約）
が 1966 年にすでに国連で採択されており、障害者だけを対象とする人

★**機会均等化**
社会的障壁を除去する
ことで、障害者が障害
のない者と平等な社会
参加の機会を実現する
ことである。

★**障害をもつアメリカ
　人法（ADA）**
障害者に対する差別の
撤廃のための明確かつ
包括的な国家指令を提
供することを目的に制
定された法律。しかし
裁判所はADAが対象
とする障害の範囲を狭
く解釈したことから、
障害者の保護が形骸化
した。そのため、
2008年に改正され、
障害の有無を厳格に判
断するのではなく差別
の有無で保護すべきか
を判断するように是正
された。

---

ix　仁川（インチョン）戦略では、「貧困の削減と労働および雇用の見通しの改善」「政
　　治プロセスおよび政策決定への参加の促進」等障害者施策に関する10の目標、与え
　　られた期間内に達成すべき27のターゲットおよびその進捗状況を評価するための
　　62の指標が設定された。

権条約は必要ないという主張があったからである。しかし、女性差別撤廃条約（1979年）や児童の権利に関する条約（子どもの権利条約）（1989年）など、人権侵害を受けやすい立場の人を守る権利条約が制定されており、同様の理由で障害者を対象とする権利条約が認められたのである。

障害者権利条約の特徴として、他の人権条約にない考え方が示されている。それは「合理的配慮」という考え方である。障害者権利条約では「合理的配慮」を「障害者が他の者との平等を基礎として全ての人権及び基本的自由を享有し、又は行使することを確保するための必要かつ適当な変更及び調整であって、特定の場合において必要とされるものであり、かつ、均衡を失した又は過度の負担を課さないものをいう」（第2条）と定義している。

合理的配慮の特徴は3点ある。

第一に、特定の個別的なニーズに対応することである。

たとえば、車いすを利用する障害者がスーパーマーケットで買い物をする場面を考えてみよう。車いす利用者でも利用可能なようにバリアフリー化を図ることは、車いす利用者のみならず、ベビーカー等を利用する人のアクセシビリティを確保するために一般的な方策である。しかし、高い棚に陳列してある商品を購入したい場合にはどうすればよいだろう。購入を断念させることは、他の者との平等に反することになる。そうした場合に、店員に必要に応じて商品をピックアップしてもらえれば、解決できるであろう。このように「特定の場合」において個別的に対応するのが「合理的配慮」の特徴である。

第二に、どのような配慮が合理的かは話し合いで決める。

スーパーマーケットの例の場合、混雑時などで店員の手が空いていない場合にはどうすればよいだろうか。たとえば、すべての商品を車いす利用者でも商品をピックアップできる高さにするか、車いすの買い物客の補助をする専任の店員を配置できれば解決できるが、それは店側にしてみれば販売コストが増大し「均衡を逸した過度の負担」と感じられるかもしれない。では、どうすればよいのだろうか。ポイントは、車いす利用者が「他の者」と同じように買い物をする機会が奪われないことである。そのためには、店と客である障害者が対話をすることで、店側に

Active Learning

大学やアルバイト先など具体的な場面を想定して、聴覚障害のある人が学生やアルバイトとしてどのような合理的配慮が必要となるか話しあってみましょう。

---

x 「合理的配慮」という概念が最初に使われたのは宗教差別においてであった。アメリカの公民権法（1964年）では、人種、皮膚の色、宗教、性または出身国を理由とする雇用差別を禁止した。しかし宗教上の戒律（安息日に働いてはいけないなど）と雇用者の方針（安息日でも働いてほしい）とが対立する場合にいかにすべきかが問題となった。そこで1972年に「合理的配慮」という概念が導入されたのである。

とっても過度な負担にならずに、障害者の機会の平等が守られる配慮を見つけることが必要なのである。

第三に、「合理的配慮」の不提供は差別である。

「合理的配慮」は、一般的な意味で障害のある人に配慮することを求めているのではない。一般的な配慮であれば、配慮をするかしないかは個人の自由であり、配慮を強制されることはない。しかし「合理的配慮」は、その配慮が周りから見て「合理的」（もっともだ）と考えられるならば、それを提供しないことは差別にあたるというのが重要なポイントである。先のスーパーマーケットの例であれば、混雑時を避ければ店員による買い物の補助が可能であり、それが「合理的な配慮」とみなされるにもかかわらず、それをしない場合は、店は障害者を差別していると認定されるのである。障害者権利条約の第2条においても、「障害に基づく差別には、あらゆる形態の差別（合理的配慮の否定を含む。）を含む」と明記されている。

「合理的配慮」という考え方が広がり、個別の場面で、実際に「合理的配慮」を実現することが、障害者の「完全参加と平等」を実現するうえで有効な方策となることが問われている。

◇引用文献

1）Dejong, G., 'Independent Living : From Social Movement to Analytic Paradigm', *Archives of Physical Medicine and Rehabilitation 60*, p.444, 1979.
2）横塚晃一「ある障害者運動の目指すもの」『ジュリスト』第572号, p.209, 1974.
3）同上, p.209
4）C. バーンズ・G. マーサー・T. シェイクスピア，杉野昭博・松波めぐみ・山下幸子訳『ディスアビリティ・スタディーズ——イギリス障害学概論』明石書店, p.45, 2004.

◇参考文献

・岩崎晋也「「障害者」の「自立」を支援することの意義は何か——社会福祉の存在意義を問う」『現代福祉研究』第6巻, 2006.
・岩崎晋也「社会福祉にとっての「自立」支援とは」日本社会福祉学会編『福祉政策理論の検証と展望』中央法規出版, 2008.
・河東田博『ノーマライゼーション原理とは何か——人権と共生の原理の探究』現代書館, 2009.
・杉野昭博『障害学——理論形成と射程』東京大学出版会, 2007.
・中野善達編『国際連合と障害者問題——重要関連決議・文書集』エンパワメント研究所, 1997.
・藤井克徳『私たち抜きに私たちのことを決めないでNothing About Us Without Us——障害者権利条約の軌跡と本質』やどかり出版, 2014.
・藤井克徳『わたしで最後にして——ナチスの障害者虐殺と優生思想』合同出版, 2018.
・米本昌平・松原洋子・橳島次郎・市野川容孝『優生学と人間社会——生命科学の世紀はどこへ向かうのか』講談社, 2000.

精神障害者福祉の 歴史的展開

学習のポイント

- 明治以降の精神障害者福祉の歴史的展開を概観し、精神保健福祉士として必要な視点を学ぶ
- 精神障害者の基本的人権が、明治以降、保障されてきたのかを歴史的に理解する
- 障害者自立支援法創設以降の自立支援・社会参加支援の動向を理解する
- 障害者自立支援法創設以降の消費者としての権利が保障されてきたのかを理解する

1 精神障害者福祉の歴史的展開を理解する うえで必要な視点

　精神障害者に対する福祉施策が行われるようになったのは1990年代以降であり、その歴史は浅い。精神障害者福祉の歴史的展開を精神保健福祉士として理解するうえで、時代によって精神障害者の置かれてきた状態に違いがあったことをその背景や構造を含め、みていくことが求められる。なぜなら、精神障害者の抱える問題を解決し、社会的復権を進めていくうえで、その時々の状況と問題を構造的につくりだす日本社会のありようを理解することなしには、できないからである。

　かつて、呉秀三が「我邦十何万の精神病者は実に此病を受けたるの不幸の外に、此邦に生まれたるの不幸を重ぬるものと云うべし。精神病者の救済・保護は実に人道問題にして、我邦目下の急務と謂わざるべからず」(1918(大正7)年)と言ったことはあまりに有名であるが、当時の精神障害者が基本的人権はおろか、人間としての扱いを受けていなかったことは呉らが行った調査で明らかになっている。

　また、日本では精神障害者が「生活上に障害のある人」として障害者施策の対象となったのは、身体障害者や知的障害者に比べるとかなり遅かった。身体障害者福祉法(1949(昭和24)年)、精神薄弱者福祉法(現・知的障害者福祉法、1960(昭和35)年)は、戦後比較的早くに法制化され、社会福祉六法を構成した。18歳未満の知的障害児童については1947(昭和22)年制定の児童福祉法の対象であった。精神障害者が法制度上、福祉の対象としての障害者として位置づけられたのは、1993(平成5)年の障害者基本法成立を待つことになる。それまでは、精神障

者と呼称しながらも実質的には精神病者であり、病気の人だからそれは福祉ではなくもっぱら医療の対象として捉えられてきた。1950年代以降、抗精神病薬が開発され精神疾患の治療法が進歩したことで、欧米諸国が精神科のベッド数と入院患者数を減らしていったのに対し、逆に日本が入院ベッドと入院患者を増やしていったのはなぜか、その理由や要因を理解するには、医療技術の進歩だけではなく、社会保障の仕組みや日本社会のもつ特性を押さえることが重要である。

身体障害者や知的障害者以上に、精神障害者では、その根底にある差別・排除の本質には顕著な変化がみられないとしても、現象的には戦前と戦後ではその対応は大きく違っていた。第二次世界大戦前は私宅監置中心であり、戦後は入院中心であった。この変化を可能にしたものとして、医療技術と社会の進歩、たとえば医療保障制度の整備などを、精神障害者の側からみることが重要である。かつて呉秀三らがみた明治の頃の状況は、ヒューマニズムの視点でその問題を捉えることが可能であった。しかし、戦後の現代社会においては、その問題と本質を構造的に捉えるために、ヒューマニズムの視点に加え社会科学的な視点が不可欠になっている。

医療を社会科学の視点から捉え、「病人史」を提唱した川上武はその著のなかで、患者や障害者を規制している諸条件として次の四つを挙げていた。[2)]

第一は、医療技術の進歩と、それと表裏一体の関係にある疾病構造である。第二は、医療技術の進歩を患者のものとする医療制度・医療保障・医学教育などの医療システムの問題である。第三は、社会進歩、特に日本では資本主義発達の段階のもつ影響が大きい。第四は、社会の人権意識の水準の重要性である。これらは精神障害者を規制する条件でもあった。

ところで、ここ十数年の動きとして、長らくパターナリズム（父権主義）が一般的であった日本の医療現場においても変化がみられている。今日では、患者の人権を基本として、従来の医療現場のありようを見直す動きが強まっている。こうした動きの一方で、精神科医療は独自の道を歩んできた。

不利な立場の人々の人権をめぐる憲法学的研究を行っている横藤田誠は、精神障害者に対する規制の目的・機能を次のように整理している。[3)]

❶ 精神科患者の危険行動から社会の安全を防衛する〔患者（疾患）か

ら社会を守る]

❷　病識を欠く患者を保護し治療する［患者（疾患）から患者を守る］

❸　強制の要素を強く有する精神科医療・保護の対象になることから非患者を守る［医療・保護から非患者を守る］

❹　医療・保護において患者の権利・利益を守る［医療・保護から患者を守る］

　最後の❹については、精神科医療においても近年ようやくみられるようになってきたものの、日本では明治以降❶、❷、❸が主であって、精神障害者の基本的人権（自由権、社会権）は侵害され続けてきたといわざるを得ない。

　精神科医療が他の診療科目とは異なる道を歩んできたのにはどのような理由があったのか、その背景や本質に目を向けることが、これからの日本の精神科医療、精神障害者の福祉を考えるうえでは不可欠である。

2 ▶ 明治期から第二次世界大戦までの精神障害者福祉の状況

　精神障害者を私宅で監置することを法的に認めた、世界でも類をみない精神病者監護法は、戦後、精神衛生法の制定によって廃止されたが、これによって精神障害者の置かれた状況が劇的に改善されたかというと現実は違っていた。精神障害者の居場所が私宅から精神科病院へ移っただけで、基本的な精神障害者に対する見方や扱いは変わることはなかったのである。むしろ、病院に隔離・収容されることが徹底され、一般の人たちの目に触れないところへと追いやったことが、その疎外された状況の深刻さをいっそう増すことにつながったといえよう。

　明治以降、精神障害者に対する施策は、もっぱら治安維持や社会防衛の観点から行われていた。日本で最初の警察官職務執行法といわれる東京番人規制（1872（明治5）年）には、「路上狂癲人あれは穏やかに之を介抱し其暴動する者は取押へその地の戸長に引渡すべし」とあったという。精神障害者が他の患者や障害者とも異なる扱いを受け、差別・排除されてきたことは、法律上の制限条項でみることができる。

　呉秀三は「文部省指定学校規則を読む」のなかで、精神障害者が諸法令でいかなる差別的な処遇を受けていたかを記している。[4]

1　皇室典範は日本でもっとも大切な法典だが、皇嗣・摂政に "精神若

しくは身体の重患があると”、継承・立摂の順位が替えうることになっている。

2　貴族院選挙規則・衆議院選挙法では、それぞれ“瘋癲白痴の者”・禁治産者及び準禁治産者に選挙権及び被選挙権を与えないとしている。

3　刑法では“知覚精神の喪失によって、是非の弁別のないもの”の罪は論じないことになっている。陸海軍の刑法でも同じである。刑事訴訟法では犯罪人が精神病になったときは刑を加えることを延期し、また精神病者に証人としての権利を与えていない。

4　民法では“心神喪失の状況にあるもの”を治産能力ないものとし、病症の軽重にしたがい禁治産・準禁治産とするものである。婚姻の効力・離婚の条件についても、それぞれ規定されている。民事訴訟法では、宣誓能力によって証人の価値を問題としている。

5　小学校令では、“疾病あるとき”は就学の猶予・免除を“課業に堪えない児童”に出席を許可しないと規定している。学校医は精神状態を含めた健康状態に注意することになっている。

6　文官分限令によれば、官吏は“(一)不具廃疾により、又は身体若しくは精神の衰弱により、職務を執るに堪えないか、(二)傷病を受け、又は病気にて其職に堪えない為”免官を願い出たときのほかは、剰員を生じたときでなければ免官されないことになっている。不具廃疾のなかには“無論精神病もあるが、精神病のなかで、廃疾でないものもある”。精神の衰弱の程度にも問題が起こってくる。陸軍服役条例・理事分限令でも同じ趣旨の規定がなされている。

7　官吏恩給令の終身恩給給与の規定には、“公務によって、健康に害ある感動を受けるを顧みる能外して勤務に従事したる為病気となり一肢以上の用を失い、或いは之に準ずべき者”が職務に堪えず退官するとき、を該当する一項としている。ここには精神病が入っていることは勿論だが、その経過・予後によりいろいろ軽重があるから、診断が大切である。また、“精神病の原因学上の知識がなければ”その病気が“職務に直接又は間接に起因したるや否や”鑑別できない。

8　徴兵令では兵役の延期・免除のほか、詐病による兵役忌避について規定されている。ここでは伴狂の鑑定が必要となる。徴兵検査規則にも“瘋癲白痴痴狂を不合格”とする項があり、その身体検査手続きには、“特に精神の検査といへる文字”が記してある。

9　感化法によれば、親権者・後見人がなく、“放蕩又は乞丐を為し若しくは悪交ある”16 歳未満の者を感化院へ入院させることになっている。だがこの“放蕩乞丐悪交”が悪習慣によるものか、病気によるものかが問題である。

10　監獄規則第44条では、減食・闇室の罰を与えるとき医師の診察を要し、第46条では"病に罹り医師の診断により必要なとき"は錠を施すことを解除するとある。その施行規則では病弱者などに作業過程を減ずることとしている。海陸軍監獄則でも同じようなことが規定されている。その他内務省令では、在監人が"精神病となりて行刑の意義を解せざるものとあるときは之を特赦し、又は精神病者を放免するに際して、注意すべきこと"などを定めている。

11　"精神病者監護法に至りては、直接に開業医が精神病者中監禁すべき者と、監禁の必要なき者とを区別し得る丈の技量は、少なくとも備えて居らなければならん"ことを定めている。

精神病者監護法については、1898（明治31）年に当時の法制局が、精神障害者の財産は民法によって保護されているのに、精神障害者自身については法的規定がないのはおかしいと内務省と協議したことにより具体的な検討が始まったものである。これに対し内務省衛生局が起案した原案は、不法監禁をなくすことが主眼で、その他は監獄法と異なるところがなかった。したがって、この法案は最初から医療的には不完全な性格をもっていたといえる[5]。

1900（明治33）年、精神障害者の保護に関する最初の一般的法律である精神病者監護法が公布・施行された。23か条からなる本法律は、次のものを骨子としていた。

第一に、後見人、配偶者、親権を行う父または母、戸主、親族会で選任した4親等内の親族を精神病者の監護義務者として、その順位を定める。また、監護義務者がないか、いてもその義務を履行できないときは住所地、所在地の市区町村長に監護の義務を負わせる。

第二に、精神病者を監置できるのは監護義務者だけで、病者を私宅、病院などに監置するには、監護義務者は医師の診断書を添え、警察署を経て地方長官に願い出て許可を得なくてはならない。

第三に、行政官庁に監置を監督する権限を与える。

第四に、監護に要する費用は被監護者の負担で、被監護者にその負担能力がないときは扶養義務者の負担とする。

精神病者監護法は、座敷牢を私宅監置と称し、監護義務という制度を設け監置の責任を家族・親族に負わせるというもので、医療上の監督保護に関しては何ら特別の条項を設けていなかった。また、この法律の施行は警察の管理下に置かれ、警察は、監護義務者が精神障害者を監視して、逃げ出さないようにしているかどうかを確認するのが務めであった

と考えられる。

ところで、明治の衛生行政が本格的に動き出したのは、1873（明治6）年、文部省の医務課が医務局となり、その翌年に医制が発布されてからである。この医制の一つに癲狂院の設立に関する規定があった。公立の精神科病院としては、1875（明治8）年に京都の南禅寺に建設された京都癲狂院が最初のもので、1879（明治12）年には東京府癲狂院が設立された。そして、民間の精神科病院では、加藤瘋癲病院が1878（明治11）年に東京府から開設許可をされた。圧倒的に医療施設が足りないなか、およそ9割の精神障害者（約6万人）は私宅監置など医療施設以外のところで生活することを余儀なくされていた。

1918（大正7）年、呉秀三が報告書「精神病者私宅監置ノ実況及ビ其統計的観察」を発表した。呉はこの報告のなかで、「精神病者監護法はできるだけ早く廃止して、それに代えて医療施設を国の責任で設置、整備しなければならない、そのための新しい法律をつくるべきである」[6]と主張した。

翌1919（大正8）年、精神病院法が成立したが、精神病者監護法は廃止されずそのまま残され、精神病院法と併存する形になった。精神病院法が成立したものの、同法の附則では施行日が明記されておらず、公立の精神科病院の建設は予算不足等の理由で遅々として進まなかった。

また、この時期に精神科病院に入院し医療を受けられたのは、精神障害者全体からみればほんの一部であったことが容易に想像できる。それは医療施設の数が絶対的に限られていたことに加え、医療費などの入院にかかる費用を全額支払うことができたのは一部の資産階級にあった者と、治安対策により公費による施療を受けていた者に限られていたからである。ある入院患者の事例では、当時の男子工員の平均賃金が日給2円1銭（1か月20日働いた場合で40円20銭）であったのに対し、入院にかかる費用が月額79円80銭であったとの記録もある[7]。

当時の精神障害者施策に強い影響を与えたものに、優生思想があった。1916（大正5）年、内務省に保健衛生調査会が設置された。この調査会の設置については、その背景に出生率の低下傾向に対する政府の「出生率減退を未然に防止せんとの意図」が存在していたとの指摘がある[8]。

保健衛生調査会は、1917（大正6）年6月26日、「全国精神病者調査表」の整理を決議し、これに基づいて内務統計局で収集した調査表をまとめた。ここでは精神障害と遺伝の関係が調査され、調査対象者1万

9013人中、「有遺伝者」7966人（41.90％）であったことを報告している[9]。精神病院法の審議過程で答弁に立った内務省衛生局は、保健衛生調査会の報告を踏まえ、「精神病者の原因として、遺伝、是は如何にも当局も同感であります」としたうえで、精神障害者への断種を行うか否かについては「目下保健衛生調査会に於いて慎重の考慮を以て攻究中であります」と述べている。

こうした優生思想は、日本が戦時体制下へ突き進むにつれ、よりいっそう強まっていった。1934（昭和9）年、断種法案が第65回議会に提出され、1937（昭和12）年第70回議会に、民族優生保護法案として提出されている。いずれも審議未了で決議には至らなかったが、1940（昭和15）年に国民優生法を成立させたのである。国民優生法は障害者への断種を合法化し、「劣等」とした素因の出生の排除や抑制を図るものであった。国民優生法施行規則でその対象の筆頭に挙げられたのは徴兵検査で「丁種不合格者」として多く占めていた「遺伝性精神病」（精神分裂病、躁鬱病、真性癲癇）であった[10]。

<table>
<tr><td>3</td><td>戦後の精神障害者福祉の状況とその展開</td></tr>
</table>

第二次世界大戦後、精神病者監護法、精神病院法が廃止となるのは、1950（昭和25）年成立の精神衛生法を待つことになる。精神障害者施策の整備は、身体障害者施策や知的障害者施策が社会福祉法制の整備で対応されたのとは異なり、医療行政の範疇で取り組まれた。それは精神病者を福祉の対象としてではなく、もっぱら治療と医療保護の対象として捉えていたからである。

精神衛生法が制定されるまでの法の対象は「精神病者」とされていた。精神衛生法はこれを「精神障害者」とし、同法第3条に新たな定義を設けた。精神衛生法提案理由の説明では、「第一に、この法案は、いやしくも正常な社会生活を破壊する危険のある精神障害者全般をその対象としてつかむことといたしました。従来の狭義の精神病者だけでなく、精神薄弱者及び精神病質者をも加えたのであります。第二に、従来の座敷牢による私宅監置の制度を廃止して、長期にわたって自由を拘束する必要のある精神障害者は、精神病院または精神病室に収容することを原則といたしました[11]」と述べ、精神障害者を社会の障害になる者として捉え、長期にわたり自由を制限する必要があるとしていたことがわかる。

　精神衛生法の成立により精神病者監護法が廃止にはなったものの、精神障害者を社会にとって危険な存在として捉え、社会防衛の観点から精神障害者に対する施策を講じた点は戦前と何ら変わることはなかった。治療と医療保護の名の下に、精神障害者を精神科病院へ収容することを進めたことで、精神障害者の置かれた状況は、さらに深刻なものへと変化していったのである。

　ところで、精神衛生法第 29 条はいわゆる強制入院に関連するものであるが、先行研究では、この措置入院の起源として、精神病院法（1919（大正 8）年）を挙げていることが多い。この点について日本の精神医療供給について医療社会学、歴史学、社会政策学的な観点から研究している後藤基行は、精神病院法だけでなく、精神病者監護法をより重視すべきとの指摘を行っている[12]。その理由として、精神病者監護法第 6 条のもつ 3 点を挙げている。具体的には、❶原則的に行政機関による患者の強制的な病院収容体系であること、❷原則的に収容にかかわる経費が公費負担であること、❸最終的に知事の許可によって正式に実行されること、である。

　精神衛生法が制定された後、日本では精神科病院の建設ブームが始まった。終戦時には 4000 床まで減少していた精神病床数であったが、民間主導で精神科病院を増やす施策がとられた（低医療費政策）。1958（昭和 33）年、精神科では医師数は他科の 3 分の 1、看護師数は 3 分の 2 でも医療法上よしとする、いわゆる精神科特例が設けられ、1960（昭和 35）年には医療金融公庫が民間精神科病院の設立について低利長期融資を始めたことにより、全国に精神病床が増加していったのである。

　欧米先進諸国では、入院中心から地域ケアへと転換が図られていった時期に、日本でも地域ケアを志向する動きがみられたが、そうした動きに負の影響を与えたのがライシャワー事件（ライシャワー駐日アメリカ大使刺傷事件）（1964（昭和 39）年 3 月 24 日）であった。当時のマスコミ、大手新聞各社はその一面トップで「野放しの精神障害者」などと見出しを付けた記事を掲載した。精神障害者が社会にとって危険な存在であることを国民に印象づけるのに十分な出来事であった。結局、日本ではその後も精神病床を増床し続け、長期入院を拡大していったのである。

---

i　後藤基行『日本の精神科入院の歴史構造——社会防衛・治療・社会福祉』東京大学出版会，pp.4-5，2019. によれば，1952（昭和27）年約 2 万5000床，1955（昭和30）年約 4 万床，1967（昭和42）年約20万床，1979（昭和54）年約30万床，1994（平成 6）年36万2000床に達した。

4 精神衛生法改正から 精神保健福祉法成立まで

　30 年余り続いた精神衛生法であったが、宇都宮病院事件（第 3 章第2 節を参照）によりその見直しを迫られた。宇都宮病院事件は国内にとどまらず海外でも問題となり、国際法律家委員会（ICJ）、国際医療職専門委員会（ICHP）の合同調査団による実態調査を受けた。その結果、精神衛生法の改正や地域医療とリハビリテーションの促進等に関する勧告が出されたのである。こうした事態を受け、ようやく精神衛生法改正の機運が高まり、1987（昭和 62）年の改正により精神保健法へと改正された。これにより初めて精神障害者自身による入院に対する同意に基づき入院する任意入院が設けられたほか、権利擁護に関する規定も盛り込まれた。そして、社会復帰の促進が第 1 条の目的で謳われた。

　その後、1993（平成 5）年に、心身障害者対策基本法が障害者基本法に改正され、精神障害者が「障害者」として初めて法的に位置づけられた。これを受け、1995（平成 7）年、精神保健法を改正し、精神保健及び精神障害者福祉に関する法律（精神保健福祉法）とした。精神衛生法、精神保健法、そして精神保健福祉法の第 1 条（目的）を比べるとその違いがわかる。

　「この法律は、精神障害者の医療及び保護を行い、且つ、その発生の予防に努めることによって、国民の精神的健康の保持及び向上を図ることを目的とする」（精神衛生法第 1 条 目的）

　「この法律は、精神障害者等の医療及び保護を行い、その社会復帰を促進し、並びにその発生の予防その他国民の精神的健康の保持及び増進に努めることによって、精神障害者等の福祉の増進及び国民の精神保健の向上を図ることを目的とする」（精神保健法第 1 条 目的）

　「この法律は、精神障害者等の医療及び保護を行い、その社会復帰の促進及びその自立と社会経済活動への参加の促進のために必要な援助を行い、並びにその発生の予防その他国民の精神的健康の保持及び増進に努めることによって、精神障害者等の福祉の増進及び国民の精神保健の向上を図ることを目的とする」（精神保健福祉法第 1 条 目的）

　精神保健福祉法では、精神障害者の医療及び保護、社会復帰の促進に加え、その自立と社会経済活動への参加の促進を明記している。

5 精神障害にも対応した地域包括ケアシステムの構築へ

　精神障害者の社会的入院を解消する動きを、さらに推進するうえで重要なものとなったのが、精神保健医療福祉の改革ビジョン（2004（平成 16）年）である。改革ビジョンは、「入院医療中心から地域生活中心へ」を掲げ、受入条件が整えば退院可能な者（7 万 2000 人）について、10 年後の解消を図るとした。

　一方、障害施策については、三障害を一元化する新たな法律、障害者自立支援法が創設された（2005（平成 17）年）。これにより、精神障害者に対する福祉サービスも、本法に基づき提供されることになった。サービスの利用については、利用者である障害者が直接事業者と契約し利用する仕組みへと変わった。障害者自立支援法に基づくサービスの利用にかかる契約締結は、消費者契約法の適用対象となっており、利用者は消費者でもあるといえる。ただ、一般の消費契約と異なるのは、契約者自身が何らかの支援を必要としている人が少なくないこと、そして情報の非対称性が前提にあることから契約締結に必要十分な情報を提供することが事業者側に求められるが、それがなされていない場合もあることである。さらには、対等な関係を確保するためには、サービスの自由な選択を可能にするサービス量の確保が必要不可欠であるが、絶対的にサービス量が不足しており、サービスを自由に選択できる環境が整っていないことなどが問題点として挙げられる。2000（平成 12）年の介護保険制度施行にあわせ、成年後見制度、地域福祉権利擁護事業（現・日常生活自立支援事業）、あるいは苦情申立ての仕組みなどが整備されたが、権利擁護の仕組みは十分とはいえない状況がある。

　ところで、障害者自立支援法は、その第 1 条で「障害者及び障害児がその有する能力及び適性に応じ、自立した日常生活又は社会生活を営むことができるよう」にすることを目的に掲げた。これは、個人の能力のあるなしにかかわらず、その人固有の自立のあり方が保障されなければならないという考え方とは相反するものである。

　自立の捉え方については、必ずしも共通認識があるとはいえず、実際、障害者自立支援法では就労自立を強調し、就労支援に関するサービス事業の強化を図っている。しかし、一般就労に就くことができる人は限られており、多様な自立のあり方を共通認識にしていかなければ、精神障害者をはじめ、その他の障害者も本法から排除されてしまうおそれがあ

★社会的入院
「医療上は入院治療の必要がないにもかかわらず、社会福祉制度の不備や差別・偏見等により退院して地域に住むことができずに、入院を余儀なくされている状態」をいう。

★情報の非対称性
医者と患者との関係にみられるように、病気とその治療に関する専門的知識、選択に必要な知識が専門職側に集中し非対称であることから、対等な関係で契約するためには、情報の非対称性を解消することが欠かせない。

Active Learning
社会的入院を解消するためには、どのような取り組みが必要でしょうか。地域社会でできることを話しあってみましょう。

る。また、事業者に支払われる報酬の考え方も実績主義となったことで、利用者は確実に利用してくれる人など、制度の枠組みに沿った障害者に限定されてしまう現実がある。ごく当たり前の生活の実現を目指し、先駆的な取り組みを行ってきた、埼玉県の「やどかりの里」の、「施設の経営のみを考えれば毎日、働ける人、より効率よく働ける人を選び、集める方が収入が多くなります。施設を守ることが、目の前の障害者を選別し、切り捨てることになりかねない。私たちが大切にしてきた障害のある人と職員の『協働』が分断される可能性があります[13]」との指摘は、障害者自立支援法のもつ矛盾を端的に示している。

　そもそも障害者自立支援法の創設については、基本的人権を侵害するものとして、違憲訴訟が全国の複数箇所で提訴された経緯がある。訴えた障害者の主張は、「利用者負担は障害者福祉の本質に反するものであり、憲法違反である！ⁱⁱ」というものだった。違憲訴訟は、当時の政権と基本合意文書を締結し、その後和解している。そして、基本合意文書で確認した障害者自立支援法廃止後の新たな法律、障害者総合福祉法（仮称）の創設に向けた検討を障がい者制度改革推進会議総合福祉部会が進めてきた。同部会は、2011（平成23）年8月30日に「障害者総合福祉法の骨格に関する総合福祉部会の提言」を取りまとめ公表しているが、検討の過程であらためて精神科医療が他の診療科目とは区別され精神保健福祉法に基づく医療提供になっている点、非自発的入院の仕組みが改善されていない点などの問題点を指摘している[14]。

　現在、政府・厚生労働省は、2017（平成29）年2月の「これからの精神保健医療福祉のあり方に関する検討会報告書」にある「地域生活中心」という理念を基軸としながら、精神障害者のいっそうの地域移行を進めるための地域づくりを推進する観点から、精神障害者が、地域の一員として、安心して自分らしい暮らしができるよう、医療、障害福祉・介護、社会参加、住まい、地域の助け合い、教育が包括的に確保された精神障害にも対応した地域包括ケアシステムの構築を目指すことを新たな理念として明確に打ち出した。この構築は、住民一人ひとりの暮らしと生きがい、地域をともに創る「地域共生社会」の実現にも寄与するものであるとし、その構築に向けた具体の取り組みを推進しており、精神保健福祉士はその取り組みの担い手の一人として、その役割が期待されている。

---

ii 「障害があることを理由に課金する」という応益負担の仕組みが、憲法の保障する法の下の平等に違反するということ。

6 歴史を理解するうえでの留意点

　ここまで明治以降の精神障害者福祉の歴史的展開について概観してきた。精神障害者は、言葉のうえでは「障害者」と呼称されながら実質的には精神疾患を抱えた患者であり、それは障害福祉の対象ではなく治療や医療保護の対象とされてきた。また、社会防衛の見地から、精神障害者は基本的人権である自由権、社会権を侵害され続けてきたのである。特に戦時下においては、優生思想の影響もあり断種を強いられるなどの人権侵害も受けてきた。

　終戦後、精神衛生法が制定され、精神障害者の私宅監置は制度上姿を消したが、その後は精神科病院への収容という形で進められ、いわゆる社会的入院の問題を生み出した。社会的入院の問題は、社会的にその居場所を奪ってきた問題であり、精神障害者に対する人権侵害そのものであったことをあらためて私たち国民は確認する必要がある。

◇引用文献
　1）呉秀三『精神病者私宅監置ノ実況及ビ其統計的観察』1918.
　2）川上武『現代日本病人史──病人処遇の変遷』勁草書房，pp.7-9，1982.
　3）横藤田誠『精神障害者と人権──社会のレジリエンスが試される』法律文化社，p.11，2020.
　4）精神医療史研究会編『呉秀三先生──その業績』呉秀三先生業績顕彰会，pp.36-37，1974.
　5）前出2），p.294
　6）秋元波留夫（話し手）・藤井克徳（聞き手）『精神障害者の未来を拓くために』萌文社，p.11，2000.
　7）『戦前・戦中期における障害者福祉対策』社会福祉研究所，pp.130-131，1990.
　8）藤野豊『厚生省の誕生──医療はファシズムをいかに推進したか』かもがわ出版，p.32，2003.
　9）内務省衛生局編『精神病ニ関スル統計』p.14，1922.
　10）藤井渉『障害とは何か──戦力ならざる者の戦争と福祉』法律文化社，pp.65-67，2018.
　11）第7回国会衆議院厚生委員会会議録第22号（1950年4月5日）
　12）後藤基行『日本の精神科入院の歴史構造──社会防衛・治療・社会福祉』東京大学出版会，pp.50-51，2019.
　13）増田一世「働きつづけたい＜下＞障害者自立支援法で何が」（しんぶん赤旗2006年9月7日）
　14）障がい者制度改革推進会議総合福祉部会「障害者総合福祉法の骨格に関する総合福祉部会の提言──新法の制定を目指して」（2011年8月30日）

◇参考文献
　・障害者自立支援法違憲訴訟弁護団編『障害者自立支援法違憲訴訟──立ち上がった当事者たち』生活書院，p.221，2011.

●おすすめ
　・辻井誠人「第3章 社会的入院解消への取り組みと精神保健福祉士の課題」金子努・辻井誠人編著『精神保健福祉士への道──人権と社会正義の確立を目指して』久美，pp.103-132，2009.

第 2 章

精神障害と
精神障害者の
概念

　精神障害のある人や精神的な健康を損なった人とのかかわり方を体得するための前提として、精神疾患や障害に関して、精神症状のつらさに加え、精神医療を受けることに付随する苦労や苦痛を理解し、症状や障害が生活に及ぼす影響を多面的に捉えるとともに、ICF（国際生活機能分類）に基づく生活モデルを中心に学ぶ。また、精神障害に対する社会の認識の歴史的な変化を学び、精神障害者を取り巻く社会環境を見据える視点と、改善に向けた働きかけの意義を理解する。

　さらに、近年、精神保健福祉の課題が拡大していることを踏まえ、ソーシャルワークの展開における多様なアプローチの意義を理解する。

制度における「精神障害者」の定義

学習のポイント

● 精神保健福祉法における「精神障害者」の定義を理解する
● 「精神障害者」の定義の変遷について理解する
● 「精神疾患」と「精神障害」の区分について学ぶ

1 精神保健福祉法における「精神障害者」の定義

　現行法である精神保健及び精神障害者福祉に関する法律（精神保健福祉法）の第5条では、「この法律で「精神障害者」とは、<u>統合失調症、精神作用物質による急性中毒又はその依存症、知的障害、精神病質その他の精神疾患を有する者をいう</u>」と定義している。

　精神保健福祉法では、<u>精神疾患を有していることが、精神障害者であると規定している</u>のである。

　精神保健福祉法における「精神障害者」の定義では、「障害」という用語を使用しておきながら、内容的には「疾患」のみを意味している。

　一方で、精神保健福祉士は対象者の「疾患」だけでなく、日常生活や社会生活における困難に着目することで、その人らしい生き方が実現できるように支援することが求められている。

1 精神保健福祉法に至るまで

❶精神衛生法

　1950（昭和25）年に、戦前からの法律である精神病者監護法と精神病院法が廃止され、精神衛生法が成立した。この法律の目的は、「医療及び保護」「発生の予防」であった。

　精神衛生法における「精神障害者」の定義は、「<u>精神病者（中毒性精神病者を含む）、精神薄弱者及び精神病質者</u>」である。ここでの「精神病」という用語は、後天的に発生した精神上の病態の包括的な呼称として使われている。「精神障害者」と定義しておきながら、医学的な観点で捉えており、医療中心の法律であったことがわかる。

　1970（昭和45）年には、心身障害者対策基本法が制定された。この

法律の目的は、心身障害者の福祉に関する施策の基本的事項を定めたものであったが、精神障害者は含まれていなかった。

❷精神保健法

　1987（昭和62）年の改正により、「精神衛生法」が「精神保健法」と改められ、法律の目的に「社会復帰の促進、福祉の増進」が加えられた。

　1986（昭和61）年、公衆衛生審議会が厚生大臣に宛てて提出した意見書では、「精神障害者が単なる病者というだけでなく、社会生活遂行上の困難・不自由・不利益を有する障害者であるという点を共通理解とする必要がある」と提言している。また、「単に「社会復帰」といわず、「社会復帰・社会参加」と表現し、たとえ能力障害などがあって社会的自立を果たすことができなくても、それぞれの能力に応じた社会参加の仕方があってもよい」とも述べている[1]。しかし、実際には「社会復帰の促進」にとどまり、この提言が活かされることはなかった。

　精神保健法は1993（平成5）年に改正され、精神障害者の定義は「この法律で「精神障害者」とは、精神分裂病、中毒性精神病、精神薄弱、精神病質その他の精神疾患を有する者をいう」と文言のみが改められた。

　同年には障害者基本法が成立し、精神障害者も他の障害と同様に法的に障害者と位置づけられた。法律の目的として「障害者の自立と社会、経済、文化、その他あらゆる分野の活動への参加を促進すること」が示された。

❸精神保健福祉法

　障害者基本法の対象者になったことにより、精神障害者に対して、保健医療施策に加えて福祉施策を充実させる必要がさらに高まり、1995（平成7）年に精神保健法の名称は「精神保健及び精神障害者福祉に関する法律」（精神保健福祉法）となった。目的は、「精神障害者等の医療及び保護を行い、その社会復帰の促進及びその自立と社会経済活動への参加の促進のために必要な援助を行い」「福祉の増進及び国民の精神保健の向上を図ること」としている。

　精神保健福祉法では、福祉面の規定が増えて、「精神障害者」に対する疾患性と障害者性の二重の側面が強くなったが、「精神障害者」の定義は変えられないままだった。

　1999（平成11）年に改正された精神保健福祉法における定義（第5条）は、「この法律で「精神障害者」とは、精神分裂病、精神作用物質による急性中毒又はその依存症、知的障害、精神病質その他の精神疾患を有

表2-1　「精神障害者」の定義の変遷

法律名	定義
精神衛生法 1950（昭和 25）年	精神病者（中毒性精神病者を含む。）、精神薄弱者及び精神病質者
精神保健法 1993（平成 5）年改正	精神分裂病、中毒性精神病、精神薄弱、精神病質その他の精神疾患を有する者
精神保健福祉法 1999（平成 11）年改正	精神分裂病、精神作用物質による急性中毒又はその依存症、知的障害、精神病質その他の精神疾患を有する者
精神保健福祉法 2005（平成 17）年改正 現在に至る	統合失調症、精神作用物質による急性中毒又はその依存症、知的障害、精神病質その他の精神疾患を有する者

する者をいう」と改められた。

　2005（平成 17）年の精神保健福祉法改正では、「精神分裂病」という旧呼称が「統合失調症」に変更されたのみであった。

　これらは、「精神障害者」の定義としながらも、いくつかの精神疾患を例示して、最後に「その他の精神疾患を有する者」という医学的概念で規定しているものである。法の主な対象は、専門医療を必要とする精神疾患に罹患した人でありながら、法の目的には「福祉の増進」が掲げられている。この不合理性は、法改正のたびに争点となってきたが、結局現在まで積み残されてきたのである。

■2 「精神障害者」定義の疾患名表記の問題点

　現行法では、「統合失調症」を代表的疾患名の筆頭に挙げている。これは、社会的防衛が主目的であった精神衛生法時代からの名残であるといえる。

　「精神薄弱」という呼称は、1998（平成 10）年の「精神薄弱」を「知的障害」に改める改正に伴い「知的障害」へと変更になり、現行法に至っている。厚生労働省は、関連諸制度において使用する疾患名をできるだけ国際疾病分類（ICD）に準拠させるようにしている。しかし、ICDにある「mental retardation」は「精神遅滞」のほうが近いと思われる。また、「知的障害」は、疾患名ではなく障害名であるという矛盾もある。

　「精神病質」という呼称については、従来から批判があり、現在では、ほとんどの精神医学・医療関係者が使用していないが、本法律にはいまだに残っている。

　以上のように、現行法では具体的な疾患名をいくつか例示して、最後

Active Learning

法律の改正に伴い「精神障害者」の定義は変化しました。当事者の生活に与えた影響を考え、三つ以上挙げてみましょう。

に「その他の精神疾患」として付け加えているが、今日の代表的な精神
疾患である「気分障害」や「認知症」が「その他の精神疾患」としてく
くられていることは、明確性に欠けているといえる。

3 精神障害者保健福祉手帳

　精神障害者保健福祉手帳は、一定の精神障害の状態にあることを証明
することによって、手帳の交付を受けた者に対し、各方面の協力や援助
により、「精神障害者」の社会復帰促進と自立、社会参加の促進を図る
ことを目的とするものである。

　手帳の対象者は、精神疾患を有する者（精神保健福祉法第5条の定義
による精神障害者）のうち、精神障害のために継続的に日常生活または
社会生活への制約がある者（障害者基本法の障害者）とされる。

　つまり、精神保健福祉法でいう「精神障害者」と、障害者基本法の「障
害者」の定義を併せもっているのである。精神障害者保健福祉手帳は、
精神疾患（機能障害）に関する部分と、生活上の制限に関する部分の両
方について判定が必要ということになる。しかし、現状では、機能障害
だけでなく、生活上の制限に関する障害についても医師が判定している。

　日常生活や社会生活における障害の判定については、精神保健福祉士
などのソーシャルワーク専門職が積極的にかかわることができる態勢が
望まれる。

Active Learning

欧米やアジアの国々
の手帳制度の有無や
その状況を調べ、日
本の手帳制度の特徴
を三つ挙げてみま
しょう。

表2-2　各種手帳の概要

区分	身体障害者	知的障害者	精神障害者
手帳制度	身体障害者手帳	療育手帳	精神障害者保健福祉手帳
対象	「身体障害者障害程度等級表」に掲げる身体上の障害がある18歳以上の者であって、都道府県知事から手帳の交付を受けたもの	知的機能の障害が発達期（おおむね18歳まで）にあらわれ、日常生活に支障が生じているため、何らかの特別の援助を必要とする状態にあるもの	「精神障害」のため継続的に日常生活、社会生活に何らかの援助を必要とする人。ただし初診から6か月以上経過していること
等級	1～6級	A、Bなど自治体によって異なる	1～3級
特記事項	写真要	写真要	写真要・2年ごとに更新

2 障害者基本法における「障害者」の定義

2011（平成23）年に改正された障害者基本法では、「障害者」と「社会的障壁」を分けて定義している。

障害者基本法

（定義）

第2条 この法律において、次の各号に掲げる用語の意義は、それぞれ当該各号に定めるところによる。

　一　**障害者**　身体障害、知的障害、精神障害（発達障害を含む。）その他の心身の機能の障害がある者であって、障害及び社会的障壁により継続的に日常生活又は社会生活に相当な制限を受ける状態にあるものをいう。

　二　**社会的障壁**　障害がある者にとって日常生活又は社会生活を営む上で障壁となるような社会における事物、制度、慣行、観念その他一切のものをいう。

★**事物、制度**
事物は物理的なバリアのこと、制度は欠格条項など障害者を排除するような制度のことを指す。

それによると「障害者」とは、身体障害者、知的障害者、精神障害者（発達障害者を含む）の三者を対象としており、日常生活または社会生活に相当な制限を受ける状態にあるものと定義している。

つまり、障害者基本法でいう「障害者」の定義とは、精神保健福祉法とは異なり、個人モデルとしての日常生活および社会モデルとしての社会生活に、相当な制限を継続的に受ける状態にある者を「障害者」と定義している（**図2-1**）。機能障害のみを原因とするのではなく、社会か

図2-1　精神保健福祉法と障害者基本法の「精神障害者」の定義の違い

ら受けるさまざまな制限によって、「障害者」として規定されるのである。ここでは、「精神障害者」についても、「生活のしづらさを抱えた障害のある人」として捉えている。

障害者基本法の改正に至るまで

2014（平成 26）年、我が国は、障害者の権利に関する条約（障害者権利条約）に 140 番目の国・地域として批准した。この条約に批准する前段階として、次のように国内法の整備が行われた。

一つ目は 2011（平成 23）年の障害者基本法の改正、二つ目は 2012（平成 24）年の障害者の日常生活及び社会生活を総合的に支援するための法律（障害者総合支援法）の成立（後述）、三つ目が 2013（平成 25）年の障害を理由とする差別の解消の推進に関する法律（障害者差別解消法）の成立および障害者の雇用の促進等に関する法律（障害者雇用促進法）（後述）の改正である。このような経緯から、障害者基本法は改正されたのである。

★**障害者権利条約**
障害者の人権および基本的自由の享有を確保し、障害者の固有の尊厳の尊重を促進することを目的として、障害者の権利の実現のために、2006 年に国連において採決された。2019 年 8 月現在、締結国・地域数は 179。

3 障害者総合支援法における「障害者」の定義

障害者総合支援法は、障害者自立支援法の改正法として、2013（平成 25）年に施行された。正式には「障害者の日常生活及び社会生活を総合的に支援するための法律」という。地域社会における共生実現に向けて、障害がある人の日常生活および社会生活を総合的に支援することを目的に、障害福祉サービスなどについて規定した法律である。

これまで、精神保健福祉法の下で展開されてきた社会復帰施設・事業などの精神障害者の地域生活支援は、障害者自立支援法の制定以来、三障害を統合し、市町村を中心とした新たなシステムに再編された。つまり、障害者総合支援法では、障害の種別を越えて、障害者基本法の理念に則り、共通の基盤でサービス体制を構築させたのである。

しかし、障害者総合支援法は、三障害共通の法的基盤とはいうものの、「支援の対象となる障害者」については、**表 2-3** のように障害別に定義されている。

自立支援医療費（精神通院医療）

自立支援医療費とは、障害者・児が心身の障害の状態の軽減を図り、

表2-3　障害者総合支援法の対象となる「障害者」

身体障害者（身体障害者福祉法第4条）
身体障害者福祉法に規定する身体障害者
知的障害者（知的障害者福祉法）
知的障害の具体的な定義はないが、厚生労働省では「おおむね18歳までに知的機能の障害があらわれ、日常生活に支障が生じているため、何らかの特別な援助を必要とする状態にあるもの」としている
精神障害者（精神保健福祉法第5条）
精神保健福祉法に規定する精神障害者（発達障害者支援法に規定する発達障害者を含み、上記の知的障害者を除く）のうち、18歳以上の者
難病者（2013（平成25）年追加）
治療方法が確立していない疾病その他の特殊の疾病であって、政令で定めるものによる障害の程度が厚生労働大臣の定める程度である18歳以上の者
障害児
18歳未満で、児童福祉法に規定する身体障害・知的障害・精神障害のある児童（発達障害児を含む）、または難病者で厚生労働大臣の定める障害の程度である児童

自立した日常生活または社会生活を営むために必要な医療を、指定自立支援医療機関から受けた場合に支給される。

　自立支援医療は、従来の更生医療、育成医療、精神通院医療を統合したものである。精神通院医療における対象者は、精神保健福祉法第5条に規定する統合失調症などの精神疾患を有するもので、通院による精神医療を継続的に要する者となっている。

　障害者総合支援法における「精神障害者の定義」からもわかるように、精神通院医療の対象者は、精神保健福祉法に拠っており、他の自立支援医療（更生医療、育成医療）に比して、医療的なしばりが強いといえる。

4 　障害者雇用促進法における 「精神障害者」の定義

　労働行政で初めて「精神障害者」の支援策を開始したのは、1986（昭和61）年の「職場適応訓練制度」である。本制度における「精神障害回復者」の定義では、「精神分裂病（現・統合失調症）、躁うつ病、てんかんを有する者で、症状が安定し、主治医が就労可能な状態と認めた者」となっている。

　2002（平成14）年の障害者雇用促進法改正で初めて、「精神障害者」の定義がなされ、現在に至っている。

> **障害者雇用促進法**
> （用語の意義）
> **第2条**〔前略〕
> 　**一　障害者**　身体障害、知的障害、精神障害（発達障害を含む。第6号において同じ。）その他の心身の機能の障害があるため、長期にわたり、職業生活に相当の制限を受け、又は職業生活を営むことが著しく困難な者をいう。
> 　**六　精神障害者**　障害者のうち、精神障害がある者であって厚生労働省令で定めるものをいう。
>
> **障害者雇用促進法施行規則**
> （精神障害者）
> **第1条の4**　法第2条第6号の厚生労働省令で定める精神障害がある者は、次に掲げる者であって、症状が安定し、就労が可能な状態にあるものとする。
> 　一　精神保健福祉法第45条第2項の規定により精神障害者保健福祉手帳の交付を受けている者
> 　二　統合失調症、そううつ病（そう病及びうつ病を含む。）又はてんかんにかかっている者

　障害者雇用促進法における「精神障害者」の定義は、上記の施行規則第1条の4のとおりであるが、手帳の交付を受けていない場合でも、統合失調症、躁うつ病、てんかんなどがある者は「精神障害者」に定義づけられる。さらに、これらの者のうち、症状が安定し、就労が可能な状態にある者という条件がつく。また、障害者雇用促進法第2条第1号では、障害があるため、長期にわたり、職業生活に相当の制限を受け、または職業生活を営むことが著しく困難な者であるという条件がついている。

　以上のことから、障害者雇用促進法における「精神障害者」の定義は、精神障害者保健福祉手帳の交付を受けるか、統合失調症、躁うつ病、てんかんの病名である者のうち、症状が安定し、就労が可能な状態にある者としている。

　一方で、2006（平成18）年の障害者雇用促進法改正により、精神障害者も法定雇用率に算入した。その際、障害者として法定雇用率に算定できる「精神障害者」を精神障害者保健福祉手帳の交付を受けた者のみに限定した。

　障害者雇用促進法による身体障害や知的障害の定義は、障害者手帳に

★**法定雇用率**
民間企業、国、地方公共団体は障害者雇用促進法に基づき、それぞれの割合に相当する数以上の障害者を雇用しなければならない。この場合の割合を法定雇用率という。

Active Learning

「精神障害者」の定
義が精神障害者の雇
用の促進に与えた影
響を箇条書きで三つ
以上挙げてみましょ
う。

よるものとして統一されている。しかし、「精神障害者」の場合は、手帳の有無や疾患によって、さまざまな違いが出てくる。

　「精神障害者」が雇用義務化され、法定雇用率算定基礎に加わり、「障害者雇用促進法」のうえでは、三障害が同じ立ち位置に並んだといえる。これらのことからも、「精神障害者」の定義に他の障害と同じように、統一性をもたせる必要性が問われている。

◇引用文献
　1）蜂矢英彦『精神障害者の社会参加への援助』金剛出版，p.127，1991．

◇参考文献
・田中英樹『精神障害者支援の思想と戦略——QOLからHOLへ』金剛出版，2018．
・長谷川利夫「精神保健福祉法体制からの転換Ⅱ」『病院・地域精神医学』第61巻第1号，2018．
・倉知延章「精神障害者の範囲に関する現状と課題」『職業リハビリテーション』第31巻第2号，2018．
・柴田文江・鈴木麻楊・天谷真奈美「精神障害者の「社会復帰」と「社会参加」——用語に関する諸問題」『病院・地域精神医学』第54巻第1号，2011．
・岡田靖雄「精神障害者通院医療費公費負担制度の40年」『精神医学史研究』第10巻第2号，2006．
・岡崎伸郎編『精神保健・医療・福祉の根本問題』批評社，2009．
・精神保健福祉研究会監『四訂 精神保健福祉法詳解』中央法規出版，2016．
・中西正史「精神障害者保健福祉手帳診断書」『臨床精神医学』第46巻増刊号，2017．
・坂本洋一『図説 よくわかる障害者総合支援法 第2版』中央法規出版，2017．

第2節 国際生活機能分類（ICF）と精神障害

学習のポイント

● 障害の概念を把握するにあたり、国際生活機能分類（ICF）の概要を理解する
● ICFに基づき、精神障害者の生活を構成する諸要素とその関連性を理解する

1 国際生活機能分類（ICF）の概要

　精神保健福祉士の支援の対象者は、「精神疾患を有する者、また精神障害により継続的に日常生活または社会生活に相当な制限を受ける状態にある者」であり、その家族も含めた関係者である。精神障害者支援を行う際、重要となる理念と視点を具体的に実現するために参考となるものに国際生活機能分類（International Classification of Functioning,Disability and Health：ICF）がある。

　ICFは、機能障害と社会的不利に関する分類である国際障害分類（International Classification of Impairments, Disabilities and Handicaps：ICIDH）*の改定版である。1990年代より、ICIDHの改定の検討が始まり、障害当事者も加わった国際的な議論を経て開発され、2001年5月、ジュネーブで開かれた第54回世界保健機関会議（WHO総会）において採択され、国際的に用いられることになった。

　ICFは、人間の生活機能と障害について、アルファベットと数字を組み合わせた方式で、約1500項目に分類し、記述、表現をしようとするものである。

　ICFの目的は、健康に関する状況、健康に影響を及ぼす因子を深く理解するための科学的基盤を提供すること、健康に関する共通言語を確立し、さまざまな関係者間のコミュニケーションを改善すること、また、各国、各種専門分野および各種サービスなどの違いを超えたデータの比較等である。

　ICFは、障害の否定的な側面を捉えるモデルではなく、「心身機能・身体構造」「活動」「参加」の三つの概念で構成される「生活機能」の肯定的および否定的な両側面を捉える、中立的な立場の分類コードである。

★国際障害分類（ICIDH）
1980年、世界保健機関（WHO）は、国際障害分類（ICIDH）を発表し、障害を「機能・形態障害」「能力障害」「社会的不利」の三つのレベルから階層的に捉える「障害構造モデル」を提唱した。

ICF においても、障害を三つのレベルで理解しようとする点は ICIDH と同様であるが、否定的側面よりも肯定的側面を重視する立場から、肯定的な用語を用いることとなった。すなわち、機能障害を「心身機能・身体構造」に、能力障害を「活動」に、社会的不利を「参加」にと用語が変更となっている。これらの用語は、それぞれ**表2-4**のように定義されている。これらが障害された状態はそれぞれ、「機能障害・構造障害」「活動制限」「参加制約」である。

表2-4 ICFの構成要素

定義
健康との関連において
心身機能（body functions）とは、身体系の生理的機能（心理的機能を含む）である。
身体構造（body structures）とは、器官・肢体とその構成部分などの、身体の解剖学的部分である。
機能障害（構造障害を含む）（impairments）とは、著しい変異や喪失などといった、心身機能または身体構造上の問題である。
活動（activity）とは、課題や行為の個人による遂行のことである。
参加（participation）とは、生活・人生場面（life situation）への関わりのことである。
活動制限（activity limitations）とは、個人が活動を行うときに生じる難しさのことである。
参加制約（participation restrictions）とは、個人が何らかの生活・人生場面に関わるときに経験する難しさのことである。
環境因子（environment factors）とは、人々が生活し、人生を送っている物的な環境や社会的環境、人々の社会的な態度による環境を構成する因子のことである。

出典：障害者福祉研究会編『ICF 国際生活機能分類——国際障害分類改定版』中央法規出版，p.9，2002.

ICFの図の各項目に自分自身の要素を思い浮かべ、具体的に書き込んで要素間の相互作用を理解してみましょう。

図2-2 ICFの構成要素間の相互作用

健康状態
（変調または病気）

心身機能・身体構造 ⟷ 活動 ⟷ 参加

環境因子　　個人因子

出典：障害者福祉研究会編『ICF 国際生活機能分類——国際障害分類改定版』中央法規出版，p.17，2002.

　また、人が「生きることの全体像」として、次の六つの要素を挙げている（**図 2-2**）。前述のとおり、生活機能は、心身機能・身体構造、活動、参加の三つのレベルで構成されている。この生活機能に影響を与える因子として「健康状態」「環境因子」「個人因子」があり、これを双方向の矢印で結んだものが ICF の生活機能分類である。この生活機能モデルは、人が生きることの全体像を最も簡潔に示した図とされている。人が生きることを総合的に捉えるという目的のためには、生活機能の三つのレベルを総合的に把握する視点が必要となる。

　さらに、活動と参加は、その内容により、次の二つに分類されている。

・能力：ある課題や行為を遂行する個人の能力（できる活動）
・実行状況：個人が現在の環境のもとで行っている活動および参加（している活動）

　能力と実行状況には、通常大きな差がある。これらの活動および参加の状況を的確に把握したうえで、なぜその差が起こるのか、その原因を明らかにすることが必要である。原因としては、本人の意欲や体力、周囲の環境、時間的制約などが挙げられる。

　ICF には、「第 1 部：生活機能と障害」および「第 2 部：背景因子」

表2-5　ICFの概観

構成要素	第1部：生活機能と障害		第2部：背景因子	
	心身機能・身体構造	**活動・参加**	**環境因子**	**個人因子**
領域	心身機能 身体構造	生活・人生領域 （課題、行為）	生活機能と障害への外的影響	生活機能と障害への内的影響
構成概念	心身機能の変化 （生理的） 身体構造の変化 （解剖学的）	能力 標準的環境における課題の遂行 実行状況 現在の環境における課題の遂行	物的環境や社会的環境、人々の社会的な態度による環境の特徴がもつ促進的あるいは阻害的な影響力	個人的な特徴の影響力
肯定的側面	機能的・構造的統合性	活動 参加	促進因子	非該当
	生活機能			
否定的側面	機能障害 （構造障害を含む）	活動制限 参加制約	阻害因子	非該当
	障害			

出典：障害者福祉研究会編『ICF 国際生活機能分類——国際障害分類改定版』中央法規出版, p.10, 2002.

の二つの部門があり、第1部は「心身機能・身体構造」および「活動・参加」、第2部は「環境因子」および「個人因子」のそれぞれ二つの構成要素からなる（**表2-5**）。構成要素には、第1レベルから第4レベルのカテゴリーがある。

ICFでは、「障害」を生活機能のなかに位置づけ、否定的側面だけではなく、肯定的側面も含めて捉えることを可能にした。生活機能とは、心身機能・身体構造、活動、参加のすべてを含む包括用語として、また障害は、「機能障害（構造障害を含む）」「活動制限」「参加制約」のすべてを含む包括用語として用いられている。生活機能（心身機能・身体構造、活動、参加）は、健康状態（病気、変調、傷害など）と背景因子（環境因子、個人因子）と相互に作用しあう関係にある。このように各要素の情報収集を行い、相互の関連を捉えることが、個人の全体像の把握につながるとしている。

さらに、生活機能、健康状態、背景因子は相互に関連しながら（相互依存性）も、個々の独立性（相対的独立性）もあり、ほかからの影響ですべてが変わるわけではないということも指摘されている[1]。

❶ 精神障害の構造上の特徴

精神障害の構造を前述の内容に基づいて理解した場合、その構造上の特徴は以下の3点に要約することができる。

❶ 構成要素間の関係性は、双方向的かつ複雑であること。

❷ 「健康状態」「心身機能・身体構造」「活動」「参加」の内容とその差異が一概に明確とはいえないこと。

❸ 「健康状態」「心身機能・身体構造」「活動」「参加」の程度の不一致がたびたびみられること。

また、ICFでは、障害を構造的に捉えることによって、障害を客観的に捉えることは可能だが、障害者自身が主観的に捉えた障害（体験としての障害）が各構成要素に及ぼす影響の大きさにも考慮する必要がある。

❷ 生活機能に影響を及ぼす因子

ICFでは、生活機能に影響を与える因子として、健康状態、環境因子、個人因子の三つを挙げている。これらが生活機能に与える影響としては、生活機能低下という否定的な影響だけではなく、生活機能向上という肯定的な影響も含むものであり、どのように健康状態・環境因子・個人因

子が影響すれば、生活機能の維持や向上が可能なのかという視点をもっておくことが必要となる。

❶健康状態

　ICIDH では、疾患・変調（病気や傷害など）が障害（生活機能の低下）の原因として捉えられてきたが、ICF では健康状態として、疾病やけがだけではなく、妊娠や加齢、ストレスなど幅広い概念をも含むようになった。個人の生活機能の低下をもたらすあらゆる変化が健康状態の状況として捉えられる。これは ICF が障害のある人を含む、すべての人々を対象とした分類コードとして機能することを示している。

❷環境因子

　ICF では、生活機能に外的な影響を及ぼすものとして環境因子を定義した。環境因子は、おおむね以下の三つの種類に分類されている。

❶　物的（物理的）環境：個人の生活に影響を与える物

　　生活用品、交通機関、道路、建築物、生活環境、自然環境など。

❷　人的環境：個人の生活に影響を与える人

　　家族、親族、友人、知人、仲間など。支援者もここに含まれる。また、それらの人の態度（価値観や信念など）が個人に与える影響も含む。

❸　社会的環境：個人の生活に影響を与えるサービス・制度・政策

　　保健、医療、福祉などに関するサービス、制度、施策、政策。

❸個人因子

　個人因子とは、その人の固有の特徴からなる。年齢、性別、人種、その他の健康状態、体力、ライフスタイル、習慣、生育歴、困難への対処方法、社会的背景などを含む。個人因子は ICF には分類として含まれていないが、その関与を示すために図 2-2 には含まれている。この因子の関与は、さまざまな介入の結果にも影響し得る。また、客観的次元の ICF にとって、主観的次元を補完するものとして「個人因子」は期待されている。

■3 生活機能と個人因子の相互作用

　個人因子は、生活機能にさまざまな影響を与えるとともに、生活機能から個人因子が受ける影響も少なくない。個人因子のなかでも、生活歴や価値観、ライフスタイルは、個人が将来どのような生活や人生を望むのかという「活動」「参加」のレベルの目標の選択や決定に大きく影響を及ぼしている。また、困難への対処方法も個人差があるため、その結

果は異なってくる。

　生活機能から個人因子が受ける影響としては、生活歴、ライフスタイルが生活機能の低下（障害）により変化する場合が挙げられる。病気や障害を抱えながらどのように生きていくのか、これからの人生を模索する必要が出てくる。また、個人因子は環境因子にも影響を与える。職業を選ぶ、居住場所を選ぶ、結婚相手を選ぶ、財産を蓄えるなど、これらは個人の価値観によって選択され決定されていく。これが個人を取り巻く環境因子である。

▌4 統合モデルとしての生活機能

　ICF は、従来の医学モデル（個人モデル）と社会モデルを統合することによって生まれた統合モデルに基づいている。医学モデルと社会モデルは、障害の原因の捉え方が異なることから、対立するモデルとして考えられてきた。医学モデルでは、障害を個人の心身機能や身体構造の問題として捉えている点に特徴があり、そのアプローチとしては、専門職による個別的な治療やリハビリテーションという形をとる。

　一方、社会モデルでは、障害を主として社会環境の不備によって生じた問題とみなしている点に特徴があり、問題の解決は、社会的アプローチとしての社会変革である。「人が生きることの全体像」を捉えることを目的とした ICF では、個人の生活機能の心身機能・身体構造、活動、参加の三つのレベルについて、どれかに偏ることなく、また全体を漏らすことなく捉えることが求められる。そこで ICF は、対極の二つのモデルを統合し、統合モデルを提唱した。

　統合モデルは、医学モデルや社会モデルを否定しているわけではなく、従来の医学モデルと社会モデルのアプローチを活かしながら、まったく異なった視点での統合モデルとしてのアプローチも可能となることを示したものである。

　たとえば、医学モデルで治療やリハビリテーションを行う、社会モデルで環境の阻害要因を取り除くといったことはいうまでもなく、それ以外にも活動、参加の肯定的側面に直接働きかけることや個人因子に働きかけることも可能なのである。

　ICF は、本人の全体像を捉え、支援の必要性やその優先順位なども考慮しながら、柔軟な思考をもって支援を考える手がかりを与えてくれる。

5 共通言語としての ICF の役割

ICF は、「共通言語」であるといわれる。それは、保健、医療、福祉などのサービスの場面で、専門職間および本人・家族と専門職間の相互理解と連携のツールとして用いることができるということを指している。ICF の分類コードにより、本人の全体像を総合的に捉えた情報が的確に伝達されることは、本人を中心とした支援には欠かせない。このようなツールとしての ICF の普及は、今後も引き続き課題となっていくと考えられる。

共通言語にはもう一つ、ICF を利用することにより人が生きることの全体像について、共通のものの考え方・捉え方ができるようになるという意味も含まれている。

その前提として、本人や家族の自己決定を尊重していくためには「活動レベル」「参加レベル」、「個人因子」や「環境因子」において、より本人が意思を表明できるようになるべきであるとしている。支援が当事者不在になりがちであるという誤りを乗り越えるためにも、ICF の共通言語としての役割を理解しておく必要がある。

Active Learning

ICFの枠組みに精神保健福祉士と看護職がそれぞれ書き込むとどんな違いがあるか考え、書き出してみましょう。

2 ICFの視点に基づいた支援

精神障害者の障害特性として、視覚的把握の難しさや、疾病と障害の共存などが挙げられる。前者では、精神障害者の心身機能、活動や参加の状況を理解するにも、一見して可能なものは少なく、時間的経過が伴う観察を通じて可能になることが多い。また、後者では、疾患や症状という側面だけではなく、それらがもとで生じる、日常生活や社会生活における障害にも焦点を当てた支援が求められる。これらのことから、ICF のモデルに基づいてクライエントとクライエントを取り巻く環境に関する情報収集が重要といえる。

ICF による事例の捉え方

統合失調症を発症した大学生Ａさんのケースを例に挙げて考えてみる。

事 例

大学生のＡさん（20 歳、男性）は、交際していた女性との別れ

が引き金となって、一人暮らしをしている自室にひきこもりがちとなり、大学の授業に出席しなくなった。連絡をしてこないＡさんのことを心配した母親が、アパートを訪問したところ、先輩が授業に出ることを妨害する、授業中誰かが自分の悪口を言ってくる、アパートも誰かに監視されている等、理解できないことを話した。

　その後、Ａさんは母親に付き添われて受診した精神科病院で、統合失調症と診断され、入院し休学した。入院の間、薬物療法や作業療法を継続し、半年後に病状が落ち着いたため、退院した。大学に復学したものの、授業に集中できないことや大学での対人関係が負担となり、遅刻したり、欠席したりする日が多くなった。そして再び精神症状が顕著となり、休学となった。最近、Ａさんは退学を口にするようになっており、母親から相談を受けた医師は、医療相談室のＢ精神保健福祉士を紹介した。

　Ｂ精神保健福祉士は、ICFに基づくアセスメントシート（図2-3）を用いて、Ａさんや母親から現在の状況に関する情報収集を行った。その後、Ｂ精神保健福祉士がＡさんと定期的に面談を重ねた結果、Ａさんから「復学したいけど、どうかな」「大学に行っても何を話したらいいか……」「アルバイトとかで働けるのかな」などの希望や不安が示されるようになった。そこで、Ｂ精神保健福祉士は、Ａさんの復学を念頭に置いて支援を継続した。

　Ａさんは、新年度には少しずつ大学に通えるようになり、無事に卒業を迎えた。

　Ａさんは統合失調症を発症したことにより、機能障害・構造障害として、「幻聴（知覚機能の異常）」「妄想（思考機能の異常）」「注意機能の低下」「全般的な心理社会的機能の低下」や「活力と欲動の機能の低下」が起こった。

　その結果として、「朝起きられない（セルフケアの困難）」「本が読めない（基礎的学習の困難）」「勉強に集中できない（知識の応用の困難）」などの活動制限が生じる。また、対人関係の難しさから、参加制約として、「大学の演習科目に出席できない」「サークル活動に参加できない」などが表面化する。

　このような状況に対して、家族や友人・知人など周囲の人の態度といった環境因子（統合失調症の理解、適切な対応や望ましい接し方、大学の支援・配慮等）やＡさん自身の個人因子（性格、興味、知識、経験

図2-3　ICFに基づくアセスメントシート

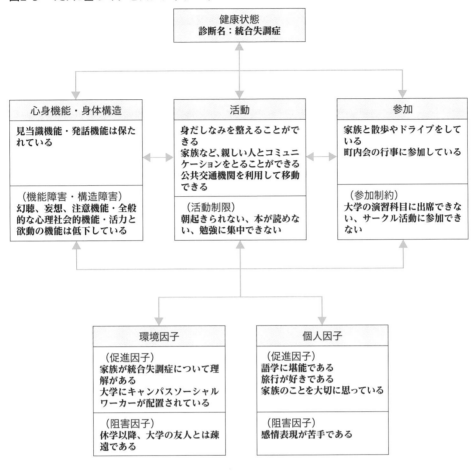

等）が影響を及ぼす。さらに、ICFでは、機能障害・構造障害、活動制限、参加制約といった否定的な側面だけでなく、本人がもっているストレングス（できること、できていること）に着目した活動や参加の状況、肯定的に働く個人因子や環境因子を見出していくことも肝要である。加えて、病気や障害が個人因子や環境因子に及ぼす影響等も併せてアセスメントする必要がある。

　精神保健福祉士は、精神障害者が地域で生活するうえにおいて生じる、保健、医療、福祉などにかかわる、多様かつ多元的なニーズへの対応が求められており、このようなクライエントのニーズを把握したうえで必要な支援計画を作成し、実施することになる。その際、将来への希望、生活の目標、健康状態、当事者を取り巻く環境など、多元的な情報を構造的に捉え、クライエントのニーズ全体を理解することが重要である。この理解を助けるのが、ICFの構成要素間の相互作用（**図2-2**）である。

構成要素間の相互作用をアセスメントシートで整理するなど、ICF の視点に基づいてクライエントの健康と生活にかかわる情報を整理することにより、健康と生活の課題とそれに対するアプローチを総合的かつ構造的に把握、検討することができる。また、ICF はそれぞれの構成要素を否定的な側面だけではなく、肯定的な側面をも含めて中立的に分類するという特徴をもつ。そのため、肯定的な情報の収集、整理を図ることにより、暮らしの問題の解決に活用できるクライエントのもつ力や新たな資源に気づくことができるのである。

◇引用文献
　1）大川弥生「ICF（国際生活機能分類）──「生きることの全体像」についての「共通言語」」第1回社会保障審議会統計分科会 生活機能分類専門委員会 参考資料3，p.8，2006.
◇参考文献
　・大川弥生「ICF（国際生活機能分類）──「生きることの全体像」についての「共通言語」」第1回社会保障審議会統計分科会 生活機能分類専門委員会 参考資料3，2006.
　・障害者福祉研究会編『ICF 国際生活機能分類──国際障害分類改定版』中央法規出版，2002.
　・長崎和則・辻井誠人・金子努『事例でわかる！精神障害者支援実践ガイド』日総研出版，2006.

学習のポイント

● 精神障害を構造的に理解する
● 精神障害の障害特性について、生活場面を想定しながら具体的に理解する
● 精神保健福祉士が障害特性を知ることの意味について考える

1 精神障害を構造的に理解する

　前節で学習した国際障害分類（ICIDH）や国際生活機能分類（ICF）は、障害を構造的に理解するモデルである。精神障害の分野では、精神科リハビリテーションの方法を確立するために、さまざまなモデルが提唱されてきた。ここでは、医療と福祉に分断されがちであった障害者施策を、連続的で一貫した施策に変革することに影響を与えた上田モデルと、精神障害者に対する公的な障害福祉サービスの創設に大きな影響を与えた蜂矢モデルについて説明する。

　なお、本節では ICF で使用している用語を【　】で示している。

1 上田モデル

　リハビリテーション医学を専門とする上田敏は、世界保健機関（WHO）の ICIDH をもとに障害の構造化に取り組んだ。ICIDH が示していた❶機能・形態障害（impairment）、❷能力障害（disability）、❸社会的不利（handicap）の三つに、❹体験としての障害（disablement as experience）を加え、❶～❸を客観的障害（objective disablement）、❹を主観的障害（subjective disablement）として示した（**表 2-6**）。そして、障害間の関係を**図 2-4** のように表した。

　その後、ICF への変更に合わせて、ICIDH の❶～❸を【心身機能・身体構造】【活動】【参加】という中立的な概念に、❹を主観的体験に修正した。そして、主観的体験のある主観的次元と客観的次元が相互に影響しあう関係性を双方向性の矢印で示した（**図 2-5**）。

表2-6　上田の障害分類（国際障害分類（ICIDH）の用語による）

客観的障害	機能・形態障害（impairment）	障害の一次的レベルであり、直接疾患（外傷を含む）から生じてくる。生物学的レベルで捉えた障害である。能力障害または社会的不利の原因となる、またはその可能性のある、機能的（身体的または精神的な）または形態的な何らかの異常をいう。
	能力障害（disability）	障害の二次的レベルであり、機能・形態障害から生じてくる。人間個人のレベルで捉えた障害である。与えられた地域的・文化的条件下で通常当然行うことができると考えられる行為を実用性をもって行う能力、あるいは疾患の発症前にすでに有していた能力の制限あるいは喪失をいう。
	社会的不利（handicap）	障害の三次的レベルであり、疾患、機能・形態障害、あるいは能力障害が与えられた物理的・社会的環境において不利益を生むことから生じてくる。社会的存在としての人間のレベルで捉えた障害である。疾患の結果として、かつて有していた、あるいは当然保障されるべき基本的人権の行使が制約または妨げられ、正当な社会的役割を果たすことができないことをいう。
主観的障害	体験としての障害（disablement as experience）	疾患と三つの客観的障害（機能・形態障害、能力障害、社会的不利）のすべての主観への反映（体験）であり、これらの問題に対する個人の認知的・情動的・動機づけ的な反応として生じてくる。これは受動的なものではなく、その人の人格特徴、価値体系、自己像、理想、信念、人生の目的等に基づいた能動的な反応であり、実存としての人間レベルで捉えた障害である。

出典：上田敏『リハビリテーションを考える――障害者の全人間的復権』青木書店，1983. より筆者作成

注1：各項目をICFの用語に置き換える（上から、機能・構造障害、活動制限、参加制約、障害体験）と、図2-5につながる。

　2：なお、disabilityの語は現在、国際的には「障害」全体を示す語として用いられている。また、handicapには差別的なニュアンスがあるとして、障害関連では使用されない。

（注1・2：上田，2020.）

図2-4　ICIDHの考え方を発展させた障害の構造

■障害の構造

The structure of disablement

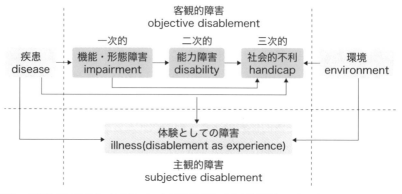

出典：上田敏『目でみるリハビリテーション医学 第2版』東京大学出版会，p.3，1994.

図2-5　人が「生きることの全体像」

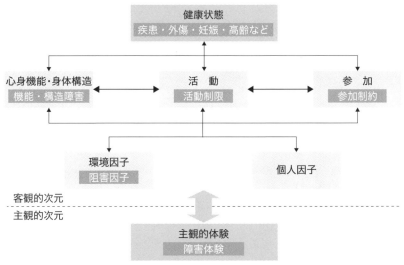

出典：上田敏『ICF（国際生活機能分類）の理解と活用──人が「生きること」「生きることの困難（障害）」
をどうとらえるか』きょうされん，p.35, 2005.

2 蜂矢モデル

　精神科リハビリテーションを専門とする蜂矢英彦は、上田モデル
（ICIDH版）を準用して精神障害を対象とした蜂矢モデルを構築した（図
2-6）。

　蜂矢は、精神障害は「疾患と障害の共存」の状態であり、医療の対象
であるとともに福祉の対象者であるということを示した。加えて、疾患
が社会的不利に影響を与えるため、職業、所得、住居などの福祉的アプ
ローチの必要性を強調した。[1] 蜂矢モデルは、行政を動かし、精神障害者
を対象とした障害福祉サービスの制度化に大きな影響を与えた。

　また、蜂矢は、客観的現実が患者本人の主観である「やまい（体験と
しての障害）」に影響を与えることを示すとともに、「やまい」から客観
的現実への矢印も加え、本人の主観と客観的現実との相互作用があるこ
とを示した。

　加えて、精神障害者には、障害受容が重要な課題となる。精神障害は、
本人にも周囲にもみえにくく、実社会に触れるなかで、生きにくさが明
らかになることも多い。障害を受容できないままに社会的不利に直面す
ると、自分や周囲の人からの期待に応えられない自分自身に深く傷つき、
挫折感を味わい、社会に対して被害感をもったり、心を閉ざしたりする
ことがある。[2]

i　蜂矢モデルにより、疾患と障害が区別され、精神障害者にも福祉サービスの必要性が唱
　えられた結果、精神保健法における精神障害者社会復帰施設の創設へとつながった。

Active Learning

蜂矢モデルを用いる
ことで精神障害者に
対する福祉の必要性
をどのように説明で
きるか、具体的に考
えてみましょう。

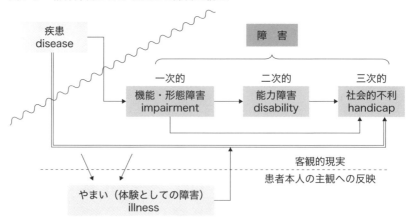

図2-6 精神障害における疾患と障害の構造

出典：蜂矢英彦『私の精神障害リハビリテーション論』金剛出版, p.125, 2016.

2 精神障害の障害特性

　精神障害の障害特性については、さまざまな分類がなされており、統一的なものはない。本節では、さまざまなモデルにおいて共通している障害特性を中心に説明する。

1 疾患と障害の共存

　精神疾患も含む慢性疾患は、「疾患」を有することにより、日常生活に何らかの困難さが生じる「障害」の状態となる。蜂矢は、この疾患と障害の共存を精神障害の特性として示した。[3]

　たとえば、パニック障害という疾患を有する人の場合、突然動悸や窒息感などを感じるパニック発作が起きてしまう。パニック発作が起こるのではないかという予期不安が強くなるときは【心身機能】がうまく機能していない【機能障害】の状態である。この状態になると、「電車の中で発作が起きたらどうしよう」と思うあまり電車に乗れなくなる【活動制限】が生じ、学校や会社などに行けなくなる【参加制約】という状態に陥ってしまう。

　精神障害者は、ストレスによる影響を受けやすい脆弱性を有している。そのため、精神疾患の再発や病状の悪化と、「疾患によって起こった生活上の困難・不自由・不利益」[4]である障害が強く影響しあうのである。

２ 障害の可逆性

精神障害は、障害の程度が重くなることもあれば、軽くなることもある可逆性のある障害である。精神障害では、精神機能がまったく機能しなくなるということはない。治療により【機能障害】が改善されることもあれば、本人を取り囲む【環境因子】が好転することにより、【活動】と【参加】の機会が確保され、【機能障害】が改善されることもある。

一方で、障害が固定化しないため、昨日できていたことが今日はできないというように、作業を安定して継続することが難しい。また、疲れていても上手に休むことができない人もいる。これらの理由により、障害者雇用においても、作業能力が安定している身体障害者や知的障害者に比べ、採用に慎重になる事業主もいる。

加えて、障害の可逆性は、精神障害者が利用する制度やサービスのあり方にも影響を与えてきた。長年にわたり、精神障害者が障害者福祉の対象外とされてきたのは、障害が固定化しないために病者として扱われ、医学的保護の下に置かれたためである[5]。

また、障害年金では、手足を失うなどの欠損障害は、障害程度が固定化しているため、一度障害等級が決定すると変更されない永久認定となる。しかし、障害の程度が変わる精神障害や内部障害は、多くの人が一定の期間だけ認定する有期認定になっている。そのため、障害の程度が軽くなるという本来望ましい出来事により、【環境因子】の一つである障害年金の受給額が下がり、経済的に苦しくなるという不利益が生じることもある。

３ 環境因子との相互作用

精神障害は、【環境因子】との相互作用により、【機能障害】【活動制限】【参加制約】が生じることが多い。ここでは、周囲の人との関係や国の政策などの【環境因子】が障害に与える影響について、具体的にみていく。

❶人間関係からの影響の受けやすさ

精神障害は、人間関係の病といわれるように、他者との関係が本人の症状や生活に影響を与える。たとえば、統合失調症では、自分の悪口などが聞こえてくる幻聴がみられる。この悪口が聞こえてくる【機能障害】の状態になると、イライラした本人が「そんなことを言うな」と周囲の人たちに怒りを爆発させてしまうことがある。その結果、急に怒られて驚く人たちとの間にトラブルが生じてしまう。

つまり、【機能障害】が人間関係という【環境因子】に影響を与えるのである。この人間関係の悪化は、最初は幻聴であった本人に対する悪口を事実にしてしまう。それにより、本人の【機能障害】はさらに悪化し、【活動制限】や【参加制約】を引き起こしてしまうという悪循環に陥る。

　逆に「失業」という【環境因子】による経済的不安から夫婦関係や家族関係が悪くなり、「抑うつ状態」という【機能障害】が生じることもある。さらに「抑うつ状態」から求職活動や再就職ができないという【活動制限】や【参加制約】を引き起こす場合もある。

　このように、精神障害は人間関係の影響を強く受ける。そのため、人間関係という【環境因子】を、彼らにとって好ましい状態にすることができれば、【活動】と【参加】が促進され、【心身機能】も機能するようになる。

❷環境の変化への対応の困難さ

　精神障害者は、ある環境ではできることが、異なる環境ではできなくなるというように【環境因子】の影響を受けやすい。たとえば、入院中は院内のコインランドリーを使って洗濯していたにもかかわらず、退院すると急に洗濯ができなくなる人がいる。買ったばかりの洗濯機の使い方や洗剤の投入量がわからないので、洗濯自体をしなくなる。このように、精神障害では、生活上の変化を回避する姿勢が強まり、やればできるかもしれないことを行わなくなる傾向が生じる。[6]

　そのため、病院や施設で入念な準備をしていたとしても、実際の場面では、その身につけたはずの能力を活用できない人もいる。経験したことを、次のステップとして活かすことが苦手なのである。

　精神障害者への支援では、模擬の場（グループホームや模擬就労）で訓練するのではなく、先に本人の望む環境（アパートや職場）を確保し、そこで求められる技能を、実際に活用する場で、サポートを得ながら身につけていくという支援が重視されている。

❸施設症による意欲のもちにくさ

　施設症（institutionalism）とは、長期にわたる入院生活により、入院患者が無気力になったり、自発性が欠如して意見を表明できなかったり、興味や関心を喪失したりというように意欲が減退する状態になることを意味する。

　つまり、施設症とは長期入院という【環境因子】によって、家庭生活や市民生活から隔絶される【参加制約】の状態になり、それに伴いコミュ

ニケーションなどの【活動制限】が強化され、意欲の減退などの【機能障害】が引き起こされる状態といえる。

施設症は、精神科病院における長期隔離収容政策を推し進めた国、その施策に乗ったがゆえに、入院患者がいなくなると経営が立ち行かなくなる民間精神科病院、そして、彼らが地域に帰ってくることを拒絶する自治体や地域住民という【環境因子】の影響によるところが大きい。

こうした【環境因子】と本人たちの環境の変化を回避する傾向との相互作用などにより、長期入院の状態が続いている。我が国には、長期入院精神障害者が約20万人おり、年間１万人を超える人たちが「死亡退院」している。[7] 意欲を表明できないことが、彼らの障害特性であるのならば、精神科病院や行政機関の職員として、彼らの隔離収容の一端を担ったソーシャルワーカーにも問題を解消する責任がある。

4 体験としての障害（主観的体験）

体験としての障害は、障害を有することで生じた障害者の苦しみや悩みを意味する。「障害者は価値が低い」という偏った見方は、この社会では、表向きは否定されているが、実際には多くの人々の心のなかに潜む側面が否定できない。そのため、障害のある人自身も「自分は価値の低い存在だ」という思いに支配されることがある。特に、自身が障害を負う以前は「障害者は価値が低い」と思っていた場合、自身の障害を受容できず悩み苦しむ。[8]

たとえば、「うつ病は心の弱い人がなるものだ」と思っていた人が、うつ病で休職することになった場合、今の「弱い」自分を認めることができず、障害受容できないこともある。治療により症状が改善し、復職できる状態になっても、「弱い」自分が復職したら周囲に迷惑をかけると思い、復職に踏み出せない。あるいは、職場が配慮してくれても「一人前として扱ってもらえない」と受けとめてしまう。また、復職直後から無理をして再発し、自分は「弱い」という思いを増幅させてしまう。

本人が、こうした「内なる偏見」を受け入れたうえで新たな価値観を獲得するためには、障害のある自分も「価値のある存在」であると認め、自分らしい生き方を模索する必要がある。精神保健福祉士は、このように障害をもちながら生きることの悩みや苦しみを抱えた人々が、障害を受容し「新たな人生」の意義を見出していく道のりをともに歩む。そのプロセスにおいて、彼らのストレングスに着目して「新たな人生」に向けた思いを引き出し、彼らの自己決定を尊重する姿勢でかかわることが

Active Learning

体験としての障害と客観的障害の違いを、具体的なエピソードを挙げて説明してみましょう。

★ストレングス
性格のよい面、もっている技能や才能、興味や関心、使える社会資源（特にインフォーマル資源）などの本人がもつ強みを表す概念。

重要である。

3 精神保健福祉士の視点

1 「生活のしづらさ」という視点

生活のしづらさという概念は、精神障害者の生活上の困難さを示す概念である。精神科医の臺弘は、「生活のしづらさ」を精神障害者に特有の困難さとして、ソーシャルワーカーの谷中輝雄は、誰にでもある生活上の困難さとして説明している。そのため、ここでは二つの「生活のしづらさ」を分けて解説していく。

❶臺弘による「生活のしづらさ」

臺は、ICIDH における能力障害にあたるものを「生活障害（生活のしづらさ）」という用語で表現し、以下の五つに分類している（**表2-7**）。

まず、「生活技術の不得手」があるとして、金銭の扱い、服薬管理、社会資源の利用の仕方などに欠陥があると指摘した。

次に「対人関係」を挙げ、人づきあいや他者に対する配慮や気配りに問題があり、しばしば尊大と卑下がからんだ孤立があると述べている。

三つ目に、「仕事場」を挙げ、生まじめさと要領の悪さが併存し、飲み込みが悪く、手順への無関心、技術の低さなどが、他者との協力を必要とする仕事に困難をもたらすと指摘した。

四つ目には、「安定性に欠け、持続性に乏しい」ことを挙げている。

五つ目に、現実離れした空想にふけることが多く、「生き甲斐の喪失、

表2-7　臺による「生活のしづらさ」

生活技術の不得手	食事の仕方、金銭の扱い、服装の整え方、服薬管理、社会資源の利用の仕方などの日常生活の仕方に課題がある。
対人関係の課題	人づきあい、挨拶、他者に対する配慮や気配りに問題があり、尊大と卑下がからんだ孤立が生じる。
仕事場での課題	生まじめさと要領の悪さによる仕事のやり方などについての飲み込みの悪さや習得の遅さ、手順への無関心、能率の悪さ、技術の低さなどから、他者との協力を必要とする仕事に困難が生じる。
安定性・持続性の課題	障害の可逆性などの影響により、作業能力なども安定性に欠け、持続性も乏しくなる。
生き甲斐の喪失、動機づけの乏しさ	統合失調症の場合、現実離れした空想にふけることが多く、生き甲斐の喪失、動機づけの乏しさが大きな問題となる。

出典：臺弘「生活療法の復権」『精神医学』第26巻第8号，1984．より筆者作成

動機づけの乏しさ」が大きな問題であると示した。

このように、臺の「生活のしづらさ」は、すでにみてきた特性も含む、精神障害の障害特性を表す包括的な概念といえる。

また、臺は「生活のしづらさ」を羅列すると、よいところがないように思われるが、精神障害者の現実の生活で指摘される課題であり、この課題を克服することが必要であると指摘した。

❷谷中輝雄による「生活のしづらさ」

やどかりの里を創設したソーシャルワーカーの谷中輝雄は、地域での実践を通して精神障害者を患者や障害者としてではなく、生活者として捉えた。彼らが抱える「生活のしづらさ」とは、「だれにでもある、不器用で、要領の悪い、それぞれの苦手な部分」であり、経験不足、自信のなさ、要領の悪さなどが原因[9]で、改善の可能性があると考えた[11]。

では、「生活のしづらさ」とは、具体的にどのようなことを意味しているのであろうか。たとえば、長期入院者のなかには、入院中に社会が大きく変化したため、その変化についていけない人がいる。都市部を中心に IC カードで電車やバスに乗ることが普及しているが、普及前の生活しか経験していない人にとっては、電車やバスに乗ることはとまどいの連続である。電車に乗ろうと駅まで行ったものの、タッチパネル式の券売機の前で、どのように切符を買えばよいのかとまどう。切符を買ったとしても、次は自動改札の前で立ちつくしてしまう。他の人は、改札に何かをタッチさせているが、切符をタッチしても開かない。どうすればよいか駅員に聞こうにも駅員がいない。このような状況になってしまうと、電車に乗る前に疲れ果て、外出することをあきらめてしまう。

新しいことを習得することが得意な人にとっては、スマートフォンや電子マネーの普及は、便利で効率的で使い勝手のよいものである。しかし、新しい経験をする機会が乏しく、変化に対応することが苦手な人の場合、次から次へと新しいやり方を習得していかなければならない今の生活には困難がつきまとう。

また、経験不足は、自信のなさやあきらめにつながる。周りの人ができそうなことをできない自分を恥ずかしく思ったり、年下の支援者から指導されたくないと思ったりすると、しだいに電車やバスで遠出することをあきらめ、近所しか行かないようになる。

「生活のしづらさ」は、永久に固定化されるものではないが、支援者による一方的な訓練を通して克服するものでもない。「生活のしづらさ」の克服では、「「ごく当たり前のつき合いや生活」を信頼できる人ととも

に体験していくこと[12]」が重要であり、その体験の積み重ねのなかで、できることも増え、自信も回復していくのである。

2 「障害」に焦点化しない視点

支援者は、何らかの課題がある人に対する支援を自らの役割とすることが多い。そのため、どうしてもクライエントの課題に着目する傾向がある。支援者がクライエントの課題に焦点化してしまうと、彼らのもつストレングスはみえにくくなり、障害を抱え、自力ではどうすることもできない、弱いクライエント像をつくりあげてしまう。それゆえ、ICFで示された人のプラス面にも着目しながら、生活機能や障害を、構造的・包括的に理解する視点が重要になる。

精神保健福祉領域では、ストレングス視点の重要さが認識され、クライエントのプラス面に着目する考え方が広まりつつある。しかし、支援の現場では、長期入院からの退院者に対して、支援者側の不安から本人の望まないフォーマルサービス、たとえば、グループホームに入居してデイケアに通うことを勧めるようなパッケージ化した支援計画を作成することが多いように思われる。こうした、クライエントのできないことや問題点への対応策ばかりに偏った支援計画は、クライエントからみれば窮屈な「障害者包囲網」になる危険性がある[13]。

精神保健福祉士が、この危険性を回避するためには、自らが障害や課題に焦点化しやすい傾向があるかもしれないことについて自覚的でなければならない。

『幻聴の世界』という本のなかに、解離性人格障害と診断された女性の事例がある。その女性は、聖徳太子と悪霊に憑依されるという訴えで、精神科を受診することになった。最初の頃の彼女は、憑依の後に恐怖と怯えに支配され、【心身機能】がうまく働いていない【機能障害】の状態に陥っていたと考えられる。しかし、彼女は、徐々に霊と直接対話できるようになり、落ち着きを取り戻し、【心身機能】も働くようになっていく。そうすると、彼女を病気と思い、病院に連れてきた家族も、しだいに彼女の語る予言や占いを信じるようになり、家族という【環境因子】も、彼女にとって好ましい状態に変化していった。その頃も霊の声は残存していたはずである。しかし、主治医は、投薬を中止し、しばらく様子をみることにした。その結果、彼女は、宗教法人を設立して教祖となり、【活動】と【参加】の機会をもつに至ったのである[14]。

もし、主治医たちが霊の声を【機能障害】の状態と捉え、彼女の予言

を信じる家族を【環境因子】がうまく機能していない状態とアセスメントしていれば、投薬は継続され、家族の捉え方は家族心理教育により修正され、彼女が教祖になることはなかったかもしれない。

障害特性を知ることは、クライエントを深く理解する手がかりとなる。しかし、精神保健福祉士が過度に障害や課題に焦点化してしまうと、彼らを「障害者」「患者」としてしか捉えられなくなる危険性がある。

精神保健福祉士は、人のもつプラス面や要素間の相互作用に着目するICFの視点を意識し、「人」として彼らを理解していくことが必要である。

Active Learning
精神保健福祉士が精神障害を捉える際に留意すべき点を考え、三つ以上挙げてみましょう。

第2章 精神障害と精神障害者の概念

◇引用文献
1）蜂矢英彦『私の精神障害リハビリテーション論』金剛出版，pp.132–136，2016.
2）同上，p.136
3）同上，pp.123–126
4）上田敏『リハビリテーションを考える──障害者の全人間的復権』青木書店，p.73，1983.
5）前出1），pp.64–65
6）白石弘巳「精神疾患における障害概念と精神障害者・家族への支援」『精神障害とリハビリテーション』第23巻第1号，pp.10–14，2019.
7）厚生労働省「長期入院精神障害者の地域移行に向けた具体的方策の今後の方向性」p.2，2014. https://www.mhlw.go.jp/stf/shingi/0000051136.html
8）上田敏『リハビリテーションの思想──人間復権の医療を求めて 第2版増補版』医学書院，pp.129–130，2004.
9）谷中輝雄『生活支援──精神障害者生活支援の理念と方法』やどかり出版，p.196，1996.
10）同上，p.191
11）藤井達也「精神保健福祉士の誕生と今日的課題──谷中輝雄論を中心に」井上牧子・西澤利朗編著『精神医学ソーシャルワークの原点を探る──精神保健福祉士の再考』光生館，p.65，2017.
12）同上，p.65
13）佐藤光正「ケアマネジメント」『精神科臨床サービス』第8巻第4号，p.28，2008.
14）宮脇稔「幻聴・ナラティブアプローチ」日本臨床心理学会編『幻聴の世界──ヒアリング・ヴォイシズ』中央法規出版，pp.102–104，2010.

● おすすめ
・蜂矢英彦『私の精神障害リハビリテーション論』金剛出版，2016.

精神障害の理解と支援にかかわる新たな潮流

学習のポイント

● 精神障害者に対する見方を変える新たな取り組み、当事者を中心とした取り組みについて学ぶ

● ナラティヴ・アプローチ、自助グループ、当事者研究、オープンダイアローグ、認知症の人の語りの概要を理解する

1 新たな潮流

　近代の精神医学は、精神障害の客観的な診断・分類を重視してきた。そうした従来の精神医学と精神科医療に対して、今新たに当事者による語り、当事者との対話を重視する潮流が生まれている。その特徴は、従来の精神障害者に対する見方を変えている点にある。かつては、精神障害の特徴として病識の欠如などが挙げられていた。また、精神障害者は自身の行動に責任を取れない人とされてきた。新たな潮流は、こうした見方を変える可能性をもっている。

　具体的には、精神障害当事者の語りに着目したナラティヴ・アプローチや当事者研究の取り組み、オープンダイアローグなどである。また、認知症の領域でも、若年性認知症の人の語りや発言を重視した取り組みが広がりつつある（**表2-8**）。国の施策のなかでも、ピア★の活動を位置づけるなどの動きが出てきている。

　こうした精神障害当事者との対話を重視する動きは、いまだ大きな潮流ではない。しかし、今後精神科の臨床現場と研究領域において、精神障害当事者と対話することの重要性がますます強まるものと考えられる。本節では、そうした新しい潮流を具体的にみていく。

　我が国に限らず、精神医学発展の歴史は、精神障害者の権利が回復していく過程でもあった。福祉的対応が大幅に遅れた精神障害分野であったが、2004（平成16）年の「精神保健医療福祉の改革ビジョン」で「入院医療中心から地域生活中心へ」と大きく舵が切られた。その時期を前後して、当事者の経験や意味づけを重視するリカバリーの思想が我が国でも広まってきた。リカバリーの思想を基本に据えたストレングスモデ

★**ピア**（peer）
仲間・同僚・対等者などの意味。

表2-8　当事者の語り、当事者との対話を重視した取り組み

	担い手の中心	目的・特徴	展開された年代	発祥の地もしくは中心地
オープンダイアローグ	臨床心理士、精神科医、看護師	当事者の社会的ネットワークを重視した「開かれた対話」による地域精神医療	1980 年代中頃〜	フィンランド
リカバリー思想	当事者	当事者による「リカバリー」の定義権確保	1990 年代〜	アメリカ
ナラティヴ・アプローチ	支援者（臨床心理士など）	当事者が語る「物語」を通して支援を展開	1990 年代中頃〜	アメリカ、オーストラリア、ニュージーランド
認知症の人の語り	当事者、支援者	当事者による語りと政策形成過程への参画	1990 年代中頃〜	オーストラリア
リカバリーカレッジ	支援者、当事者（ピア）	医療的アプローチではなく、教育的アプローチによるサービス提供	2000 年代〜	イギリス
当事者研究	当事者、支援者（ソーシャルワーカーなど）	当事者による困りごとの研究	2001 年〜	日本

出典：石原孝二『精神障害を哲学する──分類から対話へ』東京大学出版会, p.202, 2018. をもとに作成

ルでは、当事者である精神障害者が支援の過程に参加することを重視し、その原則においても「原則4：クライアントこそ支援関係の監督者である」としている。[1] 精神障害当事者の主観的ニーズや問題の捉え方に焦点を当てるために、精神障害者と直接対話しながら支援を展開するアプローチも、徐々に現場に広がってきている。

　1990 年代以降注目されてきたナラティヴ・アプローチ、自助グループ、当事者研究、そしてオープンダイアローグは、精神疾患を抱えた人の問題を特定するのではなく、問題を語りあい、その問題を個人で背負うのではなく共同しながら複数の人々で背負うところに特徴がある。

　こうした動きは、医療従事者をはじめとする専門職と精神障害当事者との関係性を根本から変えるものでもあり、だからこそ専門職側からさまざまな抵抗も起きているところである。[i] イギリス障害学の主要な論者

---

i　たとえば、オープンダイアローグについては、「専門家が専門性を捨てて当事者と平等に話し合うやり方」であると誤解した人たちによる抵抗がある。正しくは、専門性を捨てるのではなく、専門性という鎧を脱ぎ捨て、当事者との対話に参加することであり、そこでは相手を説得したり議論をしない。専門性という鎧を脱ぎ捨て、当事者との対話に参加することに対して抵抗が起こるのである。

第2章　精神障害と精神障害者の概念

の一人であるマイケル・オリバー（Oliver, M.）は、専門職と障害者の関係について依存生成的であると指摘している[2]。つまり、近代社会において、障害者は依存的な存在として生成されるというのである。オリバーは、障害者が社会のメインストリームから孤立化させられ、排除されてきたのはなぜなのか、障害者が無力化されてきた要因、すなわち個人主義イデオロギーと医療化イデオロギーを明らかにし、無力化への対抗としての障害者運動の可能性を示した。

　また、障害学の見地からは、専門職と障害者の関係は、問題解決という目的を達成するために意図的につくりあげられたものであり、その関係は協働的な性格を帯びるはずであるが、対等な関係ではない。専門職が支配し、障害者が服従するという権力関係にあるとの指摘がある[3]。このように関係性を変え、障害者にとって専門職が有用な存在であるということを明らかにしていく可能性を、新たな潮流はもっている。

　ソーシャルワーク専門職のグローバル定義が見直されたように、精神科領域の取り組みもいま新たな段階を迎えているといえよう。

2 ▶ 社会構成主義とナラティヴ・アプローチ

★ナラティヴ
英語で「物語」「語り」などの意味。たとえば医療において患者の語る、疾患や障害に関する物語。

　社会科学の領域や臨床科学の領域でナラティヴ（narrative）をキーワードとする複数の理論的実践的試みが行われるようになったのは、1990年代からである。なかでも、社会構成主義（social constructionism）に基づくナラティヴ・アプローチ（narrative approach）が実践理論として進化を続けている。社会構成主義は、私たちが生きる現実が言葉を介した人々の共同作業によって成り立っているという認識から出発し、それを社会現象全般に応用したものである。社会構成主義では、ある現象の「本質」を探るのではなく、ある現象は人々の共同作業によってどのように構成されているのかを探っていく。

　ナラティヴ・アプローチを用いる領域は、保健・医療・福祉の臨床領域にとどまらない。法学、政治学、経営学、倫理学などの幅広い分野・領域で用いられている。ナラティヴ・アプローチは、ナラティヴのある所ならばどこでも適用可能であり、社会現象全般を射程に入れることができる[4]。

　なお、ナラティヴ・アプローチとは、ナラティヴ（語り、物語）という概念を手がかりにして何らかの現象に迫る方法であるが、ナラティヴ

を分析の対象にするだけではナラティヴ・アプローチとはいえないことを押さえておく必要がある。なぜなら、当事者の語りに着目すること自体は、従来のそれぞれの分野の研究や取り組みでも行われてきたことであり、ナラティヴ・アプローチが注目されるのは、自助グループ活動や当事者運動と結びついて、新たな知を生み出す可能性があるからである。

社会福祉分野でのナラティヴ論の主張について、次のような整理がある[5]。

(1) 客観性への懐疑（科学の絶対的支配に対する疑義、科学も一つのストーリーである。ただし、反理性、反科学ということではない）。

(2) 現実は多義的であり、それは構成されるという点。

(3) 多様な価値観を尊重し限りなく差異へこだわるという点。

(4) 「物語としての自己」を起点に自己を捉える点。

(5) 出来事は物語を通して意味を構成するという点。

ナラティヴ・アプローチは、臨床領域において、❶外在化、❷無知の姿勢、❸リフレクティングといった革新的な方法を生み出し、1980年代までの現場のソーシャルワーク実践を変えてきた[6]。

❶外在化

「外在化」については、当事者が抱える問題（疾患や障害を含む）を外在化することで、当事者が自ら問題と向きあい取り組むこと（主体化）を可能にし、専門職を含む周囲の人たちも共同して取り組むことを可能にする。問題は社会的現実であり、その社会的現実を共有することで、共同作業を可能にするのである。

❷無知の姿勢

「無知の姿勢」とは、専門家がクライエントの生きる世界の「無知」であることを認め、一段上のポジションから問題を診断したり治療したりするのではなく、「会話のパートナー」となることを意味している。そうすることで、「いまだ語られなかった物語」が語られ、それが新しい物語を生み、新しい生き方へとつながる。ナラティヴを語り、聴き、語り直すことによって、問題を解決せずに解消するのである。

❸リフレクティング

「リフレクティング」は、ある人のなかで疑う余地のないものとして存在している強固な物語、ある現実を支配している物語（これをドミナント・ストーリーとする）を発見し、相対化することによって、新たなオルタナティヴ・ストーリー（代替の物語）を創り出す作業を意味する。

外在化、無知の姿勢、リフレクティングは、精神障害当事者が治療や支援過程において自らが主体であることを自覚すること、あるいは専門家を含む周囲の人たちが精神障害当事者こそが監督者であることを実感するうえで重要なものである。

　一方、当事者性の高まりは、専門家中心のナラティヴから当事者のナラティヴへの転換を生み出した。第三者（三人称）である研究者や専門家によるものではなく、「私のことは私が一番よく知っている」という一人称のナラティヴは、当事者でなければ知り得ない世界を語ることができ、他者と共有することを可能にしたのである。このように、あらためて精神障害と精神障害の人に対する見方を当事者の側から見直すことを進めている。

▶3 自助グループ、当事者研究

1 依存症の自助グループ

Active Learning

自助グループが専門家による援助とは異なる役割を果たすことを、具体例を挙げて説明してみましょう。

　自助グループの先駆けとなったのは、1930年代にアメリカで生まれたアルコホーリクス・アノニマス（Alcoholics Anonymous：AA）である。その後、アディクション領域で広がっていった。この自助グループの特徴は、「専門家に依存しない」という点である。自助グループは、従来の専門家主導の治療関係とは一線を画し、当事者同士による語りやミーティングを重視し、その活動を展開、発展させていった。自助グループ・メンバーは、それぞれの経験に基づく語りを共有し、直接の答えではないが、どう考えればよいのか方向性を得ることができた。問題に向きあうときの基本的な姿勢が共有され、グループとしての共同性が生まれるのである。[7]

　ところで、自助グループにおけるピア関係にも縦と横の関係がある。障害者の日常生活及び社会生活を総合的に支援するための法律（障害者総合支援法）等の事業に組み込まれたピアサポーターのメリットとして「横の関係」に焦点を当てた支援、当事者同士の共感的理解などが強調・尊重されがちだが、先行世代から受け継いだ縦の関係に基づく「縦の支援[ii]」も存在することに留意しなければならない[8]（図2-7）。この「縦の支援」は、「上下関係」とは別物であることにも留意する必要がある。

---

ii　活動の歴史が長い依存症自助グループには、先人からの知恵の伝承という「縦の支援」がある。

図2-7　ピア関係における縦軸と横軸

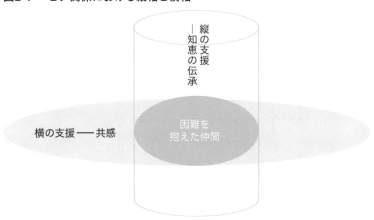

出典：「座談会──言いっぱなし聞きっぱなしの「当事者研究会議」」熊谷晋一郎責任編集『当事者研究と専門知──生き延びるための知の再配置』（『臨床心理学』増刊第10号），金剛出版，p.10，2018.

2 当事者研究

　次に、当事者研究についてである。当事者研究は、精神疾患を抱える当事者たちが自分の抱える問題について自分たちで研究するというもので、北海道の浦河べてるの家で開始されたものである。べてるの家から始まった当事者研究の取り組みは、精神障害にとどまらず、身体障害やひきこもり、ホームレスなどさまざまな領域に広がっている。

　べてるの家は、1984（昭和59）年、浦河赤十字病院のソーシャルワーカーだった向谷地生良と当事者たちがともに設立したものであり、その前身は精神障害回復者による「どんぐりの会」であった。

　べてるの家では、精神障害当事者たちが「苦労を取り戻す」ために、地元の日高昆布の袋詰め下請け作業、さらには昆布加工食品の製造販売などの商売を始めた。この商売における販売方法や新製品の開発などを研究開発すること（経営手法としての「一人一研究」）が、後の当事者研究へとつながることになる[9]。べてるの家は、地元住民との交流の場として「偏見・差別大歓迎集会」を開催したり、「幻覚妄想大会」を開くなど、それまでの常識では考えられない取り組みを次々と展開してきた。ちょうどその頃、テレビのニュース番組でも特集で取り上げられ、全国に知られるようになったのである。

　べてるの家の当事者研究は、精神障害の当事者たちが生き抜くための当事者による実践そのものであり、問題解決のために重視してきた「三度の飯よりミーティング」の取り組みの延長線上で生み出された。当事者研究は、当事者が自らの新しい可能性を拓き、他者と連帯するための

表2-9　花巻の原則

| 1. " 非 " 評価的／" 非 " 援助的態度 |
| 2. 人と「こと」（問題）を分ける |
| 3. 積極的関心、積極的迎合 |
| 4. 対話の三角関係 |
| 5. 経験の見える化 |
| 6. 出会いの創造と成果の共有 |

出典：向谷地生良「花巻の原則――当事者研究の臨床活用における原則」『こころの科学』通巻210号，p.24，2020．

貴重な資源として活かされている。

　当事者研究では、精神疾患や精神障害により生じる自分の問題をメンバーの前で発表し、参加しているメンバー全員でその問題の構造や対応策を考え、実践していくのである。たとえば、当事者自身が自らの症状である幻聴について、医学的診断を絶対視するのではなく、「幻聴さん」と言い換えること（問題の外在化）で自らの言葉によって自己定義し、研究対象としてメンバーとともに問題の理解や対応策を出し合い共有する。その過程を通して、自己のアイデンティティを回復していく。

　さらに、べてるの家の当事者研究には、自己病名をつけるという特徴がある。向谷地生良は、「自己病名の文化は、統合失調症などの精神疾患と診断されるプロセスを、「自分の苦労の取り戻し」の重要な作業と考え、しかも、それを忌まわしい記憶と捉えるのではなく、一人の人間として生きた証の表明として語る大切なプロセスと捉えているところに特徴がある[10)]」と述べている。そして、向谷地は当事者研究の実践経験をまとめて、花巻の原則を示している（**表 2-9**）。

　べてるの家で生まれた当事者研究は、従来の専門家による治療や支援と異なり、精神障害当事者が、自助グループのなかで語り合い共有し、新たな自己を生成させる取り組みなのである。

★花巻の原則
岩手県の国立病院機構花巻病院にある、「司法精神科病棟」における当事者研究の実践経験から生まれたもの。

4　オープンダイアローグ

　閉塞的で一方向的な精神科医療を開放し、精神障害者との対話を基本にした枠組みに転換することを期待されているのがオープンダイアローグである。

　オープンダイアローグは、フィンランドで1980年代以降、ヤーコ・セイックラ（Seikkula, J.）らを中心に実践されてきた精神科医療の新

しいシステムである。日本には、2014（平成26）年、専門雑誌の特集記事で紹介された[11]。「狭義の「オープンダイアローグ」とは、西ラップランドのケロプダス病院を発祥とする、精神病クライシスに対して24時間以内に組織されるチームによって患者の生活の場での治療的ミーティングを各種の社会的ネットワークをまじえて継続して行うというシステム[12]」である。

セイックラらの著書『オープンダイアローグ』では、「今現在、この日本でオープンダイアローグという言葉で語られていることには、「精神科医療システムとしてのオープンダイアローグ」と「オープンな態度で行うダイアローグ（オープンダイアローグ）」という二つのものが混同されて使われている」と指摘したうえで、二つの面を区別することがオープンダイアローグの理解を深めていくためには必要であると述べている[13]。

また、セイックラらはオープンダイアローグについての誤解が日本にはあるとして、次の二つを挙げている。その一つ目は、オープンダイアローグとは「専門家が専門性を捨てて当事者と平等に話し合うやり方」であるということ、二つ目は「薬を使わずに統合失調症を治す治療」であるというものである[14]。

オープンダイアローグが目指しているのは、統合失調症の人たちを再び共同体に包摂することである。換言すれば、私たちが統合失調症の人たちとの共同体づくりに参加していくということである。たとえば、オープンダイアローグを行っている人たちのなかで、「ミーティングで生じる新たな理解は初めから社会的に共有された現象となる」「患者の人生に非常に重要な人たちとの間で、新たな理解をもつ社会的コミュニティができあがる」といったことが、いわれているのである。オープンダイアローグが、ソーシャルネットワークを活用することを重視するのは、再び共同体に包摂するためでもある。オープンダイアローグが目指す"再び共同体に包摂すること"は、今まさに政府・厚生労働省が推進している「精神障害にも対応した地域包括ケアシステムの構築」にも通ずるものである。

オープンダイアローグには、七つの原則（**表2-10**）[15]と対話実践の12の基本要素（**表2-11**）[16]がある。

オープンダイアローグにおける七つの原則と対話実践の12の基本要素を踏まえた実践をどこまで日本で展開できるのか、今の精神科医療の現場や診療報酬システムの下では、課題が山積しているのも事実である。

その課題を一つひとつ解決していくことが求められている。

表2-10　オープンダイアローグの七つの原則

原則1　即時対応（Immediate help）
・必要に応じて直ちに対応する。
原則2　社会的ネットワークの視点をもつ（A social networks perspective）
・クライエント、家族、つながりのある人々を皆、ミーティングに招く。
原則3　柔軟性と機動性（Flexibility and mobility）
・その時々のニーズに合わせて、どこででも、何にでも、柔軟に対応する。
原則4　責任をもつ（Responsibility）
・治療チームは必要な支援全体に責任をもってかかわる。
原則5　心理的連続性（Psychological continuity）
・クライエントをよく知っている同じ治療チームが、最初からずっと続けて対応する。
原則6　不確実性に耐える（Tolerance of uncertainty）
・答えのない不確かな状況に耐える。
原則7　対話主義（Dialogism）
・対話を続けることを目的とし、多様な声に耳を傾け続ける。

表2-11　対話実践の12の基本要素

❶本人のことは本人のいないところでは決めない（Being transparent）
❷答えのない不確かな状況に耐える（Tolerating uncertainty）
❸治療ミーティングを継続的に担当する2人（あるいはそれ以上）のスタッフを選ぶ（Two（or more）therapists in the team meeting）
❹クライエント、家族、つながりのある人々を、最初から治療ミーティングに招く（Participation of family and network）
❺治療ミーティングを「開かれた質問」から始める（Using open-ended questions）
❻クライエントの語りのすべてに耳を傾け、応答する（Responding to clients' utterances）
❼対話の場で今まさに起きていることに焦点を当てる（Emphasizing the present moment）
❽さまざまな物の見かたを尊重し、多様な支援を引き出す（多声性：ポリフォニー）（Eliciting multiple viewpoints）
❾対話の場では、お互いの人間関係をめぐる反応や気持ちを大切に扱う（Use of a relational focus in the dialogue）
❿一見問題に見える言動であっても、"病気"のせいにせず、困難な状況への"自然な""意味のある"反応であると捉えて、応対する（Responding to problem discourse or behavior as meaningful）
⓫症状を報告してもらうのではなく、クライエントの言葉や物語に耳を傾ける（Emphasizing the clients' own words and stories, not symptoms）
⓬治療ミーティングでは、スタッフ同士が、参加者たちの語りを聞いて心が動かされたこと、浮かんできたイメージ、アイデアなどを、参加者の前で話しあう時間を取る（リフレクティング）（Conversation amongst professionals（reflections））

5 ▶ 認知症の人の語りが変える新たな動き

　認知症の人は、かつて"恍惚の人""呆け老人"などと呼ばれ、物を忘れ、自己の判断ができない人としてみられてきた。そのため、認知症の人は、自分の状態や置かれた状況を理解し、判断に加わりたいと望んでいたにもかかわらず、専門家を含む周囲の人たちからは、わからない人としてみなされ、治療や支援の過程から排除されてきたのである。

　認知症の人に対する周囲の人たちの見方を変えたのが、認知症の人自身による語りであった。その先駆けとなったのが『私は誰になっていくの？──アルツハイマー病者からみた世界』（原題は、*Who will I be when I die ?*）であった。日本でも、翻訳・出版され大きな反響を呼んだのが 2003（平成 15）年のことである。本書の著者であるクリスティーン・ボーデン（Boden, C.）（オーストラリア在住）は、46 歳（1995（平成 7）年当時）でアルツハイマー病（若年性認知症）と診断された女性である。ボーデンは、日本にも数回来日し、自らの実体験とその体験に基づく問題提起を行っている。

　その後、日本でも認知症の人自身が語り始めた。2004（平成 16）年、京都で国際アルツハイマー協会の国際会議が開催され、認知症当事者である越智俊二が語ったのが始まりである。その後 2006（平成 18）年に京都で本人会議が、2007（平成 19）年に広島で若年期認知症サミットが開催されている。そして、2012（平成 24）年に NPO 法人認知症当事者の会が設立された。こうした当事者の語りに耳を傾け、それまでの取り組みを見直したのが、公益社団法人認知症の人と家族の会である。

　2014（平成 26）年には日本認知症ワーキンググループ（Japan Dementia Working Group：JDWG）が設立された。メンバーは、全員が認知症の診断を受けた本人である。JDWG は、認知症の人自身が主体となって活動していく日本初の組織である。JDWG の目的は、「認知症になってから希望と尊厳をもって暮らし続けることができ、よりよく生きていける社会を創りだしていくこと」である。JDWG 設立者の一人である佐藤雅彦は設立した理由を次のように述べている。

　「私は診断後の一時期、どう生きていったらいいのか、悩み、混乱し、ついには寝込んでしまい、気が狂いそうになった時期もありました。病気そのものではなく、この病をめぐる専門家や世の中の偏見に圧倒され、自分はばらばらになりかけたのです。そして、わたしがそこまで追い込

まれたのは、社会の偏見によるだけではなく、『認知症になると何もわからなくなる』『自分が自分でなくなる』という社会にある偏見を自分も信じ込み、二重の偏見に金縛りになっていたのです。

『自分は自分であって、認知症になっても、何ら変わりはない』。そう気づけたことで、幸いわたしはなんとか金縛り状態から脱出することができました。〔中略〕『専門知識や世の中で言われてきたことと、認知症であるわたし。そこには大きなギャップがある』、『認知症になった本人が声をあげなければ、本当のことはわかってもらえない、世の中がかわらない』。〔中略〕「つたえる」「つくる」「つながる」「つ」が３つの会です。「認知症の本人が経験を伝えあって、ひとりひとりの暮らしをつくろう。ゆるやかにつながりながら、社会に声を届けよう」というのが、会の趣旨でした[17]」。

上記の言葉にもあるとおり、認知症の人自身による語りには、周囲の人だけではなく、認知症の人自身にもある内なる偏見（認知症の人は自分の病や障害についての自覚や認識を欠くという言説）を変える可能性がある。

Active Learning

精神障害者の語りに焦点を当て援助することの意義を考え、箇条書きで三つ挙げてみましょう。

6 精神障害者に対する精神保健福祉士の理解と実践

本節では、精神障害者の理解と支援における新たな潮流を概観してきた。新たな潮流は、ソーシャルワーカーである精神保健福祉士に対象者観を問うものである。精神保健福祉士は、ソーシャルワーク専門職のグローバル定義にも示されているとおり、「人々のために」から「人々とともに」へと自らの立ち位置を見直さなければならない。そのためには、精神障害者に対する見方を変える必要がある。「自ら責任のとれない人」「適切な判断ができない人」といった見方ではなく、一人の人間として自立した存在であるという理解をすることが必要である。そして、精神障害当事者の語りを支え、ともに取り組む関係を築くために必要な知識と技術、さらには共同体を再生するために必要な知識と技術を獲得していくことが求められる。

Active Learning

本節を学んだことで自分のなかにあった精神障害者に対するイメージがどのように変化したかを考えましょう。

---

iii 国際ソーシャルワーカー連盟および国際ソーシャルワーク学校連盟総会で採択された「ソーシャルワーク専門職のグローバル定義」（2014年7月）については，社会福祉専門職団体協議会と日本福祉教育学校連盟による日本語訳が出ている。

◇**引用文献**

1）C.A.ラップ・R.J.ゴスチャ，田中英樹監訳『ストレングスモデル──リカバリー志向の精神保健福祉サービス 第3版』金剛出版，pp.77-78，2014.

2）M.オリバー，三島亜紀子・山岸倫子・山森亮・横須賀俊司訳『障害の政治──イギリス障害学の原点』明石書店，pp.164-167，2006.

3）松岡克尚・横須賀俊司編著『障害者ソーシャルワークへのアプローチ──その構築と実践におけるジレンマ』明石書店，p.42，2011.

4）野口裕二『ナラティヴと共同性──自助グループ・当事者研究・オープンダイアローグ』青土社，p.38，2018.

5）木原活信「社会福祉領域におけるナラティヴ論」野口裕二編『ナラティヴ・アプローチ』勁草書房，p.158，2009.

6）野口裕二編『ナラティヴ・アプローチ』勁草書房，pp.38-39，2009.

7）同上，pp.182-186

8）「座談会──言いっぱなし聞きっぱなしの「当事者研究会議」」熊谷晋一郎責任編集『当事者研究と専門知──生き延びるための知の再配置』（『臨床心理学』増刊第10号），金剛出版，pp.3-4，2018.

9）向谷地生良「花巻の原則──当事者研究の臨床活用における原則」『こころの科学』通巻210号，p.20，2020.

10）同上，p.20

11）「特集 フィンランドで効果を上げる驚きの救急対応「オープンダイアローグ」」『精神看護』第17巻第4号，2014.

12）J.セイックラ・T.E.アーンキル，高木俊介・岡田愛訳『オープンダイアローグ』日本評論社，p.220，2016.

13）同上，p.220

14）同上，pp.226-228

15）斎藤環『オープンダイアローグがひらく精神医療』日本評論社，pp.250-252，2019.

16）同上，pp.252-257

17）佐藤雅彦「認知症の人といっしょに世の中を変えませんか」『現代思想』第43巻第6号，青土社，p.151，2015.

◇**参考文献**

・C.ボーデン，桧垣陽子訳『私は誰になっていくの？──アルツハイマー病者からみた世界』クリエイツかもがわ，2003.

第3章

精神障害者の排除と障壁をめぐる歴史と構造

　精神障害者を取り巻く社会のありようや人々の心情が精神保健福祉政策や法制度にどのように反映されたかを理解し、そのことが精神疾患や障害のある人々にもたらした影響を考える。

　精神疾患や精神障害のある人々が社会的排除の対象とされ、その生きる権利がおびやかされてきた国内外の歴史を学び、日本における国家や国民の受けとめ方および法制度化と処遇決定の経緯を理解するとともに、精神障害者に対する差別や偏見助長への影響を考える。そのうえで人権を尊重すべき存在として精神障害者を理解する視点と、差別や偏見と対峙し社会変革を志向する発想を養う。

諸外国における
排除の歴史とその後の展開

学習のポイント

● 社会のなかで起こるさまざまな「排除」とそこから生まれる展開を外国の歴史的事実
　から学ぶ
● 魔女狩り、ピネルの「鎖からの解放」、ビアーズ「わが魂にあうまで」、バザーリア「自
　由こそ治療だ」の背景や構造、その本質を学ぶ
● 国連原則「精神病者の保護および精神保健ケア改善のための諸原則（1991年）」など
　を通して、日本の課題を考える

1 　日本と諸外国の共通点と相違点

　本節では、諸外国における精神障害者排除の歴史とその後の展開をみることで、日本との共通点と相違点を考える。日本では、いまだ非自発的入院手続きが行われている。社会的入院の問題の解消も遅々として進んでいない現実がある。その一方で、諸外国では精神医療改革が進められ、社会的包摂（ソーシャルインクルージョン）を確実に進めているところもある。また、国際的には精神障害者を含む障害者が有する当たり前の権利が確認され、その権利保障に向けた取り組みも展開されている。

　こうした動きと比較してみると、日本の精神障害者を取り巻く社会の環境とその実態は大きく遅れているといわざるを得ず、諸外国と比べたときにその違いがどこから生まれてくるのかを考えなければならない。

　日本と諸外国の今日までに至る歴史に大きな違いがあることはいうまでもない。それは、精神障害者の排除と障壁をめぐる歴史についても同様である。原始、古代においては、人々の共同体とそれを外部から補強する身分制社会のもとで歴史が展開された。当時の社会においては、余剰生産がなく、人々は自分たちの生産レベルに応じた平等を余儀なくされていた。血縁を中心とした共同体が基本であり、作物など収穫したものを分配することで構成員の生存が維持されていたと考えられている。病者、障害者への対応はそれなりに寛容な部分もあったことが、当時の遺物からうかがわれる。

　そうした社会のありようから個別経営を営む権力者が現れることで、共同体に変化が生じた。およそ、6〜7世紀頃までのことである。この

原始共同体の解体過程こそが日本と西洋とでは大きく異なっていた。西欧では個別経営を実現させ、財の個別所有による権力者の独立によって、原始共同体を解体させていった。これに対し日本では、原始共同体が完全には解体されないまま農業共同体を形成し、それを最終的に支配する専制国家が登場していったのである。

　こうした原始共同体の解体過程の違いに加え、身分制の登場と権力による支配構造のもとで富の集中が始まると、生産に従事し得ない障害者を差別の対象とし、共同体内部においてもその存在を、労働能力を欠く者として排除していくようになった。さらに、宗教観や文化的な違いなどさまざまな社会的要素が複雑にからみ合って違いを生んだ。

　こうした状況は障害者全般にいえることであるが、精神障害者の場合は、他の身体障害者などとは異なる差別と排除を受けてきた歴史があった。そこには疾患そのものの特徴として、一般の人たちはもとより専門家の間でも理解されがたいものであったことが影響している。

　そして、もう一つは精神障害者を社会にとって危険な存在として捉え隔離収容してきたということがあった。精神障害者の非自発的入院の仕組みは、現在でも日本以外の国々、たとえばアメリカでもみられる。非自発的入院を存続させているのは、一つには治療目的であり、もう一つが社会防衛目的である。ただ、アメリカでは、非自発的入院を行うにあたって厳密な手続き過程を経なければならず、その点は日本と事情が異なっている。

　また、日本が明治以来、私宅監置や保護（義務）者制度を設け、過度な役割と責任を家族等に強いてきたが、同じように家族を重んじるアジアの国々で同様のことがあるかとみてみると、制度や事情は違っている。そこには日本独自のものがあることが考えられる。

　以下、中世以降の精神障害者をめぐる社会の対応の歴史を概観し、諸外国の精神障害者に対する排除とそこからの脱却の動きをみていく。

2　ヨーロッパにおける魔女狩りとその背景

　中世ヨーロッパでは、精神障害者に対して、それ以前とは異なる動きが出てきた。組織的に魔女狩り*が行われ出したのが15世紀頃になってからである。著名な精神科医であり、文筆家でもある中井久夫は「魔女狩りが中世の産物であるという通念はまったくの誤りである」と述べた[1)]

★魔女狩り
魔女とされた精神障害者などに対する裁判、刑罰、あるいは適正な手続きを経ない私刑等の一連の迫害のこと。

Active Learning

ヨーロッパで魔女狩
りがあった同時期に
日本では精神障害者
がどのように扱われ
てきたのかを調べて
みましょう。

うえで、「ルネッサンスから近世への転換期におけるほとんど全ヨーロッパ規模の精神病者狩りを含むもの[2]」であったとしている。ちなみに、魔女狩りの対象は精神病者には限定されておらず、後期になるほど一般化し、ほとんどあらゆる階層のあらゆるタイプの人間が魔女狩りの対象となる危険にさらされていた[3]。ここでは、魔女狩りの内容について詳述しない。何十万もの人々が犠牲になったといわれる魔女狩りが全ヨーロッパ規模で行われていたその背景をみていく。

この魔女狩りの現象は、魔術に対する弾圧行為とは別のもので、非常に複雑な要因がからみ合ってはじめて成立している[4]。非常に複雑な要因とは、次のものが挙げられる。貨幣経済の浸透と農村の不安定化、悪天候による作物の不作、加えて伝染病であるペストの流行と人口減少、また大航海により持ち帰った金銀の流入によるインフレーション発生、梅毒の流行など、社会の不安定化が深刻化し、民衆の不安が高じていったことである。

こうした社会経済的な問題や公衆衛生の問題に対して、当時の宮廷人たちは解決策をもってはいなかったため、民衆の不安が強まり不満が高じていった。こうした問題から民衆の目を背け、時の権力者たちの地位を安定させる一つの手段が、魔女狩りであったと考えられる。魔女狩りは、法官職の需要を増大させ、その地位を安定させた。加えて、魔女の財産は没収され、裁判官の所有となった。

一方、民衆の多くは魔女狩りを支持したと考えられている。その理由は、魔女狩りの理由が農作物の収穫量を減らしたことや、牝牛（めうし）が乳を出さなくなったなど民衆の抱える問題と直接結びつけられ、魔女狩りすることで問題が解決すると期待されたからであった。このように、ルネサンス宮廷官僚の利害と民衆の不安解消とが結びつき、魔女狩りが広まっていったと考えられる。

さらに、魔女狩りを容認し、むしろ積極的に支持した当時の知識人の存在にも目を向ける必要がある。

魔女狩りを容易にし、拡大するうえで重要だったのが手続き過程の簡素化である。1486年、ドミニコ会の僧侶が『魔女への鉄槌』を執筆・公表したが[i]、本書の執筆目的は魔女の妖術の存在を疑う人々への反駁（はんばく）と、妖術者は男より女が多いことを示すこと、および魔女発見の手順とその証明の方法について記すことであった。以来、本書が魔女狩りの手順書

---

i　ドミニコ会の僧侶であり異端審問官であったハインリヒ・クラーマー（kramer, H.）によって書かれた魔女に関する論文。

となり、魔女の疑いをかけられた者はたちまち拘束され、厳正な審問手続きを経ることなく、当然本人の意見聴取や弁護もなく、一方的に魔女の烙印を押され刑に処されていったのである。

ところで、魔女狩りの対象とされたのがもっぱら女性であったのは、当時の女性の地位と力の台頭に対して畏怖を感じた者（男性）たちが、それを否定しようとしたとも考えられる[5]。

いずれにしろ、魔女狩りは当時の権力者たちが自分たちの安定的な地位や立場を得るために共同し、巧みに講じられたものであったという点を押さえておく必要がある。

魔女狩りの終焉と同時にみられたのが精神病者に対する医学的立場からの取り組み、精神科病院への収容であった。他の地域よりも一世紀以上早く、1700年頃に魔女狩りが終わったのはオランダであった。そのオランダでは魔女狩りが終わったのと同時に、大学において精神病者の診察が始められている。魔女狩りに医学的立場から異を唱えたのが、ワイヤー（Weyer, J.）であった[6]。ワイヤーは、その著『悪霊の幻惑、および呪法と蠱毒について』（*De Praestigiis Daemonum et Incantationibus ac Venificiis*, 1563.）を公表し、魔女とされた人々の多くが精神病者であったことを指摘した。その後、大学などでの精神病者に対する治療行為がみられるが、その一方で大規模な収容施設への隔離・収容も進んでいった。

また、魔女狩りの終焉は、市民社会の成立と並行して迎えている。中井久夫は、「市民社会の成立と近代精神医学のそれとのあいだには極めて密接な関連がある[7]」とし、精神科病院のありようもそれまでの精神病者以外の雑多な人々を収容していたのを改め、精神病者のみを収容し男女を区別し、管理上の能率を理由に数千人を収容する大規模精神科病院が出現したと述べている。

3 精神科病院への隔離・収容の広がりとピネルの「鎖からの解放」

ヨーロッパでは、中世の十字軍遠征を機に、遠征ルート上の各地に「神の家」と称する傷病者のための宿が設けられた。それを提供したのがキリスト教修道会などの宗教団体であった。ルター（Luther, M.）による宗教改革（1517年）を機に、解体されたカトリックの修道院が精神病者を含む障害者たちの収容所として転用され、その一部が精神科病院

となった。

　フランスのパリでは、1656年、ルイ14世が火薬工場のあった場所に大規模な施療病院を建てさせた。一つが女性用のサルペトリエール病院、もう一つが男性用のビセートル病院で、ここへは、精神病者に限らず、浮浪者、犯罪者、孤児など区別なく集められた。そこで提供されていたものは、きわめて劣悪で非人道的処遇であった。収容された精神病者は、犯罪者同様、鎖につながれた状態にあった。

　「鎖からの解放」で有名なピネル（Pinel, P.）は、1793年にビセートル病院、1795年にはサルペトリエール病院に勤務し、そこで拘禁され、非人道的扱いを受けていた精神病患者らを鎖から解放したとされる。ピネルは、精神障害者に対する人道的治療の先鞭をつけた人とされている。また、ピネルは近代精神医学の創始者の一人とされる人物であり、近代的な疾病分類の先駆的著作『疾病の哲学的分類』（*Nosographie philosophique*, 1798.）を著わしている。

　実際、ピネルが精神病者に対して鎖からの解放を可能にしたのは、単なるヒューマニズム精神だけではなく、鎖を解いても暴れるなどの行為の危険性が少ない人とそうでない人とをある程度見極める力があったからであるという指摘がある[8]。つまり、解放（行為）を支える知識、精神医学の進歩があったからこそ成し得たともいえよう。

4 ▶ アメリカから始まった精神保健運動

　アメリカでは、1662年に最初の救貧院（Almshouse）が設立され、精神病者はそこに収容されていた。1817年、アメリカで最初の「道徳療法」を行う精神科病院が開設された。1830年代に「アメリカのピネル」と呼ばれたディックス（Dix, D.）は、「道徳療法」を特徴とする人道的および治療的観点に基づく精神医療の改革運動を行った。その結果、治療の主たる場が地域から州立病院へと移るが、しだいに州立病院への入院者数の増加、予算の減少などの要因で処遇は劣悪なものになっていった。

　19世紀のアメリカでは、精神疾患に対する精神科入院医療の高い治癒率が信じられていて、精神科病院が増加した。アメリカ最初の包括的

---

ii 〔Philippe Pinel〕1745-1826. フランスの精神医学者。

な強制入院法となったのが、1842 年のニューヨーク州法であった。ニューヨーク州法は、「これ以降発生する精神疾患のすべての症例について、精神疾患者は 10 日以内に州立精神科病院に送致されなければならない」と規定した。この規定が出るまでは、精神障害者の自由を剝奪することが正当化されるのはポリス・パワーの行使として、他者や社会に対する脅威を防止する場合か、そうでなければ、選任の際に周到な手続き的保障のある後見人による場合のみであった。

　ところが、ニューヨーク州法の規定が設けられて以降、州知事自らが後見人となることで、強制入院が正当化されるようになったのである。さらに、パターナリスティック[★]な配慮が精神障害者自身の意思や権利に優先するという傾向を生み出した。病院長が入院患者を厳しく管理したり、規則的な労働を課したり、面会・通信が制限されることが日常化されていったのである[9]。

　こうしたなか、ビアーズ（Beers, C. W.）は、アメリカで精神衛生運動を興した。ビアーズは、1908 年に自叙伝『わが魂にあうまで』（*A mind that found itself*, 1908.）を出版したが、その著書は、躁うつ病に罹患した自らの経験をもとに、当時のアメリカの精神科病院の悲惨な入院環境や処遇を述べたものであった[10]。ビアーズは自らの経験をもとに、精神医療改革、精神障害者の人権擁護の運動にまい進したのである。ビアーズは、精神科病院外での精神病者の生活に関心をもち、それは直接退院を促すものであったことから、人道的な措置として脱入院が構想されており、脱施設化の萌芽をみることができる。

　そして、ビアーズが取り組んだ精神衛生運動は、その後アメリカ全土へ広がり、さらには全世界へと広がっていくこととなる。具体的には、1908 年、ビアーズの出身地であったコネチカット州に精神衛生協会が設立され、翌 1909 年には全国精神衛生委員会が組織化された。その後、アメリカの各州に精神衛生協会が設立されたのである。さらに、1930 年には第 1 回国際精神衛生大会が開催された。

　アメリカにおける脱施設化の動きは、戦後、ケネディ大統領が議会に提出した精神疾患および知的障害者に関する特別教書（ケネディ教書）（1963 年）により進展し、州立の精神科病院の病床を半分に減らすといったことにつながった。そして、精神障害者を地域で包括的に支援するプログラムの開発（ACT をはじめとするケアマネジメント・プログラムなど）が進められ、今日に至る。

　ところで、脱施設化をはばむものが非自発的入院の仕組みである。ア

★パターナリスティック（paternalistic）
パターナリズム（paternalism）の形容詞。パターナリズムは父権主義、父性的保護主義などと訳される。

メリカにおいてこの非自発的な強制入院の仕組みは、ビアーズの取り組みの後もなお続いた。非自発的入院手続きが存続したのは、一つは精神障害者に対する治療の必要性を理由とするものであり、もう一つが社会防衛を理由とするものであり、それは精神障害者に自傷他害のおそれがあるというものであった。この二つに共通しているのは、精神障害者の判断能力には問題があるとしている点である。[11)]

5 ▷ 非自発的入院の根拠の一つである精神障害者観（適切な判断と行動ができない人）

Active Learning

あなたが他者を適切な判断と行動ができる人か否かを判断する際、基準にしているものを挙げてみましょう。

　非自発的入院を正当化する論拠の一つに、精神障害者は適切な判断をすることができない人という考えがある。

　18世紀終わりから19世紀にかけて登場した自由権的人権では、他者に迷惑をかけないこと、自己責任を取れる人であることが大前提にあった。ミル（Mill, J. S.）の自由論（功利主義）[iii]では、他人に迷惑をかけない限り、自分の利益（功利）を追求できることを前提として、言論の自由、行為の自由、そして愚行権を提唱している。愚行権とは、ミルの1859年の著書『自由論』のなかで展開された、功利主義と個人の自由に関する論考のなかで提示された概念であり、自由を構成する原則としての「他者危害排除の原則（to prevent harm to others）」、すなわち他の人からみて賢明であるからとか正しいからといって、何かを強制することは正当ではあり得ない、という原則から導き出される一つの帰結としての「自由」として提示されたものである。

　『自由論』によれば、愚行権が認められる人間、つまり自由の主体たる人間は諸々の能力の成熟している成人であるべきであり、また社会的統制の実行を明確に回避しているわけではないこと、愚行の結果として受ける批判や軽蔑、拒否などは当人が引き受けなければならないとしている。ミルの自由論は、自立と自律に対して倫理的にかなり厳しい主張をしており、結果主義や自己責任論を包含している。生命や身体など自分の所有に帰するものは、他者への危害を引き起こさない限りで、たとえその決定の内容が理性的にみて愚行とみなされようとも、対応能力をもつ成人の自己決定に委ねられるべきである、とする主張であった。[12)]

　こうした考えは、精神病者にも適用され、精神病者は他人や社会に迷

---

iii 〔John Stuart Mill〕1806-1873. イギリスの哲学者。

惑をかけるような行為をするおそれがあり、かつ自己責任を取ることができない人であるから、精神病者の行為を制限することはやむを得ないとされたのである。また、適切に自己の判断ができない精神病者については、他者が必要な治療等を受けさせる必要があるとなる。

こうした考えから、精神病者に対する非自発的入院手続きが正当化されるのである。

6 イタリアにおけるバザーリアの精神医療改革

イタリアにおける精神科病院廃止に関する法制定の原動力となったのが、精神科医であり、地域精神医療の展開に尽力したバザーリア（Basaglia, F. ）であった。バザーリア法（1978 年）とも称せられるように、イタリアの精神医療改革を具体化するための法令の制定を行ったことは、重要な取り組みであった。しかし、法制度が変わっても、現場で従事する専門職等の意識や考え、さらには地域住民の意識や考えが変わらなければ、精神医療改革は成し遂げられなかったし、改革の取り組みを継続することもできなかったであろう。意識や考えを変えたものは何であったのかを考えてみる。

バザーリアの精神医療改革で有名なのは、トリエステにあったサン・ジョヴァンニ精神科病院である。しかし、ここではバザーリアが最初に院長に就任したゴリツィア病院の実践をみていくこととする。なぜなら、バザーリアたちが精神医療改革を成し遂げることができた要因の一つをそこに見出すことができるからである。トリエステの精神医療改革は、単にそれまでの精神科病院を廃止した取り組みではなく、それまでの精神科病院を中心に行われていた「支配・管理・抑圧」をなくしていく取り組みであり、犠牲となっていた精神障害者たちを解放するものだった。[13]

「当たり前をひっくり返す」実践とその研究を続けている竹端寛は、ゴリツィア病院でのアッセンブレアという取り組みに着目し、この取り組みが現在の対話を重視したオープンダイアローグに通ずるものであると述べている。[14] ゴリツィア病院では、1960 年代初頭から始まったアッセンブレアという集まりが実践されていた。

アッセンブレアとは、患者たちの間で議長が持ち回りになる、患者とスタッフとの集まりのことである。これは、患者や訪問者、街の住人な

ど誰でも出入り自由であり、誰も参加を強制されていない自発的なイベントであった。一般的なミーティングとは明らかに異なっており、アメリカやイギリスの治療共同体とも異なっていた。アッセンブレアにおいては、スタッフによる運営も誘導もされなかった。患者のニーズが中心的な話題になり、患者が自分自身を表明する安全な場所となっていた。精神障害者は、精神疾患の診断がついたところから、その言動はすべて「異常なもの」として捉えられ、周囲の人たち（専門職を含む）から自分の話をまともに聞いてもらえなかった。

　アッセンブレアでは、そこに参加している人に、「なぜ」「どのように」それを表現しているのかを、そこに集まる人々がともに考えあうことを行っていた。たとえば、それまで精神科病院において閉鎖的な処遇を当たり前のこととして捉えていた患者が発した言葉（「自分は精神病だから入院はやむを得ない」）に対し、「どうしてやむを得ないと考えるのか」と疑問を投げかけることで、当たり前と捉えていたこと自体が当たり前ではない、「不条理な病院の論理」であったことに気がつく。「閉じ込められる自分が悪い」とあきらめていたことに対して、「患者の長く抑圧された怒り」を表現することも、アッセンブレアでは許されたのである。そしてそれは、「閉じ込められる自分が悪い」と個人的な問題に収斂されてきたことを、その背後には「不条理な病院の論理」という「集合的で政治的な状況」があるという認識へと転換させた。

　さらには、「不条理な病院の論理」にからめ取られていた入院患者たちが、病院から出ること（退院し地域社会へ戻ること）をこのアッセンブレアで話し始めたのである。そこでは、「なぜ治療が終わっても、精神科病院から出ることができないのか？」という問いを深堀りして考えていくことで、精神障害者が地域に退院して戻ることが許されない状態、精神障害者に対する差別や偏見に基づく社会防衛的意味合いがそこにあることを明らかにしていった。

　竹端は、バザーリアたちが、アッセンブレアを通じて、精神障害者たちが再び自分自身の人生を取り戻し、再生し、地域のなかへ出ていく拠点とするための精神医療改革をしようとしたと述べ、このアッセンブレアが「抑圧的な現実そのものを批判的に意識化し、宿命論的な制約を乗り越える必要不可欠な対話の舞台装置であった」と指摘している。[15]

　イタリアの精神医療改革の影響は、ヨーロッパ各国に及んでいる。バザーリアが40年前に述べた「自由こそ治療だ」[16]という価値観が今もトリエステの精神保健サービスを支える基盤枠組みとして機能していると

いうことである。バザーリアの残した遺産を受け継ぎ育み続けているからこそ、イタリアの精神医療改革は今なお生き生きとそこにあるといえよう。

ところで、専門職の意識や考えを変えるうえで重要なのが専門職教育である。たとえば、イタリアでは看護師の養成システムが変化した。改革後は大学の学士課程を修了した人たちが看護師として従事している。精神科病院から地域へ出るということは、専門職にとっても大きな変化であり、自らの専門知識・専門技術の質の確保を迫られることでもあった。[17)]

また、関係性の違いについては、精神科病院の時代は患者と専門職の対立構造であったものが、地域に出ることによって連帯構造に変化している。

7 精神障害者の人権保障に関する国際的な取り組み

障害者の権利に関する国際的な取り組みは、戦後間もなくから始まった。1948年の第3回国連総会で採択された世界人権宣言第25条では、「すべて人は、衣食住、医療及び必要な社会的施設等により、自己及び家族の健康及び福祉に十分な生活水準を保持する権利並びに失業、疾病、心身障害、配偶者の死亡、老齢その他不可抗力による生活不能の場合は、保障を受ける権利を有する」と、障害者も含めその有する権利について明記されている。

そして、ノーマライゼーションの思想が世界的に普及拡大するのを受け、「知的障害者の権利宣言」(1971年)、「障害者の権利宣言」(1975年)、さらには1981年の「国際障害者年」、1983年から1992年までの「国連・障害者の十年」と、その取り組みが継続的に発展してきた。

一方、精神障害者に関するものでは、1991年12月、国連総会において「精神病者の保護および精神保健ケア改善のための諸原則」が採択された。[iv]この決議には、25原則に及ぶ具体的な人権基準を定めた附属文書が付されている。これは1978年以来十数年にわたり、国連差別防止小委員会、同人権小委員会等において、世界保健機関（WHO）を含

iv 全文は、厚生省保健医療局精神保健課監『我が国の精神保健福祉──精神保健福祉ハンドブック 平成7年度版』日本公衆衛生協会，pp.413-422，1996. に収録されている。

第3章

精神障害者の排除と障壁をめぐる歴史と構造

む多くの国際機関、国際法律家委員会（ICJ）を含む多くの国際NGO等の協力、参加を得て検討のうえ完成された貴重な成果といえる。

この原則は、精神障害者の諸権利を明確に規定し、かつそれが確立されることを目的としている。精神病者の基本的自由、および、法的諸権利を擁護するうえで、国連の最低基準を示しており、その焦点は、「特に精神保健施設に非自発的に入院を要する極く少数の患者」に当てられている。

この画期的な諸原則の国連での採択を受け、日本では、日本弁護士連合会が要望書を提出している。その要望書では、「精神障害者の置かれている地位を国際的人権基準に適合させるよう、具体的な提言を行う所存であるが、政府に対し、上記国連決議を尊重し、その提言する諸規定を来るべき精神保健法の改正案に取り入れ、1984年発覚した宇都宮病院事件に象徴されるような患者の悲惨な人権侵害を2度と発生させぬよう、早急に充全なる法制度を整備し、それを実施することを強く要望する[18]」と述べられている。

これらの取り組みのいわば集大成ともなったのが、2006年12月の国連総会で採択された障害者の権利に関する条約（障害者権利条約）である。本条約は、「人は誰でも自分のことは自分で決めることができるのであり、決めるに当たっては最大限の支援を受けることができる」ことを示している。つまり、どんなに重い障害の人であっても、自分のことは自分で決めることができることを前提に、それを可能にする支援の確保こそが問題であるとしている。したがって、自分のことを自分では適切に判断できないことを前提にしている非自発的入院手続き（制度）は、問題であるということになる。

日本政府は、国連の障害者権利条約に批准し、締約国となるため、内閣に「障がい者制度改革推進本部」を設置し、国内法の見直しと整備を進めてきた。その取り組みの一つとして、政府は、障害を理由とする差別の解消の推進に関する法律（障害者差別解消法）案を作成し、原案のまま成立させている（2013（平成25）年）。また、障害者差別解消法の成立より前、2011（平成23）年には、障害者虐待の防止、障害者の養護者に対する支援等に関する法律（障害者虐待防止法）が成立したが、精神科医療を含む医療現場と教育現場が虐待の現場から除かれるなどの課題を残している。その他、成年後見制度についても、その前提として精神障害者などに対する認識の問題、つまり判断能力を欠く人としていることなど改めるべき点がある。

Active Learning

障害者権利条約から日本の現状をみると課題が山積しています。あなたが考える課題を三つ以上挙げてみましょう。

　日本の精神障害者にかかる法制度や現場の治療やケアを、「精神病者の保護および精神保健ケア改善のための諸原則」や、障害者権利条約と照らし、改善することが喫緊の課題である。

8 取り組みを継続し、発展させるうえで重要なこと

　中世ヨーロッパ以降の精神障害者の排除の歴史とその後の展開では、精神疾患に対する科学的認識がないという大前提があったが、精神障害者に対する排除は単純なものではなかった。魔女狩りにみられるように、当時の権力者たちや民衆の利害が複雑にからんで起こった行為であり、人類史上、決して許されるものではなかった。精神障害者は、理解しがたい者、自傷他害のおそれがある者、そして自己の判断能力に欠ける者として捉えられ、その本人も含め社会からの排除をやむを得ないこととされてきた。

　しかしながら、医学の進歩により精神疾患が病気として認識され、その治療法が開発されることで、その対応も変わってきた。非人間的な処遇への批判と改善がなされながら、戦後は脱施設化へと進んだ。抗精神病薬の開発や地域での暮らしを支える包括的な支援プログラムの開発により、地域ケアへと転換された。

　そして、もう一つは、障害者の人権の確立、ノーマライゼーション原理の普及などが精神障害者に対する社会の対応を変えてきた。特に、国連の障害者権利条約は、どんなに重い障害の人も自己決定できることを前提に、その意思決定を支援する方法や環境の確保を求めており、これは精神科医療のあり方そのものを根本から問うものである。

　また、バザーリアらによるイタリア精神医療におけるアッセンブレアの実践は、精神障害者に対する従来の言説を問い直し、個人の問題、責任に収斂させてきたことを社会の側の問題、責任として認識を転換し、解決の方向を共同して探るものとなっていた。

　精神障害者に対する排除や社会的障壁を除去していくためには、人権保障を基礎とした法制度の整備はもちろん、現場で従事する専門職、一般の人々、そして当事者の意識を変えていくことが重要なのである。

ⅴ　日本弁護士連合会は、「「成年後見制度」から「意思決定支援制度」へ」と題する報告書（2015.）を出している。

◇引用文献

1）中井久夫『西欧精神医学背景史』みすず書房，p.24，1999.

2）同上，p.25

3）同上，p.25

4）同上，p.25

5）同上，pp.36–37

6）小俣和一郎『精神医学の歴史』第三文明社，pp.78–80，2005.

7）前出1），p.50

8）前出6），pp.94–102

9）横藤田誠『精神障害と人権 ── 社会のレジリエンスが試される』法律文化社，pp.27–28，2020.

10）C. W. ビーアズ，江畑敬介訳『わが魂にあうまで』星和書店，1980.

11）前出9），p.37

12）J. S. ミル，塩尻公明・木村健康訳『自由論』岩波書店，1971.

13）大熊一夫「精神病院にしがみつく日本 司法精神病院も捨てたイタリア」『世界』第877号，2016.

14）竹端寛『「当たり前」をひっくり返す ── バザーリア・ニィリエ・フレイレが奏でた「革命」』現代書館，pp.14–18，2018.

15）同上，pp.26–31

16）S. シュミット，半田文穂訳『自由こそ治療だ ── イタリア精神病院解体のレポート』社会評論社，p. 21，2005.

17）大熊一夫編著『精神病院はいらない！ ── イタリア・バザーリア改革を達成させた愛弟子3人の証言』現代書館，p. 28，2016.

18）日本弁護士連合会会長・中坊公平「国連総会の「精神病者の保護及び精神保健ケアーの改善」に関する決議について」1991年12月25日

第2節 日本における排除の歴史と構造

学習のポイント

● 欧米諸国とは異なる日本における発展の歴史、地域ケアへの転換が遅れていることなどについて、その要因を構造的に理解する

● 明治以降の事件などを概観しながら、その特徴を理解する

● 起きた事件のマスコミ報道により、精神障害者に対する差別・偏見が助長され、その結果排除してきたことを我が事として理解する

 ## 1 精神障害者に係る施策の動向に影響を与えた各種事件

　本節では、日本の精神障害者施策に影響を与えた代表的な事件を取り上げ、まずその事件の概要を確認したうえで、施策にどのような影響を及ぼしたかをみていく。そのことで、日本における精神障害者がどのように排除されていったのかを考える。

　明治以降、日本の精神障害者施策の転機となってきたのが精神障害者にかかわる事件であり、それは精神障害者が社会に害を及ぼすものとして印象づける機会ともなってきた。

　我が国初の精神障害者にかかる法律として誕生したのが精神病者監護法（1900（明治33）年）であるが、この法律の創設に影響を与えたのが相馬事件であった。戦後、精神衛生法が創設され、精神病者監護法、精神病院法は廃止されるが、その精神衛生法の改正（1965（昭和40）年）に影響したのがライシャワー事件（ライシャワー駐日アメリカ大使刺傷事件（1964（昭和39）年）であった。

　また、精神科病院における非人道的な処遇や精神障害者の人権侵害を世に問い、精神衛生法から精神保健法へ改正させるきっかけとなったのが宇都宮病院事件（1983（昭和58）年）であった。そこには周到な事実公表の取り組みがあった。そして、宇都宮病院事件を再び繰り返さないために法改正がなされ、精神障害者の人権尊重と社会復帰の促進を具体的に進めてきたが、再び精神科病院における精神障害者に対する人権侵害が明るみになったのが大和川病院事件（1993（平成5）年）であった。実は、宇都宮病院事件発覚以降も、精神科病院における精神障害者に対する人権侵害事件は繰り返されていた。

一方、国は触法心神喪失者等対策に関する検討として「重大な犯罪行為をした精神障害者の処遇等に関するプロジェクト」（2000（平成12）年12月～2002（平成14）年1月）を進めていたが、その取り組みに影響を与え、心神喪失等の状態で重大な他害行為を行った者の医療及び観察等に関する法律（医療観察法）創設を決定づけたのが大阪で起きた池田小学校事件（2001（平成13）年）であった。

　そして、2016（平成28）年7月26日未明に、神奈川県相模原市の障害者入所施設「津久井やまゆり園」で起きた障害者殺傷事件（以下、相模原障害者殺傷事件）は、精神保健及び精神障害者福祉に関する法律（精神保健福祉法）改正の動きへと結びついた。精神保健福祉法改正法案は国会に上程され、その後、衆議院の解散により廃案になったものの、措置入院患者の地域移行等に関する事業が法改正とは別に進められているところである。

　世界的には、1960年代以降、施設収容から脱施設化へ転換していくなかで、日本は精神病床を増やし続け、精神障害者を隔離・収容し続けた。それはいわば国策として行われたものであり、国民もそれを黙認してきた。大阪府では、2000（平成12）年から全国に先駆け、社会的入院解消のための事業（社会的入院解消研究事業）を行政責任で開始した。大阪の退院促進支援事業にかかわった辻井誠人は、「"精神病院への社会的入院は人権侵害である"だから速やかにその解消を図ることは、これまで放置してきた行政の責任として、肝に銘じなければならない。その具体的な取り組みとして誕生したのが「社会的入院解消研究事業」である」と事業創設の意図を述べている[1]。この大阪府の社会的入院に対する認識と取り組んだ事業の意味を、精神保健福祉士はあらためて確認する必要がある。

2 ▶ 相馬事件と精神病者監護法、精神病院法創設

1 事件の概要

　相馬事件は、1883（明治16）年から1895（明治28）年にかけて世の中を騒がせた"お家騒動"である。旧中村藩主の主君であった相馬誠胤の精神病症状が悪化したため、1879（明治12）年に家族が宮内省に自宅監禁を申し入れ、以後自宅で監禁、後に癲狂院へ入院した。

　1883（明治16）年、旧藩士の錦織剛清が主君の病状に疑いをもち、

家族による不当監禁であるとして家令・志賀直道ら関係者を告発したことから事件が表面化した。1887（明治 20）年、錦織は相馬誠胤が入院していた東京府癲狂院に侵入し、相馬誠胤の身柄の奪取にいったんは成功するものの一週間で逮捕された。錦織は、家宅侵入罪に問われ禁錮処分を受けるとともに、偏執的な行動が批判を受けることとなった。

　1892（明治 25）年、相馬誠胤が病死する。錦織はこれを毒殺によるものとし、1893（明治 26）年、再び相馬家の関係者を告訴、遺体を発掘して毒殺説を裏づけようとした。しかし、最終的に死因が毒殺とは判定できなかった。1895（明治 28）年、錦織が相馬家側より誣告罪（ぶこく）で訴えられ、後に有罪が確定し、事件は収まりをみせた。

2 事件の背景とその影響

　当時、明治政府は、開国と列強の国々に対して体面を守るため、また社会防衛的な側面から、物乞い、路上生活者、精神障害者などを社会の表から隠す必要があった。相馬事件は、そのようなときに起き、結果的に精神病者監護法創設を後押しすることになった。呉秀三らは、私宅監置に強く反対した。

　精神病者監護法創設（1900（明治 33）年）から遅れること約 20 年、1919（大正 8）年に精神病院法が創設された。しかしながら、実際に公的精神科病院の建設は少ない予算のなかで進まなかった。一方で、民間の精神科病院については、自費で入院できる患者・家族がいた都市部を中心にそれなりに増加していった。

3 ライシャワー事件と精神衛生法改正

1 事件の概要

　1964（昭和 39）年 3 月 24 日、駐日アメリカ大使ライシャワー（Reischauer, E. O.）が、当時 19 歳の日本人少年に右大腿部を刺され重傷を負った。加害者であった少年には、精神科病院への入院歴があった。日米協調体制の強化が重要課題という背景のなか、駐日大使が刺傷されたこの事件は、時の政府に衝撃を与えたことはいうまでもない。事件翌日には、国家公安委員長に“高度の政治的責任”をとらせて辞職させた。

　そのあと、国家公安委員会において精神障害者早期発見のための警察

官による家庭訪問などを徹底する、精神障害者のリストを整備する、精神障害者について保健機関との連携・協力を緊密にする、保安処分の制度を早く実施してもらう、精神衛生法を改正して自傷他害のおそれのある精神障害者を警察に通報する義務を設ける、などの方針が決定され（同年4月4日）、この方針を受けた警察庁保安局長から厚生省公衆衛生局長への精神衛生法改正等についての申し入れがあり（同年4月28日）、厚生大臣による精神衛生法改正および首相による「一部改正」発言（同年5月1日）へと進む。

■2 事件の背景とその影響

当時、精神衛生法（1950（昭和25）年）の全面改正に向けて、日本精神神経学会をはじめとした関係団体は積極的な議論を展開していた。医療技術革新により、抗精神病薬の開発や新たな治療法への取り組みが進展するなか、精神疾患に係る発生の予防、治療、社会復帰までの総合的な内容を含んだ改正への準備が進められていた。

Active Learning
マスコミ報道が国民の精神障害者理解に与える影響を考え、マスコミ報道との向き合い方を考えましょう。

しかし、この事件により負の影響があったことは否めない。池田勇人首相がアメリカ大統領に謝罪し、日米両国間の良好な関係に影響はないとしながらも、政府は事件をめぐる対応を迫られた。また、国内では、この事件に政治的な背後関係はなく「精神病者の発作的凶行だった」と新聞各紙が報じたことで、「精神病者の野放し状態をなくせ」というキャンペーンがマスメディアを通して急拡大していったのである（**写真3-1**）。

保安処分の制度化などの動きが急速に高まるなかで、それを押しとどめたのが日本精神神経学会などの取り組みであった。また、日本医師会の武見太郎会長も「精神衛生法を一部改正して、一般医師に届け出の義務をおわせるとはもってのほか、絶対反対である」との談話を発表した。ライシャワー事件を契機とした精神衛生法一部緊急改正が阻止されたのは、保安処分にみられる警察的取り締まり強化に対する強い反対運動による。

1965（昭和40）年6月30日、改正精神衛生法が公布、施行された。保健所による在宅精神障害者への訪問指導等の強化や精神衛生センターの設置、また通院医療費公費負担制度が新設された一方、警察官等による通報・届出制度の強化、緊急措置入院制度が設けられる等の改正となった。

精神衛生審議会答申を受けて改正された精神衛生法について、精神科

写真3-1　ライシャワー事件

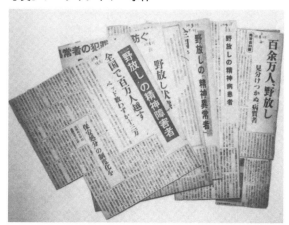

ライシャワー事件の新聞各紙報道（1964（昭和39）年3月25日朝刊）。左から、読売新聞、朝日新聞、産経新聞、東京新聞、毎日新聞。
出典：岡田靖雄『日本精神科医療史』医学書院，p.221，2002.

医であり精神科医療の歴史に詳しい岡田靖雄は、「積極的改正面と評価できるのは、通院医療費公費負担制度だけである[3]」と述べている。

 宇都宮病院事件と精神衛生法改正

■1 事件の概要

　宇都宮病院事件とは、栃木県にあった民間の精神科病院、医療法人報徳会宇都宮病院において行われた、入院患者2名に対する職員らによる暴行死事件である。1983(昭和58)年8月22日に患者1名が不審死し、同年12月30日にも患者が殺害された。朝日新聞の記者が、鉄格子の間から患者が紙飛行機にして投げた手紙を見つけ出し、それを「宇都宮病院で患者2名が虐殺された」という記事で報道したのである（写真3-2）。

■2 事件の背景とその影響

　宇都宮病院事件が起きた原因については、単に宇都宮病院の院長や看護師などの職員の資質の問題にとどまらない。まず、宇都宮病院は次々と病床を増やし、巨大な精神科病院へと成長していった。それを可能にした要因は四つある。

　一つ目の要因は、医療技術革新、抗精神病薬の開発と普及であった。それは精神科病院における患者処遇を劇的に変えることになった。ある

写真3-2　宇都宮病院事件

出典：『朝日新聞』1984年3月14日　朝刊

意味、他科と同様に薬物による治療を可能とし、入院患者の治療や処遇を容易にしたのである。

　二つ目の要因は、精神衛生法の改正であった。1954（昭和29）年の改正によって、民間精神科病院に対し国庫補助制度が導入された。さらに、1961（昭和36）年の改正による措置入院者の医療費国庫負担割合の引き上げにより、措置入院者を増加させたことが挙げられる。宇都宮病院では、措置入院患者の受け入れに加え、警察などによって保護されたアルコール依存症の人やホームレスなどの人を首都圏からも積極的に受け入れ、入院費については生活保護費（医療扶助等）を適用するなどして賄っていた。宇都宮病院は、いわば社会の厄介者とおぼしき人たちを積極的に受け入れてくれる病院として一部からは頼りにされ、必要とされていた。

　三つ目の要因は、いわゆる精神科特例であった。入院患者数に対して一般の病院より少ない医師数や看護師数で病院の運営を可能にしたことが挙げられる。宇都宮病院では、精神科特例で許された基準よりもさら

に少ない職員配置で、場合によっては無資格者による処遇もなされていたという。

　四つ目の要因は、宇都宮病院の経営母体である医療法人報徳会が、病院経営とは別に関連するさまざまな会社を同族経営していたほか、親族を県議に送り出すなどして、栃木県内での盤石な経営基盤を築いていったことである。また、東京大学医学部とのつながり（検体の提供や研究論文作成の協力など）も指摘されていた。

　宇都宮病院は、社会と切り離されたところにあったのではなく、社会ときわめて強いつながりをもちつつ、事件発覚まで成長し続け、ベッド数約1000床を有する巨大精神科病院となったのである。

　以上、みてきたように、宇都宮病院は当時の民間精神科病院建設ブームを背景とした産物であり、こうした国の精神科病院をめぐる施策が、入院中心、施設収容をさらに推し進め、欧米諸国が脱施設化、地域ケアへの転換を図っていったのとは逆の道を進ませたのである。つまり、社会の側の問題、宇都宮病院を必要とし、さまざまな問題を許してきた社会の側の問題も問うていく必要がある[4]。

　この事件は、日本国内にとどまらず海外でも取り上げられ、その後、国連人権小委員会や国際法律家委員会（ICJ）から視察団が来日した。視察団らによる調査結果から、日本政府は国際的批判を受けた。こうした内外の動きを受ける形で1987（昭和62）年、精神衛生法を精神保健法に改める改正法が公布され、精神障害者の社会復帰施設の法定化、任意入院制度、精神医療審査会制度など精神障害者の人権に配慮した法改正が実施されたのである。

　ところで、この宇都宮病院事件は、たまたま発覚した偶然の産物ではない。この点について、障害学を研究している桐原尚之は、宇都宮病院事件は、入念なる準備の下で事件報道に至ったと述べている[5]。

　実際、当時の精神衛生法下での精神科病院は、入院患者の信書や通信面会の自由が認められておらず、きわめて閉鎖的で入院患者がどのような処遇を受けていたのかを外部の者が知る術はなかった。ましてや、宇都宮病院のように職員らによる監視が日常的に厳しく行われ、病院を告発するような言動がみられた患者には容赦のない仕打ちがなされていた病院である。入院患者がそれを外部に訴え出ることがいかに困難なことであったか容易に想像できよう。

5 ▷ 大和川病院事件の発生

1 事件の概要

　1993（平成5）年、大阪府内で医療法人北錦会が運営する大和川病院において入院中の患者が暴行を受け、搬送先の病院で死亡するという事件が発覚した。その患者は、大和川病院への入院時の検査では身体的な外傷はなかったが、数週間後には肺炎による呼吸困難に陥り、救急車で搬送された。搬送時は、打撲が原因とみられる皮下出血・骨折・脱水症状などがあり意識不明の状態で、その6日後に亡くなった。

　その後、この事件に関して遺族から裁判が起きるが、裁判の審理過程で大和川病院の医師・看護師数の不足が明らかになった。そして、1997（平成9）年3月には、同病院の元・現看護師らが語った同病院の実情を新聞各紙が掲載し、大和川病院の実態が明らかになった。

　その内容は、❶医師、看護師数の水増し報告、❷出勤簿、タイムカード、賃金台帳の偽造、❸資格のない職員による医療行為、❹死亡診断書を看護師が記載、❺投薬は病名ごとで一律に指示、❻ヘルパーや看護師不足による身体拘束の常態化、などであった[6]。

　大阪府は、1997（平成9）年3月に当時の厚生省、大阪市と合同で立ち入り調査を実施し、同年10月には、医療法人の設立許可等を取消しとした。

2 事件の背景とその影響

　大和川病院は、開院から廃院までの34年間で、暴行などによる入院者の死亡事件を複数回起こしていた。1969（昭和44）年4月に起きた死亡事件は、離院しようとした入院者を看護師3人がバットで撲殺したというものであった[7]。

　結局、大和川病院では、先の宇都宮病院事件発覚と精神衛生法改正後も、入院患者等に対する人権侵害を続けていたのである。大阪府では、この事件を受け、❶医療監視体制の改善、❷精神科病院実地指導の改善、❸精神科救急医療体制の見直し、❹精神保健福祉審議会の強化、❺健康保険法等の調査などの改善、の5点を提示した。

　そして、大阪府精神保健福祉審議会は、2000（平成12）年の意見具申で次のように総括している。「本事件は、①わが国の精神科医療が、なお非医療的な、単に精神病院に入院（収容）させて地域から隔離する

といった機能を残していること、②精神障害者のことを正しく理解していなければならないはずの精神病院内において、人権侵害が行われていた事実が発覚したことで、精神科医療に従事する者でも偏見と差別意識があることが改めて明らかになったこと、③こうした精神障害者に対する差別意識は、適切な精神科医療を受ける権利を持つ精神障害者とその家族にとって、医療を受ける上で大きな障害となり、社会復帰を遅らせる原因となっていること、などの諸問題を改めて提起するところとなった[8]」。

大阪府での大和川病院事件に係る取り組みは、その後の厚生労働省の取り組みにも影響を及ぼした。具体的には、通知「精神科病院に対する指導監督等の徹底について」（平成 10 年 3 月 3 日障第 113 号・健政発第 232 号・医薬発第 176 号・社援第 491 号）の発出、公衆衛生審議会意見「今後の精神保健福祉施策について」（平成 11 年 1 月 14 日）の公表などである。そして、退院促進支援事業の創設、さらには地域移行・地域定着支援事業の制度化へとつながった。

このように、国や都道府県、関係機関による取り組みは強化されたが、精神科病院等における精神障害者に対する人権侵害事件は、神出病院事件など今なお続いている。

Active Learning

法改正後も精神科病院における人権侵害が後を絶たない要因を考えて、その改善策を三つ以上挙げてみましょう。

第3章 精神障害者の排除と障壁をめぐる歴史と構造

★ **神出病院事件**
神戸市内の精神科病院：神出病院で、2020（令和 2 ）年 3 月、看護師ら 6 人が入院患者に虐待をしていたとして、準強制わいせつや監禁などの容疑で兵庫県警に逮捕された事件。

6 池田小学校事件と医療観察法創設

1 事件の概要

池田小学校事件とは、2001（平成 13）年 6 月 8 日、大阪府池田市の大阪教育大学付属池田小学校での無差別殺傷事件のことである。小学校を舞台にした事件で被害者が小学生であったことから、前代未聞の事件として社会に衝撃を与えた。実行犯は自ら精神障害者を装っていたため、マスコミでの報道も、精神障害者による事件との報道がされた。その後、詐病であったことがわかったが、それまでの事件報道により精神障害者に対する社会の厳しい見方や意見が改められることにはならなかった。

2 事件の背景とその影響

池田小学校事件が一つの契機となり、心神喪失と認められ、無罪あるいは不起訴処分となった者に対する処遇のあり方について議論された。それまでは、精神障害者に対して司法機関が関与して処遇が行われるこ

とは、関係団体等の保安処分に対する強い反対があり具体化されてこなかった。しかし、この池田小学校事件以降に触法精神障害者の処遇に関する検討が重ねられ、心神喪失等の状態で重大な他害行為を行った者の医療及び観察等に関する法律（医療観察法）が制定された。保護観察所に社会復帰調整官が置かれ、社会復帰調整官が中心となって医療観察法が実施されることとなった。

　一方、マスコミによる事件報道が精神障害者とその家族などへ与えた影響もおさえておく必要がある。当時、全国精神障害者家族連合会（全家連）がマスコミ報道による被害の実態を把握すべく独自に調査を行っている。以下、冨永明日香「大阪池田小事件による報道被害に関する調査」『季刊 地域精神保健福祉情報 Review』第 10 巻第 2 号，2002.[9] をもとに紹介する。

　調査は、事件から 1 か月が経過した 7 月中旬に行われた。回収率は医師調査 62.6％（229 票）、本人家族調査 41.5％（506 票）であった。なお、本人調査・家族調査の回答数はそれぞれ 436 人、388 人であった。

精神的・身体的症状

　本人調査と家族調査の結果から、事件後、報道の影響と思われる何らかの精神的・身体的症状が見られた人は本人 38.0％（165 人）、家族 39.4％（154 人）であった。

　また、今回の事件報道を見聞きしたことによって、PTSD（心的外傷後ストレス障害）と類似の症状が見出された人が、本人で 15.7％、家族で 12.0％いたということが明らかになっている（ただし、事件報道を見聞きしたという出来事が PTSD の診断基準の定義を満たしているわけではないので、単純に、PTSD になった人がいた、という結論にはならないので注意が必要）。具体的には、本人・家族とともに、「事件報道については考えないようにしている」「事件報道のことは、もう忘れてしまうようにしている」「事件報道については話さないようにしている」といった事件との接触の忌避行動や、「報道された事件のことを思い出すと、そのときの気持ちがぶり返してくる」「事件報道について、感情が強くこみあげてくることがある」といった強い感情の高まりなどを主な症状として挙げた人が多くいた。

人間関係の変化

　本人調査、家族調査などから、事件後、近所の人や家族・親戚・知人などとの人間関係が悪化したと答えたのは本人 11.0％（48 人）、家族 7.5％であった。人間関係悪化の相手としては、本人では「家族や親戚」（4.6％）、「近所の人」（3.4％）、「友人・知人」（3.1％）の順だった。

病院内で見られた事件報道による患者への影響

医師調査の結果から、事件後、事件や事件報道の影響を受けて症状や人間関係が悪化したり深く悩んだりした患者さんがいたと答えた医師が1人以上いた病院は92病院中83病院（90.2％）だった。

具体的には、「自分の病気や障害について深く考え悩むことがあった患者さんがいた」（73.9％）、「他人の目が気になったりして外出が嫌になった患者さんがいた」（63.0％）、「再発というほどではないが症状が不安定になった患者さんがいた」（57.6％）、「眠れなくなったりするなど生活のリズムが乱れた患者さんがいた」（50.0％）などが多く見られたが、深刻なケースとして、「自殺した患者さんがいた」（1.1％、2人）、「入院・再入院した患者さんがいた」（16.3％、24人）「再発した患者さんがいた」（13.0％、21人）なども見られた。

偏見の強まり

本人調査、家族調査、医師調査から、今回の事件報道により、「精神障害者や精神科通院者に対する偏見が強くなった」「どちらかといえば強くなった」と答えたのは、本人57.1％（248人）、家族53.7％（210人）、医師72.1％（165人）だった。

全家連の調査でも明らかにされているとおり、池田小学校事件が精神障害者とその家族に与えた影響は大きかった。あらためて事件のマスコミ報道のあり方や差別・偏見の除去に向けた取り組みの重要性を確認する必要がある。

また、公益社団法人日本精神保健福祉士協会は、池田小学校事件発生直後に、協会としての当面の見解を出している（**表3-1**）。本見解でも、マスコミ報道のあり方について指摘している。日本精神保健福祉士協会は、このあとも引き続き医療観察法に関する見解や要望などを複数回出している。

表3-1

「校内児童等殺傷事件に関する見解」(2001(平成13)年6月18日)

日本精神保健福祉士協会　会長　門屋　充郎

　このたびの大阪の校内児童殺傷事件で、不幸にして亡くなられた児童のご冥福と、被害に遭われた方々及びご家族の一日も早い回復を心よりお祈り申し上げたい。今後、すでに派遣されているメンタルサポートチームを中心として、事件現場に居合わせた児童を含めた被害者に対するアフターケア体制が万全に敷かれることを強く求めたい。

　事件はいまだ捜査段階であり、事実関係は明らかではない。しかし、容疑者の精神科治療歴等が報道され、社会的な反響が大きく広がっていることから、本協会としての事件に関する当面の見解を表明する。

1．この事件の容疑者が犯罪行為を行うに至った背景を十分に検証したうえで、個別的な問題と一般化して議論すべき問題を区別して整理する必要がある。特に今回の事件が精神障害者全般の問題として取り扱われることにより、ようやく進展し始めた開放的医療やコミュニティケアならびにノーマライゼーションの方向性を後退させることがあってはならない。

2．立ち遅れた精神障害者への地域生活支援活動や精神科救急医療体制の充実を図り、誰もが自分の暮らす身近な地域で、必要な諸サービスを受けられる体制を早急に整備する必要がある。精神障害者の病状悪化のほとんどが生活上の諸問題に密接に関連しているにもかかわらず、問題解決のための相談・支援ネットワークが構築されないまま、当事者や家族が地域で孤立している状況が、犯罪行為に至る背景の一つであることを認識すべきである。

3．精神障害者の犯罪行為に対する精神科医療および司法制度のあり方については、慎重な検討が望まれる。

4．被害者やその家族、事件を目撃した子どもたちへのテレビ・新聞等の取材自体が事件の当事者の心的外傷となり、PTSDを悪化させかねない。これら事件の当事者、特に子どもたちへの取材においては、心のケアを再優先とする注意深さを期待する。

5．今回の報道では、現時点で事件と精神障害との因果関係が全く明らかにされていないにもかかわらず、容疑者の精神科治療歴や過去の診断名が報道され、あたかも精神障害が事件の原因であるかのような印象を与えており、精神障害者に対する差別・偏見の助長につながっている。多くの精神障害者が同一視されることへの不安と困惑を覚えていることからも、冷静かつ慎重な報道を強く要望する。

以上

7　相模原障害者殺傷事件とその影響

1　事件の概要

Active Learning

相模原障害者殺傷事件などに対し、日本精神保健福祉士協会がどのように対峙し取り組んできたか調べてみましょう。

　相模原障害者殺傷事件は、2016(平成28)年7月26日未明に神奈川県立の知的障害者施設「津久井やまゆり園」にて発生した大量殺人事件である。元同施設職員が施設に侵入して所持していた刃物で入所者19人を刺殺し、入所者・職員計26人に重軽傷を負わせた。殺害人数19人は、当事件が発生した時点で第二次世界大戦(太平洋戦争)後の日本で発生した殺人事件としては最も多く、事件発生当時は戦後最悪の大量殺人事件として日本社会に衝撃を与えた。

　事件の加害者は、優生思想をもとに重度障害者の生きる権利を否定

し、実際に命を奪ったのである。

2 事件の背景とその影響

　本事件の加害者は、事件を起こす前に衆議院議長への書状を手渡しに行ったあと、事件を起こした施設を訪れ当時の施設長と面談している。その際、施設の要請で出動し待機していた警察官に「日本国の指示があれば（障害者を）大量抹殺できる」などと繰り返し発言したため、警察官通報によって相模原市が緊急措置診察の指示を出し、それに従って診察した医師が躁病と診断し緊急措置入院となっている。その後あらためて措置診察を受け、措置入院となった。

　入院後の尿検査で大麻成分は検出されたが、入院 4 日目頃から症状は落ち着き、入院 11 日目には症状が改善したことから、それまで入室していた保護室から退室している。そして 13 日目には、自傷他害のおそれのある「措置症状」が消退したことが確認され、入院措置解除となり退院した。退院時の診断名は「大麻使用による精神および行動の障害」であった。

　本事件は、精神保健福祉法による措置入院のあり方について、解除の判断や解除後の支援体制、警察・関係団体との連携などが十分でなかったとの指摘が出ていることから、再発防止に向けて措置入院の制度や運用が適切であったか再検証し、必要な対策を検討することを厚生労働大臣が指示し、「相模原市の障害者支援施設における事件の検証及び再発防止策検討チーム」がつくられ、その検討を行った。

　この事件前に精神保健指定医資格の不正取得事件が複数発覚しているが、そのなかの一人が本事件の加害者の措置入院にかかわっていたことが判明し、指定医取消し処分を受けた。2016（平成 28）年 9 月 14 日に公表された厚生労働省の中間報告において、加害者を措置入院させた北里大学東病院と相模原市が、本来は退院後に必要なケアや復帰プログラムなどを検討しないまま、退院させていたことが明らかとなった。

　さらに、ほかの精神障害の可能性や心理状態の変化、生活環境の調査や心理検査が行われなかったことも問題とされた。措置入院解除のときに必要な届け出に 2 点の不備があり、また病院と加害者の両親との間で理解に食い違いがあり、「同居を前提とした」措置入院解除であったにもかかわらず、加害者は実際には一人暮らしとなった。

　届出書に空白欄があったにもかかわらず、相模原市がその空白欄を確認しなかったため、精神保健福祉法で定められている「精神障害者の支

援」の対象とならなかった点について、報告書は「相模原市の対応は不十分であった」と結論づけた。

2016（平成28）年12月8日、厚生労働省の有識者検討会は最終報告書を発表し、措置入院後に「退院後支援計画」を義務づけることを表明した。

2017（平成29）年2月28日、障害者団体が保安処分や「患者の監視強化につながる」として反対するなか、厚生労働省が相模原障害者殺傷事件を受け「精神保健及び精神障害者福祉に関する法律改正案」を第193回国会に提出した。本法案は参議院厚生労働委員会で審議されるも、改正の要旨に掲げた「相模原市の障害者支援施設の事件では、犯罪予告通り実施され、多くの被害者を出す惨事となった。二度と同様の事件が発生しないよう、以下のポイントに留意して法整備を行う」など数か所を、2017（平成29）年4月13日の参議院厚生労働委員会で削除する異例の事態となり、その後、同年9月28日に第194回国会の冒頭で、衆議院解散により廃案となった。障害者団体や野党の反対が根強く、結局、改正法案を行わず、現行法のもとでできる範囲の対応をすることとしたのである。

8 ▶ 精神保健福祉士がもつべき視点と留意点

日本の精神医療供給について研究している後藤基行は、日本の精神科入院の歴史構造を社会防衛型、治療型、社会福祉型の3種類の視点から考察し、従来の「医療の社会化」の見地からの先行研究、社会防衛の見地からの先行研究について批判的に吟味し、「20世紀後半期に生じた高水準精神病床ストックが、家族の入院承認（同意入院）を経た、公的扶助（生活保護法の医療扶助）セクターからの社会福祉型入院に最も主導されてきたことを明らかにしている[10]。

ライシャワー事件は精神衛生法改正にどこまで影響したのであろうか。治安維持、社会防衛、公安主義といった観点から法改正につながったとする意見が多くみられる。その一方で、公的扶助（社会福祉）による入院は、一貫して一定の割合を占めていた。このことは、精神障害者

---

i 日本精神保健福祉士協会は、「精神保健福祉法改正に係る協会の対応について」（2018（平成30）年2月15日）を会員向けに発出し、精神保健福祉法改正へのスタンスと提言を行っている。

とその家族の多くが、低所得世帯であったことと関係している。措置入院を含め、本人の非自発的入院を希望した家族の多くは公的扶助を適用している。

　つまり、社会防衛の見地に加え、経済的理由から精神科病院への入院を希望する家族が多かったことをうかがわせる。また、この生活保護を受給し入院した患者は、統合失調症の患者に限らず、アルコール依存症患者やホームレスで精神疾患を有すると診断された患者などがあり、都市部でいわゆる厄介者といわれた人々の収容施設としての意味合いが精神科病院にあったことも考えられる。

　その意味では、精神障害者の長期入院を余儀なくさせた社会の側の責任も自覚しなければならない。

　相模原障害者殺傷事件以降、再び社会に大きなショックを与えた事件が起きた。2019（令和元）年 5 月、神奈川県川崎市で通学バスを待って並んでいたカリタス学園小学校児童をナイフで襲い、19 人が死傷する事件が起き、大人を含む 3 人（加害者も含む）が亡くなった。事件の加害者は、ひきこもり状態にあった 51 歳の男性である。事件現場で自ら命を絶っているため、事件の目的や背景など詳細がわからない状態だが、ひきこもり状態であったことから、事件直後から全国のひきこもりの人とその家族に多大な影響を及ぼした。

　その後わかったこととして、加害者の家族は行政の相談窓口を訪れていたが、適切な相談援助に結びついていなかったことがある。そして、加害者と家族は、社会的孤立状態にあるなかで今回の事件に至っているのである。

　事件発生の背景に、事件の加害者とその家族が孤立化し社会的孤立状態に陥っていたことを確認しておくことも、こうした事件の今後の対応を検討するうえでは重要な点である。

◇引用文献

　1）辻井誠人編著『一緒に行こか──大阪府の退院促進支援事業』精神障害者社会復帰促進協会，p.ⅰ，2005．
　2）岡田靖雄『日本精神科医療史』医学書院，p.224，2002．
　3）同上，p.228
　4）『精神医療（緊急特別号：宇都宮病院問題）』第13巻第2号，1984．
　5）桐原尚之「宇都宮病院事件から精神衛生法改正までの歴史の再検討──告発者及びその協力者の意図との関係」『Core Ethics』第11巻，pp.47–48，2015．
　6）壬生明日香「精神科病院における権利侵害の実態」金子努・辻井誠人編著『精神保健福祉士への道──人権と社会正義の確立を目指して』久美，pp.39–40，2009．
　7）同上，p.40
　8）同上，pp.41–42
　9）冨永明日香「大阪池田小事件による報道被害に関する調査」『季刊 地域精神保健福祉情報Review』第10巻第2号，2002．
　10）後藤基行『日本の精神科入院の歴史構造──社会防衛・治療・社会福祉』東京大学出版会，pp.177–178，2019．

第3節　日本の社会的障壁をめぐる課題とその克服への取り組み

学習のポイント

- 今ある精神障害者に係る排除や社会的障壁を考える
- 精神障害者に係る排除や社会的障壁を生み出す要因とその構造を考える
- 精神障害者に係る排除や社会的障壁を除去するために、何ができるのかを考える

 国策の誤りや法制度が排除、社会的障壁を生み出し強化してきた

　日本社会にある、精神障害者の暮らしづらさを生み出している障壁には何があるのだろうか。障害を理由とする差別の解消の推進に関する法律（障害者差別解消法）では、障害をめぐる社会的障壁として、❶社会における事物（通行、利用しづらい施設や設備など）、❷制度（利用しにくい制度など）、❸慣行（差別を当たり前のことと認識している言説など）、❹観念（障害に対する差別、偏見）が挙げられていた。

　前節でみてきた精神病者監護法は、まさに精神障害者を排除するための法律であり、それは❷の制度にとどまらず、❶❸❹とも結びついていた。戦後の精神衛生法も然りである。

　その他、戦時下で法制化された国民優生法（1940（昭和15）年）は、精神障害者らに不妊手術を強要した。本法は戦後、優生保護法制定（1948（昭和23）年）により廃止となったが、優生思想に基づく考え方はそのまま引き継がれた。制定当初、優生保護法が日本国憲法に違反するのではないかとの疑問の声が地方自治体などからあったが、当時の厚生省は優生保護法が定める障害のある人たちが子どもを産んだり家族をつくることは「公共の福祉に反する」との見解を示し、「憲法の精神に背くものではない」と回答した。[1]

　さらに、国会では本法施行後の手術件数の実績が少ないことに不満を募らせた議員から、運用や予算の見直しが求められている。1952（昭和27）年3月25日、参議院厚生委員会において参議院議員が「従来のままでは施行数は極めて少ない」と行政の対応を批判したうえで、「保護義務者の同意があれば、審査の上、強制優生手術を行えることにした」と説明し、遺伝性ではない精神疾患でも保護義務者の同意があれば強制

第3章　精神障害者の排除と障壁をめぐる歴史と構造

を可能とする「第12条手術」を追加する改正案を提出した。改正案は全会一致で可決された[2]。

　優生保護法が誤りであったことはその後明らかとなり、母体保護法（1996（平成8）年）へと改正されたが、半世紀近い年月のなかで1万6000人以上の人が被害を受けた。国は法改正後も被害を放置し20年余りが過ぎたが、被害者らの訴えにより、あらためて国の責任が問われ明らかになったのである。

　同様のことは、ハンセン病患者らによる国家賠償請求訴訟、さらにはハンセン病家族国家賠償請求訴訟でもいえる。共通していることは、公共の福祉を優先することが、人権侵害を伴う法制度を正当化する根拠とされてきた事実である。個人の尊厳と公共の福祉が天秤にかけられ、公共の福祉が勝るとして個人の尊厳が踏みにじられ、人権侵害を受けてしまう。優生思想のもとでは精神障害者は他の人たちより劣るものとしてみなされ、平等に扱われなかったのである。こうした考えは、明治以降の日本には厳然として横たわっており、刑法第39条（心神喪失者および心神耗弱者の責任能力に関する規定）や欠格条項へと結びついていた。

　優生保護法制定直後から、その正当性を学校教育のなかでも教えていた。1951（昭和26）年版の高校保健体育科教科書では、当時施行されたばかりの優生保護法について、「この法律は、社会から悪い遺伝性の病気を持った人を除き、健康で明るい社会を作るために大切なもの」などと肯定的に記されていた。また、「凶悪犯罪者には精神病や白痴の者が少なくないことを考えるとき、この法律の大切なことがわかるであろう」とする記述もあった（**写真3-3**）。1972（昭和47）年版の高等学校学習指導要領解説でも、「優生の意義や優生上問題となる疾病および血族結婚などについて理解させる」と記されていた。

　国民は精神障害者に対する誤った見方や考え方を教えられ、その内容に疑問をもたない者は精神障害者を排除することに加担させられてきたのである。

　その後、高校では1980年代初めまで精神疾患に関する学習があったが、教育内容をしぼり込む「ゆとり」の流れのなかで、1982（昭和57）年施行の指導要領から削られたとされる。

　2018（平成30）年、高校の新しい学習指導要領（2022（令和4）年度版）が示された。保健体育科教科書で約40年ぶりに「心の病気」に関する学習が復活することになった。新指導要領には、保健で学ぶ内容として、「精神疾患の予防と回復には〔中略〕調和のとれた生活を実践

写真3-3

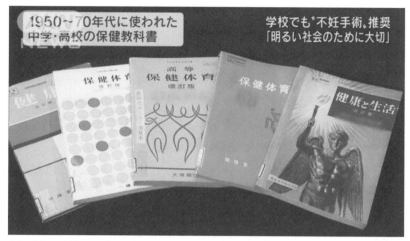

出典：「明るい社会のため」教科書に優生思想（テレビ朝日【報道ステーション】2018年4月26日放送）

するとともに、心身の不調に気付くことが重要である」といった項目がある。これまで「精神疾患」に関する内容がなくなっていたが、新たに教えていくこととなった。

2 精神障害者の権利を制限してきた欠格条項

　病気や障害等を理由として取得できない資格や就くことができない職業、あるいは選挙権など当然に認められる権利が制限されることがある。それらが欠格条項である。欠格条項は障害者を排除するものであり、社会的障壁である。かつては、身近なところの制限として、公衆浴場である銭湯の入り口に精神障害者の入浴を禁ずる条項が自治体の条例で設けられていた事実がある。

　この欠格条項には、絶対的欠格と相対的欠格の二種類がある。日本は長らく絶対的欠格を主としてきた。病気や障害等を理由に一律に欠格とする絶対的欠格は、障害者らの職業選択の自由や社会参加を阻むものであり、人権侵害のおそれがあるとして見直され、相対的欠格ないしはその条項の廃止が進められている。成年被後見人等に係る欠格条項の見直しも同様に進められており、公務員や国家資格の欠格条項から削除されるなどの前進がみられる。

　1999（平成11）年の時点で見直しの対象とされていた欠格条項63制度に限っても、53制度が相対的欠格として残されていた（**表3-2**）。

表3-2以外に、障害を理由とした欠格条項がどれだけあるかを調べ、さらに理解を深めましょう。

表3-2　欠格条項の一例

所管省庁	資格・免許等の名称	法令・規則	条項	内容	制定年月日	一
人事院	国家公務員の就業禁止	人事院規則10—4（職員の保健及び安全保持）	第24条第2項第2号及び第3項並びに人事院規則10—8（船員である職員に係る保健及び安全保持の特例）第7条	精神障害のため、健康管理医から指導区分（就業制限、医療行為の要否）の決定を受けた職員が、その指導区分に応じてとられる事後措置に応じない場合など業務につかせることが著しく不適当と認められる場合には、就業禁止の理由、期間等を記載した文書を交付して就業を禁止することができる。（取扱、従事等の行動制限）	1960（昭和35）年5月1日	相対的欠格事由
警察庁	警備業の認定	警備業法	第3条第5号及び第7条	精神病者である者は、警備業を営んではならない。精神病者である者は、警備員となってはならない。（資格取得時の制限）	1972（昭和47）年11月1日	絶対的欠格事由

　成年被後見人にかかる欠格条項を見直すのに影響を与えたのが、公職選挙法の改正（2013（平成25）年）であった。改正前の公職選挙法では、成年後見人が付くと選挙権を自動的に失うとしていた。

　公職選挙法改正を実現させたのが、ダウン症で成年被後見人であった女性が選挙権回復を訴えて東京地裁に提訴した裁判であった（2011（平成23）年2月1日）。判決は、2013（平成25）年3月14日に出された。東京地裁は、選挙に能力を必要とすることは認められるが、成年後見制度を借用して、一律に選挙権を制限することになる公職選挙法第11条第1項第1号は違憲であると判断し、訴状で求めたとおり、原告に、国政の選挙権を行使する地位を確認し、原告は勝訴した。判決後、裁判長が「どうぞ選挙権を行使して社会に参加して下さい。堂々と胸を張っていい人生を生きて下さい。」と原告に語りかけたことが大きく報じられ、社会に感動を呼んだ。[3]

3　アルコール・薬物問題の取締法と刑罰の優先

　依存症、なかでも薬物依存症に対する施策は、覚醒剤取締法など刑罰

を優先して進められてきた。しかしながら、刑罰を科すだけでは再犯が繰り返される現実と、欧米諸国にみられる特別な処遇プログラムの適用による効果の確認が変化をもたらしてきた。

　近年、更生保護制度にみられるように、依存症は病気であり、再犯の繰り返しを断ち切るためにも、司法と福祉が連携し生活支援を図るべきとの意見から、施策の見直しが進められているところである。その一方で、一般の人たちの依存症に対する意識は、依存を断ち切れない本人の意思の弱さなど、その人個人の性格や人格の問題として矮小化してしまっているところがある。

　そして、そうした国民意識に影響を及ぼし世論を形づくっているものにマスコミやSNSなどがある。「依存症問題の正しい報道を求めるネットワーク」では、一部の芸能人コメンテーターなどが、逮捕された芸能人の人格を否定し、スキャンダラスに暴き、依存症者がどんな態度をとっても、何を言っても、すべて否定的に批判する風潮は、日本のなかで依存症対策を推進するうえで、大きな妨げとなっていると指摘し、テレビ局等へ報道の仕方の改善を求め、その後「薬物報道ガイドライン」（**表3-3**）を作成し公表している。

　テレビを観る視聴者、SNSを利用している人が、こうした番組やSNS情報について、鵜呑みにするのではなく、また感情に流されるのではなく、冷静にかつ適切な行動をとることが求められる。

4　自己責任論と受療への障壁、誤った障害観の流布と排除

　糖尿病治療や喫煙者の禁煙外来治療をめぐり、公的保険適用に関して自己責任論を根拠とする批判がある。それは、患者の受療行動を阻むものとなっている。自己責任論を唱えているのは、政権の閣僚であったり政権与党所属議員である。

　「自分で飲み倒して、運動も全然しない」で病気になった人に医療費を出すのは「あほらしい」と、ある政治家が記者会見で友人の言葉を借りる形で発言した（毎日新聞、2018年11月12日付）。これに対し近

ｉ　依存症問題の正しい報道を求めるネットワークは、2016（平成28）年7月7日付で「依存症問題に知識のない人の無責任なコメントを報道しない配慮を！」と題する文書を、テレビ局番組宛てに出している。　https://www.ask.or.jp/downloads/pdf/2016/2016070701.pdf

表3-3　薬物報道ガイドライン

【望ましいこと】
・薬物依存症の当事者、治療中の患者、支援者およびその家族や子供などが、報道から強い影響を受けることを意識すること
・依存症については、逮捕される犯罪という印象だけでなく、医療機関や相談機関を利用することで回復可能な病気であるという事実を伝えること
・相談窓口を紹介し、警察や病院以外の「出口」が複数あることを伝えること
・友人・知人・家族がまず専門機関に相談することが重要であることを強調すること
・「犯罪からの更生」という文脈だけでなく、「病気からの回復」という文脈で取り扱うこと
・薬物依存症に詳しい専門家の意見を取り上げること
・依存症の危険性、および回復という道を伝えるため、回復した当事者の発言を紹介すること
・依存症の背景には、貧困や虐待など、社会的な問題が根深く関わっていることを伝えること

【避けるべきこと】
・「白い粉」や「注射器」といったイメージカットを用いないこと
・薬物への興味を煽る結果になるような報道を行わないこと
・「人間やめますか」のように、依存症患者の人格を否定するような表現は用いないこと
・薬物依存症であることが発覚したからと言って、その者の雇用を奪うような行為をメディアが率先して行わないこと
・逮捕された著名人が薬物依存に陥った理由を憶測し、転落や堕落の結果薬物を使用したという取り上げ方をしないこと
・「がっかりした」「反省してほしい」といった街録・関係者談話などを使わないこと
・ヘリを飛ばして車を追う、家族を追いまわす、回復途上にある当事者を隠し撮りするなどの過剰報道を行わないこと
・「薬物使用疑惑」をスクープとして取り扱わないこと
・家族の支えで回復するかのような、美談に仕立て上げないこと

資料：依存症問題の正しい報道を求めるネットワーク

藤克則（千葉大学予防医学センター・社会予防医学）は「先進国では富裕層より低所得層の方が糖尿病になるリスクが高いことはもはや常識」と述べたうえで、糖尿病の「自己責任」「自業自得」というイメージは、研究の蓄積によって否定されていると指摘している。[4] 疾病の社会性[*]を認識し、健康格差が拡大していることを踏まえた対応をしていく必要がある。

　雑誌や書籍においても、差別・偏見を助長する意見やヘイトスピーチを掲載したものがみられる。LGBT をめぐる寄稿や企画が批判された月刊誌『新潮45』について、発行元の新潮社は2018（平成30）年9月25日、休刊を決めたと発表した。部数が低迷し試行錯誤を続けるなかで、「編集上の無理が生じ、企画の厳密な吟味や原稿チェックがおろそかになっていたことは否めない」と休刊理由を説明した。「会社として十分な編集体制を整備しないまま刊行を続けてきたことに対して、深い反省の思いを込めて、休刊を決断した」「限りなく廃刊に近い休刊」

★疾病の社会性
疾病は、生活習慣や職業などによる影響も受けて発症するものであり、社会性を帯びているという考え。

としている。

月刊誌『新潮45』に掲載されたのは、LGBTの人に対して「子供を作らない、つまり「生産性」がないのです」と差別発言をあからさまに行った内容のものであった[5)6)]。こうした発言は、根拠もなく感情レベルで発せられていたり、屁理屈や誤った知識・情報に基づいて行われている。『新潮45』の問題については、この記事を書いた人だけの問題ではなく、それを掲載した出版社の問題へと広がり、結局廃刊に近い形での休刊を余儀なくされた。

ヘイトスピーチなど明らかな人権侵害発言や意見を許してはならない。精神障害者に対する差別や偏見、そして排除や社会的障壁をつくりだしているその一端を私たち自身が担っていることに無関心であっては、精神障害者の人権を擁護することなどできない。無自覚に人権侵害を行っているかもしれないのである。

ただ、差別や偏見に基づく誤った障害観、優生思想に基づく障害観に対し、ただ「違う」と否定するのではなく、そうした意見の異なる人たちとも対話し続けることが地域共生社会をつくるうえでは重要といえる。

Active Learning

誤った障害観の流布と排除に巻き込まれず、それを正していくために、あなたができると思ったことを挙げましょう。

5 「わからない」という不安は増幅され、排除へとつながる

2020（令和2）年は、感染症の恐ろしさをあらためて思い知らされる年となった。2020（令和2）年、その年明け前後から中国の武漢を中心に広まった新型コロナウイルスによる感染症は、瞬く間に世界各国へと拡散していった。感染の広がりを抑えようと世界保健機関（WHO）をはじめ、各国が感染拡大防止の取り組みを必死に展開したが、その一方で人々の対応はさまざまであった。特に、感染した患者本人や感染患者が多く出た地域の出身者、渡航者などが、いわれのない差別・偏見や排除を受ける事態が起きたのである。

目に見えないウイルスへの不安や恐怖は、人々を異常な行動へと駆り立てた。中国などでは、患者狩りのような行動が起き、それはかつての日本で行われたハンセン病患者に対する"無らい県運動"を想起させるものであった。

また、中国・武漢から政府のチャーター便で帰国した人や、横浜港でクルーズ船ダイヤモンド・プリンセス号の乗客乗員への救護等にあたっ

た災害派遣医療チーム（Disaster Medical Assistance Team：DMAT）の医療従事者たちが、活動を終え日常業務に戻る際に、職場等からいじめを受けるなどの事態も起きている。「バイ菌」扱いするいじめを受けたり、DMATに携わったことについて謝罪を求められたりする例が相次いだ。こうした職場や居住地での行き過ぎた反応が、感染症患者やその家族、関係者に対する差別・偏見、排除をさらに強化し、感染した人とその関係者を精神的に追い込んでいる。

日本災害医学会は2020（令和2）年2月22日、新型コロナウイルスに対応した医師や看護師らが職場内外で不当な扱いを受けているとして、抗議する声明を出した[iii]。また、日本精神保健福祉士協会は、「新型コロナウイルス感染拡大によるいわれなき差別と偏見について（お願い）」（2020（令和2）年2月13日）を出している[iv]。しかしながら、その後もクラスターが発生した医療機関、介護施設の従事者やその家族に対する誹謗中傷、差別や偏見は強化され、そのため孤立した現場は医療崩壊や介護崩壊を起こしかねない状況に追いやられている。

 私たちのなかにある差別・偏見と向き合うことが重要

政府・厚生労働省は、2017（平成29）年2月、「これからの精神保健医療福祉のあり方に関する検討会」報告書を公表し、さらには精神障害にも対応した地域包括ケアシステムの構築を打ち出した。

同報告書では、長期入院精神障害者の地域移行を進めるにあたって、精神科病院や地域援助事業者による努力だけでは限界があり、自治体を含めた地域精神保健医療福祉の一体的な取り組みの推進に加えて、地域住民の協力を得ながら、差別や偏見のない、あらゆる人が共生できる包摂的（インクルーシブ）な社会を構築していく必要があるとしている。「地域生活中心」という理念を基軸としながら、精神障害者のいっそうの地域移行を進めるための地域づくりを推進する観点から、精神障害者が、地域の一員として、安心して自分らしい暮らしができるよう、医療、障

---

ii　行き過ぎた反応として、飲食店に対する営業妨害など偏った正義感に基づいて自粛を強要する動き（通称：自粛警察）が全国各地で起きている。

iii　日本災害医学会ホームページ　https://jadm.or.jp/sys/_data/info/pdf/pdf000121_1.pdf

iv　日本精神保健福祉士協会ホームページ　http://www.japsw.or.jp/ugoki/yobo/request20200213.pdf

書福祉・介護、社会参加、住まい、地域の助け合い、教育が包括的に確保された「精神障害にも対応した地域包括ケアシステム」の構築を目指すことを新たな理念として明確にしたのである。

　排除を生む要因の一つである差別・偏見に対し、正確な知識や情報を提供することは重要である。政府・厚生労働省は、2004（平成16）年3月、「心の健康問題の正しい理解のための普及啓発検討会報告書——精神疾患を正しく理解し、新しい一歩を踏み出すために」を公表した。この報告書のなかには、指針「こころのバリアフリー宣言」が示されている（**表3-4**）。

　また、今後の取り組みの一つとして、アンコンシャスバイアス（unconscious bias）に焦点を当てた、教育・研修がある。社会的障壁の一つである「観念」を変える取り組みの一つが、アンコンシャスバイアスに着目した取り組みである。

　たとえば、外国人労働者の受け入れについて、一般の人たちのなかにある差別・偏見が意識されないまま根強く存在するのは、「無意識の思い込み」「無意識の偏見」「無意識の偏ったものの見方」などがあるからとの指摘がある。これがアンコンシャスバイアスである。

　具体的には、「男性だから」「女性だから」「精神障害者だから」などといったステレオタイプな決めつけを無意識にしてしまうことがある。こうしたアンコンシャスバイアスが問題なのは、意識しないところで、「決めつけ」たり、「押しつけ」たりしてしまうことである。知らず知らずのうちに、相手を傷つけたり、相手を苦しめたりしていることがある。アンコンシャスバイアスは、こうした知らず知らずのうちに相手を傷つけたり、相手を苦しめてしまうことに対処するためにも、誰もが知っておいたほうがよい概念として、近年、注目を浴びている。

表3-4　こころのバリアフリー宣言——精神疾患を正しく理解し、新しい一歩を踏み出すための指針

【あなたは絶対に自信がありますか、心の健康に？】
第1：精神疾患を自分の問題として考えていますか（関心）
第2：無理しないで、心も体も（予防）
第3：気づいていますか、心の不調（気づき）
第4：知っていますか、精神疾患への正しい対応（自己・周囲の認識）
【社会の支援が大事、共生の社会を目指して】
第5：自分で心のバリアを作らない（肯定）
第6：認め合おう、自分らしく生きている姿を（受容）
第7：出会いは理解の第一歩（出会い）
第8：互いに支えあう社会づくり（参画）

実際、企業ではさまざまな文脈での導入が進んでいる。「ダイバーシティ＆インクルージョンの推進」のために、「コンプライアンス違反」や「ハラスメントにつながる言動をなくす」ために、「人権尊重」のために、「一人ひとりが生き生きと活躍する組織を目指す」ために、「経営者や管理職の部下育成」のために、自分に対するバイアスに気づくという「キャリア形成」のために、「イノベーション阻害要因にバイアスがあることに気づく」ために、等々。

多くの人は、優劣に基づいて偏見や差別を平然と表明する古典的人種差別主義は、もはや社会的に容認されないことを理解し、意識レベルでは平等主義的であろうとしているが、無意識のレベルでは、差別感情や差別意識を密かに抱いているのではないかと考えられる。そうした人たちが、SNS上の発言やマスコミを通じた発言に反応し、感化されている。アンコンシャスバイアスは、意識化することで自分でコントロールすることができる。

7 人権侵害としての施設コンフリクトとその対応

障害者施設等を地域につくろうとした際、地域住民等が反対をすることがある。障害者施設建設をめぐり建設予定地の地域住民等が反対の意を表明し行動することを、ここでは施設コンフリクトとする。

毎日新聞社は「障害者施設反対、21都府県で68件」などの見出しで、同社が独自に調査した結果を公表した（2019（令和元）年12月22日付）。毎日新聞社によると、グループホームなどの障害者施設が住民の反対で建設できなくなったり、建設予定地の変更を余儀なくされたりしたケースが、過去5年間に少なくとも全国21都府県で計68件起きていたことが調査で明らかになった（**表3-5**）。反対運動が起きても施設を運営

表3-5　障害者施設反対の都府県別の件数

1大阪府	2奈良県	3東京都	4新潟県	4愛知県	6神奈川県	7千葉県
9件	8件	7件	6件	6件	5件	4件
8岐阜県	8岡山県	10静岡県	10滋賀県	10京都府	10福岡県	10熊本県
3件	3件	2件	2件	2件	2件	2件
15青森県	15群馬県	15福井県	15三重県	15兵庫県	15佐賀県	15大分県
1件	1件	1件	1件	1件	1件	1件

注：2014（平成26）年10月から2019（令和元）年9月の判明分

する事業者に任せ、県や自治体などが対応しなかったケースが32件あったとしている。

　同調査では、障害者施設の建設をめぐる住民の反対運動の多くは、人口が密集する都市部で起きていると考えられるため、47都道府県と、道府県庁所在地、政令市、中核市、東京23区の計106自治体に2019（令和元）年9月、2014（平成26）年10月から2019（令和元）年9月の5年間に起きた反対運動などについて尋ねる調査票をメールで送付し、すべてから回答を得たとしている。

　その結果、反対運動による障害者施設の建設中止や予定地の変更などは計68件起きていたことがわかった。

　反対運動を受けた施設を種類別でみると、グループホームなど入居施設が52件で最多。就労や発達障害支援など通所施設が17件、放課後デイサービスなど障害児施設も8件あった。障害の種類別では、知的障害者や精神障害者の施設への反対が全体の7割を占めた。反対する理由を複数回答で尋ねると、「障害者を危険視」「住環境の悪化」「説明が不十分」などが多かった。

　「（反対運動が）ない」と答えたのは、71の道県と市区。一方、46の府県と市区が「把握していない」と回答しているため、実際には68件よりさらに多くの反対運動が起きていることが考えられる。

　障害者差別解消法は、国や自治体に対し障害者施設を認可する際は周辺住民の同意を求めず、住民の理解を得るため積極的に啓発活動するよう附帯決議で定めている。しかし、反対運動が起きたときに行政が関与すべきかどうか都道府県と市区に尋ねたところ、「仲介すべきだ」と「仲介する必要がない」がほぼ同数で拮抗した結果であったとしている。

　障害者施設の反対運動に関し研究している野村恭代は、多発する施設コンフリクトのなかで最も多いのは、精神障害者施設へのコンフリクトであると指摘している[7]。年代別にみた精神障害者施設へのコンフリクトの発生数では、1978（昭和53）年から1987（昭和62）年までが62件（国立精神保健研究所による調査結果）、1989（平成元）年から1998（平成10）年までが83件（毎日新聞社による調査結果）、2000（平成12）年から2010（平成22）年までが26件（野村による調査結果）となっている。最も件数が少なかった2000（平成12）年から2010（平成22）年でも6件に1件の割合でコンフリクトは起きている。

　また、年代別による施設コンフリクトの動向をみると、「計画通り設置」「条件付きの設置」など、2000年代には施設建設を断念するので

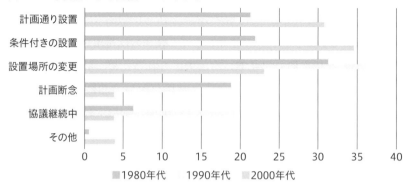

図3-1　年代別による施設コンフリクト

出典：野村恭代『施設コンフリクト──対立から合意形成へのマネジメント』幻冬舎メディアコンサルティング，p.39，2018.

はなく、何らかの形で設置している傾向がみられる（**図3-1**）。

　そして、施設建設への反対理由に関しては、各年代に共通して「住民の精神障害者観に基づく恐怖」や「不安」といった理由が多くみられた。1970年代から2000年代に至るまで地域住民の抱く「障害者観」には大きな変化がみられない[8]。

　施設コンフリクト解消に向け、施設を建設しようとする側が反対している住民の理解を得るための説明会を開いたり、啓発活動を行っている。しかし、「何かあったら誰が責任をとるのか」など、責任追及をする住民の理解を得ることは、情報や知識の提供だけでは限界もある。

　一方で、直接、住民と精神障害者が接する機会を重ね、交流を体験し、信頼関係を築くことでコンフリクトの解消が図られている地域もある。

Active Learning

障害者施設建設に対する住民の反対運動に対し、何ができるでしょうか。あなたができることを具体的に挙げてみましょう。

8 精神障害者の家族に対する支援の必要性

　明治以降の歴史を振り返ったとき、排除されてきたのは精神障害者だけではなく、その家族も含めてであったことがわかる。精神病者監護法施行以来、家族は重い負担を強いられてきた。家族だけで抱えきれない場合、精神科病院への入院などを選択せざるを得なかった。特に、精神衛生法施行後は、やむを得ず精神科病院への入院を選択し、長期入院を精神障害者に強いてきたこともあった。その場合、家族を責めるのではなく、むしろ家族を支援することで、精神障害者とその家族とが良好な関係を築き、ともに自己実現できるようにしていくことが重要であった。家族は精神障害者支援における資源の一つであると同時に、家族自身が

支援を必要としている存在であることを理解しておくことが重要である。

　精神障害者が精神科病院において入院が長期化する要因の一つが経済的問題である。精神科病院へ入院している人のうち一定の割合で生活保護受給者が占めてきた。入院の長期化に伴い世帯分離し、入院者が単独で生活保護を受給することで家族の生活の安定化が図られていたのである。[9]

9　精神障害者の排除と障壁に対する精神保健福祉士の課題

　本節では、日本の社会的障壁をめぐる課題とその克服への取り組みをみてきた。精神障害者に対する排除、社会的障壁はこれまでの日本社会の政治体制によるところが大きい。それは、政治的側面に加え、経済的側面、あるいは国民の意識の側面など、さまざまな角度から多角的かつ構造的に捉えていく必要がある。

　病人史を提唱した川上武が指摘した患者や障害者を規制している四つの条件（第1章第2節参照）、❶医療技術の進歩と、それと表裏一体の関係にある疾病構造、❷医療技術の進歩を患者のものとする医療制度・医療保障・医学教育などの医療システム、❸社会進歩、特に日本では資本主義発達の段階のもつ影響、❹社会の人権意識の水準、の重要性は、本章で述べた精神障害者を排除するもの、社会的障壁を捉えるうえでも当てはまる。

　精神保健福祉士は、精神障害者の抱える問題と精神障害者が置かれた状況を統合的・多面的に捉えることが求められる。それは精神保健福祉士が対象をどのような視点で捉え、どのような思考過程を経てアセスメントするのかを問うことでもある。常に当事者である精神障害者と対話し精神障害者の意向を踏まえながら物事を捉えていく必要がある。

　イタリアの精神医療改革が今なお続いているように、バザーリア（Basaglia, F.）から始まった取り組みが周囲の人へと広がり、その思想や理念が受け継がれていくためには対話が重要であった。対話は、真理の追求や合意形成のためだけに行うものではない。お互いの違いを気づかせてくれるものが対話であり、対話し続けることによってお互いに変わる可能性をもつことができる。

　一方、精神保健福祉士には自身がそれまで生きてきたなかで身につけ

た物の見方、考え方がある。自分のなかにある物の見方、考え方を是として支援を進めるのではなく、当事者からみたときにそれはどのようにみえるのかという視点で捉え直す必要がある。たとえば、「精神障害者は判断能力に欠けるところがある」といった考えは、大なり小なり多くの人がもっている。精神保健福祉士は、自分のなかにあるアンコンシャスバイアスに気づき、制御していくことが肝要だ。

また、たとえば精神科医療機関の是非をめぐっても、立場が異なれば見方や考え方が異なるのは当たり前であろう。精神科病院で従事する精神保健福祉士が他の医療チームのメンバーと同じ立場で支援をするのか、それとも入院している精神障害者の立場で支援をするのかによって、支援の方向が大きく変わってくることはいうまでもない。「退院したい」と希望する医療保護入院の患者に対して、主治医の入院継続の必要ありの見立てに従い、入院継続を説得するのか、それともまずはその患者が「退院したい」と希望する理由や目的、その言葉の背後にあるものなど、一つひとつ聞き取りながらそこからできることを一緒に考えていくのかによって、そのありようも大きく違ってくる。精神保健福祉士が後者であらねば、そもそもその存在自体が問われてくる。精神保健福祉士自身が精神障害者にとっての障壁にならないよう、また精神障害者を排除してしまわないように自らを厳しくチェックすることが重要だ。アンコンシャスバイアスは、意識しないところで働くからだ。

また、目の前の精神障害者だけでなく、他の地域（国外も含め）で起きた出来事や事件、政治レベルの判断で変わる制度・施策、法令などが精神障害者にどのような影響を及ぼすのかを想像し、まさに我が事として気づける思考過程や力が必要となる。

精神障害者を排除してきた負の連鎖を断ち切り、高くて厚い障壁を壊すのは精神保健福祉士である自分自身であるという自覚と責任ある行動をしていくことが、呉秀三が言った「この病を受けたるの不幸の外に、この国に生まれたるの不幸を重ぬるものと云うべし」を変えていくことになるのである。

政府・厚生労働省は、「我が事、丸ごと、地域共生社会の実現」を掲げ社会保障・社会福祉の構造改革を推進している。多様な人々がともに暮らす社会の実現は理念としては重要だが、それを具体的に進めるのは容易ではない。しかしながら、精神障害者を含む多様な人々の存在を認め、"ともに暮らす地域社会"をつくるのか、それとも、その人たちを自分とは違う人、迷惑な存在として"排除し続ける地域社会"にするの

Active Learning

「この国に生まれたるの不幸」を重ねないために、あなたは何が必要だと考えますか。三つ以上挙げてみましょう。

か、その選択が私たちに問われていることを日頃から考える必要がある。それは"誰にでも当てはまる生活"の実現か、それとも"その人らしい生活"の実現か、を問うものでもある。

　実は、"誰にでも当てはまる生活"の実現とは、当てはまらない人を排除することになる。"その人らしい生活"の実現こそが人々の多様な生き方、違いを認めるものであり、それこそが地域共生社会の実現を推進するものであることを確認したい。

第3章　精神障害者の排除と障壁をめぐる歴史と構造

◇引用文献

1）毎日新聞取材班『強制不妊——旧優生保護法を問う』毎日新聞出版，pp.76-77，2019.
2）同上，pp.76-77
3）原告の代理人である杉浦ひとみ弁護士「勝訴！成年被後見人の選挙権回復の裁判」法学館憲法研究所，2013.　http://www.jicl.jp/old/hitokoto/backnumber/20130422.html
4）「糖尿病 麻生氏妥当か 医師「自己責任ではなく格差」」毎日新聞，2018年11月12日付
5）杉田水脈「「LGBT」支援の度が過ぎる」『新潮45』第37巻第8号，p.59，2018.
6）藤岡信勝「LGBTと「生産性」の意味」『新潮45』第37巻第10号，p.77，2018.
7）野村恭代『施設コンフリクト——対立から合意形成へのマネジメント』幻冬舎メディアコンサルティング，pp.36-37，2018.
8）同上，p.40
9）後藤基行『日本の精神科入院の歴史構造——社会防衛・治療・社会福祉』東京大学出版会，pp.152-155，2019.

＊おすすめ
・藤野豊『ハンセン病と戦後民主主義——なぜ隔離は強化されたのか』岩波書店，2006.
・守屋智敬『あなたのチームがうまくいかないのは「無意識」の思いこみのせいです——信頼されるリーダーになるたった1つのこと』大和書房，2017.

第4章

精神障害者の
生活特性

　精神疾患や障害をもつことが本人の生活全般に及ぼす影響について、収容を中心とした入院精神医療の特殊性、精神障害者の家族の状況、現在の精神障害者の生活実態という観点から学ぶ。特に、強制医療や入院中心医療、保護者制度や、精神保健福祉施策の遅れがもたらしたマイナスの影響について理解し、精神保健福祉士として改善策や支援のあり方について考える。

　また、近年のメンタルヘルスを取り巻く問題として、学校や職場における高ストレスや、依存、さまざまな災害への遭遇やその後の環境変化などの影響と、そこでの精神保健福祉士の役割について理解する。

学習のポイント

● 我が国の精神科医療の特異性を理解する
● 精神科医療が入院患者の生活に与えた影響を考える
● 精神障害者の生活特性を理解し支援者としてのかかわりを考える

1 我が国の精神科医療の特異性

1 入院収容政策の歴史

　精神障害者の排除と障壁をめぐる歴史と構造は、今も変わらず精神科医療に残っている。本章では、諸外国と比べて特異な経過をたどった戦後日本の精神医療の歴史を振り返りながら、精神科医療が精神障害者の生活にどのような影響を残しているかを学ぶ。

　日本の精神科医療政策を大きく方向づけたのは、精神障害者を病院に隔離収容する強制入院手続きを定めた、1950（昭和 25）年の精神衛生法である。精神障害者本人の治療よりも、社会からの隔離と入院収容を主目的とした社会防衛思想によるものであった。

　入院収容政策を推し進めるために、公的病院の未整備による病院不足を補う民間精神科病院の増設を進める施策が打ち出された。1954（昭和 29）年には全国精神障害者実態調査が行われ、要入院患者は 35 万人いると推計され、当時の精神病床が 3 万床しかなかったこともあり、精神病院開設国庫補助制度が設けられた。1960（昭和 35）年には、医療金融公庫法施行により民間医療機関への長期低利融資が始まり、相次ぎ精神科病院が開設される精神科病院ブームを引き起こした。多くの精神科病院は、交通の不便な山間地に低コストで建築され、患者を収容する精神病室は、畳敷きの和室の大部屋で、一室の収容人員は 6 ～ 10 人、時には 20 ～ 80 人の病室もあった。病棟の窓には鉄格子がはめられ、自由に出入りのできない施錠された閉鎖病棟で、共用の生活空間も乏しい狭い空間に多数の患者が長期にわたって収容された。

　精神病床の増床とともに、入院患者は増加をたどっていった。1961（昭和 36）年には措置入院費用に関する国庫負担が引き上げられるととも

★社会防衛思想
公衆衛生の観点から、感染症等の患者を行政が強制的に隔離して、無害化して感染拡大の危険を収め社会の安全を守ること。精神障害者も同様に社会の安寧秩序を乱す者として規定されていた。

に、「自傷他害のおそれのある精神障害者は、できるだけ措置入院させることによって、社会不安を積極的に除去することを意図した」厚生事務次官通知（昭和 36 年 9 月 11 日厚生省発衛第 311 号）が出された。措置入院の要件はなくても、経済的理由により入院医療費を公費で負担する経済措置患者が、長期にわたる入院を多数継続することとなり、精神科病院の増設・増床を招いていった。

2　精神科特例

　1950 年代の精神科病院の急増とともに、急激な患者増加に対して無資格看護者が多数配置されたが、処遇は劣悪をきわめ不祥事件が後を絶たなかった。1957（昭和 32）年、厚生省は病院管理者宛に「精神障害者を劣等視し、非人道的取扱いや冷淡な言動をなすことがないよう、精神病院の長は看護員等日常業務に接する職員を指導されたい」と通知を発出している（昭和 32 年 3 月 19 日衛発第 208 号厚生省公衆衛生局長通知）。

　翌年には、厚生省から精神科特例を認めるとの通知が出された。これは、精神科は他の診療科に比べて医師は 3 分の 1、看護師は 3 分の 2 の少ないスタッフでよいとするもので、以来半世紀以上にわたって実質的に存続し、その後の精神科病棟増設を容易なものとした。治療的かかわりが薄く、精神科病棟に長期にわたって入院させる隔離収容性の高い精神医療構造が定着し、1960 年代に精神病床は 10 年間で 3 倍に増えた。

3　多剤併用

　精神科病院建設ブームの背景には、入院患者の管理を容易にした薬物療法の登場がある。1955（昭和 30）年頃からクロルプロマジンなどの抗精神病薬が開発され、それまで精神科治療として行われていたインスリンショック療法、電気ショック療法や精神外科（ロボトミー手術）等の「荒療治」は減り、精神障害者の社会復帰が可能になっていた。抗精神病薬により、急性期の幻覚や妄想が抑えられ、入院して拘束を要する患者数は減り、欧米諸国では 1950 年代後半から精神病床が急激に減少し始め、通院患者の増加とともに地域での生活支援に軸足が移っていった。

　日本における精神科の薬物療法は 1960 年代に定着したが、社会復帰に向けての取り組みは遅れ、退院患者が急増することはなかった。精神科病院内の環境は不十分なまま改善されず、本来は「退院可能」な患者

が入院を続けることとなり、入院期間が長期化するとともに多数の社会的入院患者を生み出すこととなった。徐々に多剤を併用して用いる大量処方が日常化していき、常用量なら安全であるはずの抗精神病薬による致死性副作用（悪性症候群）が増えていった。

4 ライシャワー事件とY問題

1964（昭和39）年3月に発生したライシャワー事件は、強制入院の治療構造をさらに強固にする影響を残した。東京オリンピック開催を控えた時期であり、警察による精神障害者への取り締まり強化が打ち出され、マスコミの報道も影響して、世論の大勢は精神障害者を精神科病院に収容する方向に流れた。精神衛生法が改正され、事件の再発防止の観点から、通院治療中断患者に対する状況把握と受診指導、警察官の通報範囲の拡大、緊急措置入院の新設、無断退去者にかかわる探索の義務化等が盛り込まれ、公安的色彩の強い改正となった。

1969（昭和44）年には、川崎市でY問題が発生する。家族の訴えだけで本人不在のまま入院先行で相談を進め、精神科病院の不法強制入院につなげた、精神医学ソーシャルワーカー（psychiatric social worker：PSW）の専門職のあり方が問われた。

欧米諸国では、障害者も地域社会のなかでごく普通に暮らすことを追求するノーマライゼーションの原理に基づき、1960年代からコミュニティケアを志向する脱施設化政策が打ち出され、大規模収容病院の縮小・廃院が進んだ。日本では同時期に、これとは逆に精神科病院の増設が進み、諸外国に類をみない精神病床数が整備されていった。

5 クラーク勧告による指摘

1968（昭和43）年、世界保健機関（WHO）の派遣で来日したクラーク（Clark, D.H.）博士は、日本の精神病床はあまりに多すぎると指摘している。クラーク報告書では、❶日本の精神科病院は必要以上に閉鎖的であり、慢性化・施設症化した患者が無為な生活を送っている、❷病院は都市から離れた土地に建設され、永久下宿人化した患者を抱えて規模も巨大化しつつある、❸必要なのは、地域社会内に小さい施設をつくり社会復帰活動を推進することである、❹精神科病院内のスキャンダルや悪弊に対して、病院の資格を取り消す権限をもつ国家監査制度を設ける必要がある、等を日本政府に勧告している。

しかし、1970年代以降も、精神科病院数・精神病床数の整備ととも

★Y問題
家庭内暴力のあったYさんは、両親の保健所精神衛生相談員（現・精神保健福祉相談員）への相談をきっかけに、警察官も同行して精神科病院に入院させられたが、入院時に診察はなく、Yさんは精神疾患でもなかった。

★脱施設化
閉鎖的な施設に長期に収容されることで、集団生活のなかで生じる施設症の弊害をなくすために、地域社会のなかで暮らせるようにする考え方や運動を指す。

に入院患者数は増加の一途をたどり、1985（昭和 60）年には 34 万人に達している。強制的に入院させられた患者は、閉鎖病棟で長期間を過ごし、無為な生活を送るなかで慢性化し、大量の長期社会的入院患者を生んだ。同博士はその 10 年後と 20 年後にも来日したが、日本の変化のなさを嘆くとともに「事態はますます深刻になりつつある」と警告している。

6 開放化運動

　このような隔離収容政策に対して、1970 年代から開放化運動に取り組む精神科病院もあった。鍵と鉄格子に象徴される閉鎖病棟の扉を開けて、日中は自由に出入りができるようにして外出や外泊を推奨し、社会との接点を保ちながら社会復帰を図る活動が組まれた。夜間は精神科病棟で過ごし、日中は地元の町工場等に働きに出かける、外勤療法とナイトホスピタルを組み合わせた取り組みなども行われた。自ら働いた賃金でアパート契約の資金を貯めて、地域で単身生活を始める退院患者もいた。これらの職場開拓や居住先確保、経済問題の調整、日常生活の訪問支援等には、社会復帰活動を担う職種として病院 PSW が活躍した。

　また、一部の病院では、患者と医療スタッフが対等に話し合うミーティングを通して、治療共同体＊的な精神科病棟の運営を試行する取り組みもなされ、一定の成果を生んだ。しかし、これらの社会復帰活動は、制度的・経済的裏づけもないため、一部の精神科病院や地域の実践にとどまり全国的な広がりは得られなかった。

7 精神病床数と在院日数

　1984（昭和 59）年に報徳会宇都宮病院事件が起こり、日本の精神医療は海外から大きく批判されることとなり、政府は精神衛生法の改正に着手した。1987（昭和 62）年、精神障害者の人権擁護、適正な医療と保護の確保および社会復帰の促進を主眼として、精神保健法が制定され、精神障害者本人の同意に基づく任意入院制度が初めて設けられた。それまでの法律では、精神障害者の入院制度はすべてが強制入院であり、精神障害者が自分の意志で入退院を判断することは前提として考えられていなかったが、徐々に任意入院が精神科病院入院の主流になっていった。入院時には権利等の告知制度が設けられるとともに、患者側からの退院請求や入院中の処遇改善請求を審査する精神医療審査会制度が設けられるなど、大きな改善がなされた。

★ 治療共同体
精神科病院の患者と職員が、民主的な治療と管理運営のために、対等なミーティングを通して合意形成を図り、病院の全環境を治療手段として用いる方法・思想運動を指す。

第 4 章　精神障害者の生活特性

多くの精神科病院では長期社会的入院患者が年々増加していたが、精神科入院患者数は1990年代初頭に頂点に達し、1991（平成3）年の34万9190人をピークに減少に転じた（**図4-1**）。2018（平成30）年の精神保健福祉資料（630調査）によれば、精神科病院は1612か所、届出精神病床は31万8311床、入院患者数は28万815人、病床利用率は88.2％に減っている。平均在院日数は1989（平成元）年には496日であったものが、2018（平成30）年は265.8日と半分近くまで減っている（厚生労働省病院報告）。しかし、日本の精神科病院の平均在院日数は、諸外国に比べて著しく長く、10年以上の入院患者が全体の全入院患者の24.3％を占め、1年以上では66.8％にのぼっている。

8 高齢化

　長期にわたって入院してきた患者は、退院して地域生活に移行することなく高齢化が進み、現在では入院患者の6割が65歳以上の高齢者となっている。入院の長期化とそれに伴う高齢化が退院の意欲や地域生活

図4-1　精神病床数と入院患者数・任意入院患者数の推移

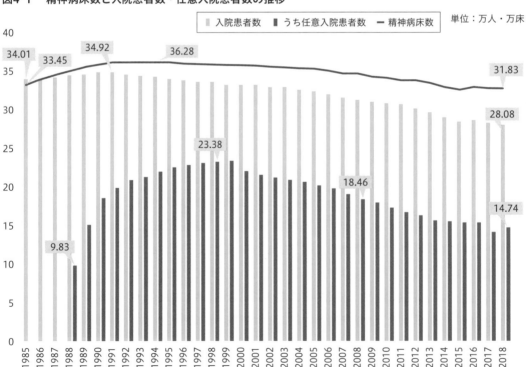

資料：精神保健福祉資料により筆者作成（各数値は各年の630調査を基本とするが、精神病床数については1985年〜2004年は医療施設調査・病院報告の数値）

出典：古屋龍太「精神保健医療福祉の動向と精神科病院のポジション──強制入院・隔離拘束の増大と精神医療の再編統合が進む中で」『病院・地域精神医学』第62巻第3号, pp.210-215, 2020.

能力を低下させ、それによってさらに退院を困難にするという悪循環がもたらされている[1]。

2016（平成28）年630調査によると、2016（平成28）年6月1か月間の退院患者3万3284名のうち、2万590名が「家庭復帰」を果たしているが、第2位は「転院・院内転科」の5561名であり、「死亡退院」も1837名いる。65歳以上の高齢者で5年以上入院している患者839名の転帰では、「転院・院内転科」（359名、42.8％）に次いで多いのは「死亡退院」（275名、32.8％）であり、「家庭復帰等」を成し遂げたのはわずか69名（8.2％）となっている。全年齢の5年以上の長期入院者1177名の退院状況でも、「家庭復帰等」した者は97名（8.2％）にとどまり、その3.5倍強の351名（29.8％）の患者が毎月精神科病棟のなかで死亡している（**図4-2**）。12か月に換算すると「死亡退院」患者は年間2万2000人を超えると推計されるが、合併症等により体調がすぐれず他の診療科に「転院・院内転科」した患者のその後の転帰はカウントされていない。

入院患者一人ひとりの在院日数は、転院の時点でリセットされて病院ごとにカウントされており、平均在院日数が短くなったといっても長期入院患者が地域に移行して生活している場合ばかりではない。退院して、仲間に囲まれ、地域で豊かな在宅生活を送ることが可能であったかもしれない多くの長期入院患者が、今も人知れず病院内で人生を終えていっ

Active Learning

精神科病院に入院する患者の高齢化が進むことによって生じる問題を考えてみましょう。

第4章 精神障害者の生活特性

図4-2　入院期間別退院者の転帰

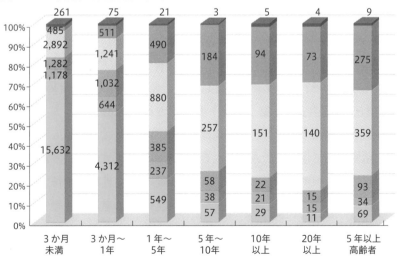

資料：「2016（平成18）年630調査」をもとに筆者作成

ている。

9 急性期治療

　2000（平成 12）年以降、国の方針が入院医療中心から地域での在宅生活重視に変わり、精神科病院は急性期治療の場として短期入院化が目指されている。長期入院により慢性化した患者を対象とした精神療養病棟の入院料に比べ、精神科急性期治療病棟は約 2 倍、精神科救急入院料病棟（スーパー救急）は約 3 倍の高額な診療報酬が設定されており、病棟の再編を経営的に誘導している。

　スーパー救急は、スタッフ配置等の要件とともに、年間入院患者の 6 割以上が非自発的入院（任意入院ではない入院）であること等のハードルが設定されている。この条件により、患者本人が納得しての任意入院が追求されることなく、強制入院（医療保護入院）の増加を招いている。入退院のスケジュール管理が精神科病院の経営上の要となり、精神保健福祉士等がベッドコントロールの役割を担うようになっている。

10 隔離・身体拘束

　精神保健及び精神障害者福祉に関する法律（精神保健福祉法）（第 36 条・第 37 条）では、精神科における処遇が定められ、精神科病院は、入院患者に対する医療または保護を目的として、必要な行動制限を行えることができるとされている。近年の強制入院の増加とともに、隔離・身体拘束も増えている。その平均実施期間も、諸外国が 1.3～55 時間であるのに比べ、日本は 1 か月以上が最も多く、次いで 1 週間以内となっている[2]。

　患者の隔離・身体拘束については、「精神保健及び精神障害者福祉に関する法律第 37 条第 1 項の規定に基づき厚生労働大臣が定める基準」（昭和 63 年厚生省告示第 130 号）で規定されている。

　患者の隔離については、精神保健指定医の判断により、本人・周囲の者に危険がある場合にのみ行われるものと規定されている。多くの精神科病棟では、保護室と呼ばれる個室が設けられ、急性期の精神症状の安定しない患者や、行動の抑制を欠いた患者を、他の患者から離して入室させている。保護室は、興奮して暴れても破れないよう金属製のドアで仕切られ、中からは開けることができないように施錠される。病院により形状は異なるが、患者が横になるベッドもしくはマットレス等が置かれ、天井にカメラとマイクが設置され、ナースステーションで室内を監

視できるようになっている。部屋の一角に便器が設置されているが、職員から死角にならぬようドアは設けられていないことが多い。

　一方、身体的拘束については、自殺企図・自傷行為が著しく切迫している場合や、多動・不穏が顕著である場合、そのまま放置すれば患者の生命にまで危険が及ぶおそれがある場合に限ると規定されている。衣類または綿入り帯等の拘束具を使用して、患者の身体を拘束し運動の抑制を行うこととし、手錠等の刑具類・紐・縄等を用いてはならないとされている。多くの入院患者が、ベッド上に拘束具を用いて両手・両足・胴体を5点拘束されて、身動きできない状態のまま、おむつを着用されて排便を強いられる体験をしている。当事者に著しい不安と恐怖を与えるだけでなく、拭い去りようのない恐怖体験から心的外傷後ストレス障害（PTSD）をも生む。人間としての尊厳を奪われ、著しい人権侵害ともなり、拘束時の窒息等により患者が死亡する事件等も起きている。

2 ▶ 精神科医療による生活への影響

■1 社会的入院

　前述した要因により、精神科病院には長期入院患者（old long stay）があふれ、社会的入院と呼ばれる状況を引き起こしている。「社会的入院」とは、病気の症状は落ち着いて安定しており、本来であれば退院できる病状にもかかわらず、社会的・環境的要因等により入院を継続せざるを得ない状態に陥っている入院を指す。家族の高齢化により在宅での介護が困難、長期入院の間に家族が世代交代しており帰来先を失っている、アパート等で一人暮らしをする生活能力が乏しいなど、退院できない理由はさまざまである。患者本人に対する院内でのリハビリテーション的働きかけだけでなく、病院と地域を結んで退院後の生活環境を調整する精神保健福祉士や、退院後の地域での生活を支えていく支援サービスが必須となる。

　2002（平成14）年、社会保障審議会障害者部会精神障害者分会報告書「今後の精神保健医療福祉施策について」がまとめられ、翌2003（平成15）年、厚生労働省障害者施策推進本部は「受入れ条件が整えば退

ⅰ　1998（平成10）年の国立療養所犀潟病院事件、2017（平成29）年のケリー・サベジ事件等が有名であるが、近年は長期間の身体的拘束によるエコノミー症候群（肺塞栓症）による突然死が増えている。

院可能な入院患者（いわゆる「社会的入院者」）」7万2000人を「10年間で退院・社会復帰を目指す」と打ち出した。2004（平成16）年に出された「精神保健医療福祉の改革ビジョン」では、❶国民の理解の深化、❷精神医療の改革、❸地域生活支援の強化、❹基盤強化の推進等を柱に、約7万人を今後10年間で地域移行させると明言し、関係者の注目を集めた。

「入院医療中心から地域生活中心へ」という国の精神保健医療福祉施策の転換により、徐々に地域での支援資源が拡充し、全国の精神病床数も減ってきてはいる。しかし、今も精神科病院には、病状としては退院が可能な状態であるにもかかわらず、受け入れ条件が整わない等の社会的な理由により、入院継続するしかない社会的入院患者が多数存在している。短期で退院できず、精神科病棟に滞留していく新たな長期入院患者（new long stay）の増加も課題になっている。

■2 退院を阻害する要因

「受け入れ条件が整えば退院可能な入院患者」というときの「受け入れ条件」は患者によって異なり、環境条件は病院や地域によっても異なる。退院先の確保だけでなく、支援環境をどのように用意できるかによって長期入院患者の退院可能性は大きく変わる。退院可能性は患者個人の病状や障害で規定されるものではなく、むしろ環境との接点で決まってくる。

各地で取り組まれてきた退院促進・地域移行実践の研究から、退院阻害要因は、❶患者の要因、❷家族の要因、❸病院の要因、❹地域の要因、❺行政の要因、の大きく五つに分けて整理することができる[3]。退院したくない患者、退院させたくない家族、入院していても構わない病院、入院していたほうが楽な地域の四者がおり、その利益相反関係を固定させる現行の精神保健福祉法制と診療報酬制度がある。ここでは、精神科医療による生活への影響を考えるために、患者本人側の要因とスタッフのかかわり方に焦点を当てて取り上げることとする。

精神科病院のスタッフは、退院できない理由を患者本人の問題に還元しがちな傾向がある。本人の退院意欲が乏しい、退院を拒否する、「退院」と聞いただけで病状が悪化する、退院するにも帰る場所がない、病識が不十分で退院後に服薬を中断するリスクが高い、これまでも退院してもすぐに再入院となった、それらを考えると、病状も安定しており入院継続の必要性はないが、病院側が退院させたくても退院させられない、と

いうものである。生活能力をつけないと退院できないと思っている、家族がだめだと言うから退院できないと勘違いしているなど、主治医の見立てや退院判断がずれていることもある。

しかし、患者の問題として語られる事柄の多くは、支援者側の課題を表している。本人が「退院したくない」と述べている段階では地域移行支援を受けるのは難しいが、退院意欲が乏しいのは、一人で生きていく将来の生活イメージがもてないためであり、現実的で健全な不安反応でもある。患者の語る言葉を字面で理解するのではなく、どのような心情がその一言に凝縮されているのか、「退院したくない」のはなぜなのか、「退院したい」という言葉を飲み込ませてしまっているのは何なのかを、精神保健福祉士が探る必要がある。

本人に多少なりとも退院後の生活イメージができ、現実的な目標と見通しがもてると、事態は大きく変わってくる。できないことや問題点を指摘され続けてきた患者も、できることやしたいことを基盤に退院に向けての一歩を踏み出すようになる。ネガティブな病状の観点だけでなく、その人のストレングスを見出せるか、本人の状況をリフレーミングしてよいところ探しができるかが、スタッフに問われている。

精神科病院内で当たり前となっている医学モデルに基づくパターナリズム（父性的保護主義）の弊害は大きい。「退院させない」抱え込みが当たり前になってしまっている病院では、スタッフ自身も患者同様に施設症化することにより、患者の長期入院はますます固定化してしまう。退院困難の要因を当事者（患者本人や家族）に求めず、退院支援するべき精神科病院の専門職側の課題として考える姿勢は、医学モデル・個人モデルによらず生活モデル・社会モデルのソーシャルワーク視点に基づく価値によるものといえる。

3 長期入院による弊害

入院が長期化するにつれて、統合失調症は、急性期状態を脱した後も陰性症状を主症状とする慢性期経過をたどっていく。慢性期の状態は、意欲減退・感情鈍麻・緘黙・意思疎通不良・接触不良・連合弛緩・無為自閉などを主症状とし、疾患そのものが有する状態像の帰結として、長期の経過を経て最終的には人格荒廃に至ると考えられていた。

しかし、国際生活機能分類（ICF）に基づく今日の障害の捉え方からすれば、陰性症状を中心とする統合失調症の慢性化は、必ずしも罹病した個体に内在する自然経過ではなく、むしろ環境要因によるところも大

きいと考えられる。それらは疾病そのものではなく、疾病により周囲との関係において形成される二次性の陰性症状であり、施設症の結果といえる。

施設症の発生する原因として、❶施設の社会的圧力の強さ、❷社会的圧力に対する患者の感受性と抵抗性、❸その圧力が作用する時間の長さがあげられる。[4]精神障害者に限らず、人は「施設」という社会と隔絶された空間のなかで長期にわたる集団生活を強いられていれば、多かれ少なかれ施設症化することをウィング（Wing, J. K.）は明らかにした。

慢性化した統合失調症患者のリハビリテーションに従事してきた精神科医の猪俣好正は、精神科病院の治療構造からみた施設症を生み出す原因として、①病院の閉鎖構造、②病院外の社会との接触の乏しさ、③狭い居住空間・プライバシーの喪失、④集団的働きかけ・機能別看護と階段式病棟分化、⑤目標のない無為な生活、⑥過剰な代理行為、⑦スタッフのリハビリテーションについての考え方、⑧スタッフ間の望ましくない権威−従属関係、⑨職員の不足、⑩大量薬物投与による過度の鎮静、の10点を挙げている。[5]

隔離収容政策下の日本の精神科医療は、これらの原因に合致する治療構造を有しており、精神科病院が施設症を生み出すあらゆる条件をそろえていたともいえる。この施設症が、入院中だけでなく、退院後の精神障害者の在宅生活にも大きな影響を与えている。ともすると、統合失調症の陰性症状とも捉えられがちな障害のかなりの部分が、施設症によってもたらされたものであることを、精神保健福祉士としては意識しておく必要がある。

3 精神障害者の生活特性と支援の展開

1 統合失調症の特徴

精神障害者といっても、精神疾患はさまざまでその特徴は大きく異なっており、精神障害のある人の生活特性をひとくくりに語ることはできない。精神障害者の多くは、思春期以降に発病した中途障害者であり、それぞれの生育史や生活経過によってパーソナリティは異なり、また治療経過によって回復の度合いも異なる。

同じ双極性障害であっても、テンションが高く活力に満ちた躁状態のときと、深く落ち込んで抑うつ的になっているうつ状態のときでは、まっ

たく異なる様相を呈する。また、同じ統合失調症であっても、長期にわたる社会的入院を経験してきた高齢の患者であれば、施設症による二次的障害が色濃く特性として現れるが、発症間もない早期に治療が開始され、適切な支援を受けながら社会生活を継続できた若年の患者であれば、元気に仕事をしている人も多い。

　一人ひとりの患者が唯一無二の個別性を有しており、パターン化してクライエントを捉えることは、人と状況の全体性を捉えるソーシャルワーカーとしてのかかわりを危うくすることにもなりかねない。

　ここでは、精神科の代表的疾患とされる統合失調症を取り上げ、疾患の特徴を整理し、専門職による捉え方を通して特性を考える契機とする。統合失調症は、単一の疾患ではなく、特徴的な精神症状をいくつかもつ症候群として近年は捉えられてきているが、さまざまな情報を整理して思考や行動を統合する精神の働きのバランスが崩れる病気である。精神の働きの障害としては、知覚の障害（実在しないものを知覚する幻聴など）、感情の障害（物事に無関心になり喜怒哀楽の感情の表出が不適切になるなど）、思考の障害（考える能力が低下し現実にはない妄想が生じるなど）、意思の障害（自己の同一性が実感されず物事を行うことが困難になるなど）がある。これらの機能が低下もしくは障害されることで、身の回りのセルフケアや日常生活の活動、他者とのコミュニケーションなどが阻害され、現実に直面する社会生活能力が低下するようになる[6]。

2 統合失調症の当事者の生活特性

　元東京大学の精神医学教室の主任教授であった臺弘は、統合失調症等の精神障害を有する当事者の特性として、❶治りにくく病状の安定に時間がかかる、❷病識が得にくく受診を拒む、❸入退院を繰り返す、❹ストレスに脆い、❺対人関係が苦手、❻予測を超える自傷他害のおそれがある、❼障害（陰性症状）が残る、❽自立までに時間がかかることを挙げている。あわせて、①生活技術の不足、②対人関係のつたなさ、③仕事上での要領の悪さ、④安定性の欠如、⑤現実離れした空想、⑥生きがいと動機づけの乏しさ、等があるため社会参加が困難であることを指摘している[7]。これらの特性は、統合失調症のネガティブな側面を挙げているが、地域での社会生活の継続を困難にしている要因の一側面を表している。

　一方、前出の猪俣は「障害がかたちとして目に見えないため、社会の

理解が得にくい不利がある」としたうえで、精神障害特性の肯定的側面として、❶真面目で嘘をつけない、❷礼儀正しく几帳面である、❸義理堅く律儀である、❹責任感が強い、❺素直で大人しくて従順、❻気持ちが優しい、といった点を挙げている。[8]

　同じ精神科医による同じ精神障害を有する当事者の特性の整理であるが、捉え方によって大きく異なる。特性をポジティブに捉えることで、リハビリテーション的な働きかけや支援の展開も大きく変わってくる。マイナスの問題点に焦点を当てて矯正を図るのではなく、プラスになるその人の力に焦点を当てて活かすかかわりが、精神保健福祉士にはふさわしい。

▊3 やどかりの里の地域生活支援

　1970（昭和45）年に、精神科病院を退職して精神障害者の社会復帰施設やどかりの里を創設したPSWの谷中輝雄は、精神科医らによる当事者の特性の捉え方に対して、障害を個人に帰する固定的な生活障害論への違和感を表明し、生活環境の改善や支援環境の開発が重要であるとしたうえで、当事者の生活経験の少なさも含めて「生活のしづらさ」「ごく当たり前の生活」という概念を提起した。

　谷中はさらに、問題を個人に還元してリハビリテーションを展開するのではなく、支援環境を通した地域生活支援が必要として、❶選択肢がいくつもあること、❷当事者中心の支援であること、❸主体性の促し、❹目標を設定すること、❺共同して作戦を練ること、❻試みと修正、❼ありのままでよいこと、❽一定の期間を定めること、❾仲間の支援、❿まわり支援の役割、⓫能力の開発、⓬資源の開発、⓭持ち味を発揮すること、⓮自分にしかできないこと、⓯家族の支援、⓰会議のもち方、⓱登録と記録、⓲危機対応時における配慮、⓳専門職も含めた相互支援、といったポイントを挙げている。[9]

　谷中以外にも、多くのPSWらが精神科病院を退職して地域に出て、いまだ法制度のなかった小規模作業所やグループホームを、仲間を募り私費で建て、社会復帰活動の資源開発を展開していった。前記の生活支援のポイントは、その後の各地のPSWらの実践を通して共有されてきている。環境との関連で精神障害を捉え、人と状況の全体性のなかで目の前の当事者とかかわり、地域で生活支援を展開していく基本的な視座を提供したものといえる。

★まわり支援
専門職の支援より大切な、近隣・仲間・家族など当事者を取り巻くソーシャルサポートネットワークを指す。

4 べてるの家と当事者研究

　1984（昭和 59）年に設立された北海道の浦河べてるの家も、地元の病院を後に退職した PSW の向谷地生良らによって運営されてきた。精神障害のある当事者と地域の人々がともに暮らしながら、住まいの確保と働く場、それを支える「仲間」という資源を創出し、地元の特産品を活かした加工品販売、喫茶店や福祉ショップなどを経営している。「社会復帰」ではなく「社会進出」し、「反精神医学」ではなく「半精神医学」を掲げ、認知行動療法的アプローチを自分たちのものとして当事者研究を編み出した。

　当事者研究は、統合失調症などの精神障害を抱えながら地域で暮らす当事者活動から生まれた、生き方・暮らし方のプログラムである。[10] 生きづらさを抱える当事者自身が「自分の専門家」として、幻覚や妄想からの影響、服薬や対人関係や就労をめぐる苦労、生きがいや人生の目標を、外在化して仲間とともに研究し、当事者ならではの生き方や対処方法を見出して生活のなかに活かそうとする。ともすると支援者はよかれと考えてさまざまな支援策を提供しようとするが、当事者のもつ弱さを力に自ら苦労することを大切にして、ポジティブに降りていく生き方を提案する当事者研究は、専門職を名乗る支援者側の常識的なふるまいとわきまえを問うている。

5 地域包括ケアシステムの構築

　地域でさまざまな支援の場が広がり、「入院医療中心から地域生活中心へ」政策転換がなされ、障害福祉サービスの制度が整備されていくなかで、精神障害者の生活をめぐる環境は大きく変わってきた。精神科病院からの退院を希望する患者には地域移行支援が組まれ、退院後も安定して生活ができるよう地域定着支援も行われている。多様な支援ニーズをもつ障害者へのケアマネジメントを図る計画相談支援、さまざまな生活のしづらさを抱えた精神障害者を対象とする自立生活援助、社会参加を目指す人を支える就労移行支援・就労継続支援等の訓練系事業所、地域生活支援拠点の整備が進められている。

　現在、国は「精神障害にも対応した地域包括ケアシステムの構築」を提起し、精神障害者が地域の一員として、安心して自分らしい暮らしをすることができるよう、医療、障害福祉・介護、住まい、社会参加（就労）、地域の助け合い、教育が包括的に確保されたシステムを目指した施策を展開している。この新しい仕組みが、「入院医療中心から地域生

★ **半精神医学**
実存分析の視点や認知・行動療法的アプローチを取り入れつつ、医学モデルか生活モデルかという二者択一ではない、総合的な連携と協力のモデルを指す。

★ **降りていく生き方**
本当の回復は右肩上がりの高みにあるのではなく、自分の真下にこそあると考え、背負わされた余計なものを取り去り、本来の自分を取り戻していくあり方・作業を指す。

活中心へ」の理念を支えるものになり、多様な精神疾患等に対応するための地域の土台づくりにつながることが期待されている。

　一人ひとりの精神障害者が暮らす日常生活圏域でのシステムづくりの第一歩には、関係者が当事者とともに顔を合わせ、現在の課題と将来の姿を共有する、協議の場を設けることが必要になってくる。自治体により地域の支援資源は異なり大きな格差もあるなかで、地域アセスメントに基づく課題の共有と目標設定、個別の支援を通じた連携構築、成果の評価を行っていく必要がある。その主要な担い手として、期待されているのが精神保健福祉士なのである。

6 支援者側の課題

Active Learning

精神障害者の地域包括ケアを進めるうえでのソーシャルワークの実践課題を整理してみましょう。

　「精神障害にも対応した地域包括ケアシステムの構築」は、各地での取り組みが動き始めたばかりであるが、一方、地域では8050問題が大きな課題となっている。ともすると精神保健福祉領域以外の地域の支援者たちは、統合失調症等の精神障害者にかかわることを敬遠しがちになる。精神障害の支援に不慣れな高齢者領域の介護専門職は、その理由として「妄想的言動への対応」「サービスの拒否」「家族との調整」等の問題を挙げている。

　「問題の内在化」がされると、ともすると精神障害者本人を社会的に排除して問題解決を図ろうとする支援者の姿勢が生まれ、当事者とのかかわりが阻害されるだけでなく、当事者不在の支援が膠着状態に陥っていく。地域で孤立しがちな精神障害者や、その支援に不慣れな他領域の専門職と、精神保健福祉士が連携・協働することが求められている。

　精神障害者に対する地域での生活支援を展開する際には、医学モデルのパターナリズムを極力排する必要がある。本人ができないことをネガティブに挙げて、公的なサービスで補填しようとしても、提供できる資源は限られるだけでなく、本人が課題に取り組み、苦労しながら対処方策を体得していく機会を奪い、本人をますますパワーレスに陥らせることとなる。

　かかわる際に大事なことは、本人に内在する健康な力（ストレングス）をどのように引き出し、それを形にしていくかという視点である。当事者との支援の関係や他機関との連携関係において、共通の課題と目標のもとに連携・協働していることに気がつけば、「問題の外在化」が図られ、本人とともに取り組むパートナーシップを構築することが可能となる。

　精神障害に特有と思われる多くの生活上の問題は、支援者側が取り組

むべき環境調整支援課題を示している。支援者が本当に当事者に向きあえているのか、支援者が専門職としての使命を意識し覚悟をもって取り組めているのか、本人の意欲を引き出し本人の力を信じてかかわれているのか、むしろ支援を担う支援者側の力量が問われているのである。

そして、さらには支援者側に、精神障害者を支援する際の精神保健福祉の原理（価値と哲学）が問われている。支援を行う際、精神保健福祉士は何を目指しているのか、精神障害者の回復とは何を指しているのか。資本主義経済の下で、厳しい競争社会で生き残っていくための社会生活への適応が目標なのか、それとも価値基準の異なる一人ひとりのリカバリーとライフスタイルをともに探すことができるのか。そもそも精神障害とは何なのか、現在の精神科医療の治療像や疾病観は妥当といえるのか、精神保健福祉士が担う役割や価値とは何なのか、私たち一人ひとりに問われているのである。

◇引用文献

1）朝野英子・栄セツコ・清水由香「精神科病院長期入院者の退院に関する要因の文献的検討」『大阪市立大学生活科学研究誌』第 9 号，pp.95–106，2010.
2）長谷川利夫『精神科医療の隔離・身体拘束』日本評論社，pp.29–40，2013.
3）古屋龍太『精神科病院脱施設化論──長期在院患者の歴史と現況、地域移行支援の理念と課題』批評社，pp.132–162，2015.
4）Wing, J. K. & Brown, G. W., *Institutionalism and Schizophrenia : a comparative study of three mental hospitals 1960–1968*, Cambridge University Press, 1970.
5）猪俣好正「慢性分裂病と施設症」遠藤康編『慢性分裂病と病院医療』悠久書房，pp.44–68，1985.
6）白石弘巳『家族のための統合失調症入門』河出書房新社，pp.88–118，2005.
7）臺弘『分裂病の治療覚書』創造出版，pp.160–170，1991.
8）猪俣好正「本研究の対象者とその特性」精神障害者職業リハビリテーション研究会資料，1990.
9）谷中輝雄『生活支援 ── 精神障害者生活支援の理念と方法』やどかり出版，pp.51–113，1996.
10）向谷地生良『統合失調症を持つ人への援助論──人とのつながりを取り戻すために』金剛出版，pp.3–9，pp.80–95，2009.

◇参考文献

・国立精神・神経医療研究センター 精神保健研究所精神医療政策研究部「精神保健福祉資料」https://www.ncnp.go.jp/nimh/seisaku/data/
・厚生労働省社会・援護局障害保健福祉部精神・障害保健課「精神障害にも対応した地域包括ケアシステム構築のための手引き（2019年版）」日本能率協会総合研究所，2020.

第4章 精神障害者の生活特性

精神障害者の家族が置かれている状況

第2節

学習のポイント
● 我が国の精神保健福祉施策における精神障害者家族の位置づけを理解する
● 精神障害者の家族が置かれている状況とその生活実態を理解する
● 精神障害者家族を理解するために、精神保健福祉士に必要な視点を学ぶ

1 精神保健福祉施策における精神障害者家族の位置づけ（保護者制度の歴史）

　我が国の精神保健福祉施策の歴史は、家族に大きく依存するところから始まっている。

　精神障害者家族は、1900（明治33）年に制定された精神病者監護法によって、監護義務者として、本人を保護し社会治安のために監護するという二重のケアを担い、1950（昭和25）年に精神衛生法になり保護義務者に変更されても、治療協力者としての責任と役割を要請されてきた。その後も長い間、保護者として、治療を受けさせる義務等、実施困難な任務を課されてきた。

　精神保健福祉施策によって家族が強制的に支援を担わされることで、家族同士の関係が悪化してしまうことも少なくない。家族は自分だけでケア役割や社会的責任を担うことに限界があることを認識しつつ、誰も代替できないという状況を自覚して、乏しい社会資源を補完する役割を担い続けてきた。

1 監護義務者としての家族

　1900（明治33）年に制定された精神病者監護法は、精神病者を保護および監置するための手続きを公的に定めたものである。具体的には、❶精神病者を監禁・保護される対象とし、❷後見人や親族を監護義務者とする、❸監護義務者が医師の診断書を添えて警察へ届出を行い、行政庁の許可を得て、精神病者を私宅または精神科病院に監置する、❹監護に要する費用は、監護義務者・扶養義務者が負担するものである。

　監護義務者は、後見人、配偶者、親権を行う父母、戸主、四親等以内の親族から親族会が選任した者、が担うことになった。「精神病者私宅

監置ノ実況及ビ其統計的観察¹⁾」では、監護義務者となっている者の続柄
は、父親 25.8％、母親 14.4％、配偶者 22％、きょうだい 16.5％、子 6.8％、
監護義務者がなく市町村長が監護義務を行っている者は5.5％であり、
そのほとんどを家族が担っていることが示されている。

　精神病者監護法により、家族は監護義務者として位置づけられ、「精
神障害者の保護」と「社会防衛・治安維持」という相反する二つの役割
を課されることになった。

2 保護義務者としての家族

　1950（昭和 25）年に精神衛生法が制定されたことにより、半世紀続
いた私宅監置が廃止され、精神障害者は医療・保護の対象とされた。精
神障害者家族については、監護義務者から保護義務者に名称が変更され
た。家族は保護義務者となったことで、精神障害者を監護する役割はな
くなったが、精神障害者の代わりに入院に同意する役割を担うことに
なった。さらに、保護義務者には、❶治療を受けさせる義務、❷自傷他
害防止監督義務、❸財産上の利益の保護義務、❹診断にあたり医師に協
力する義務、❺医療にあたり医師の指示に従う義務、❻退院後の引き取
り義務等が課された。

　その後、1964（昭和 39）年にライシャワー事件が発生し、1965（昭
和 40）年に精神衛生法の一部改正が行われ、地域精神保健活動が推進
されることになったが、精神障害者の生活を病院か家族が担う状況は変
わらず、そうした家族への対策が講じられることはなかった。しかし、
社会治安対策の強化へと向かう精神衛生法改正への危機感から、家族会
運動が発展し、1965（昭和 40）年に世界で初めて精神障害者家族会の
全国組織として全国精神障害者家族会連合会（以下、全家連）が結成さ
れたことは、全国の精神障害者家族にとって希望をもたらすものであっ
た²⁾。

　保護義務者については、1972（昭和 47）年に精神障害者が起こした
他害事件において、被害者家族が保護義務者である父親を訴えて、高知
地裁が自傷他害防止監督義務違反として、損害賠償を命じるという判決
を下している。高齢の家族が本人の他害行為を防止することは容易なこ

★自傷他害防止監督義
務
精神障害者が自身を傷
つけまたは他人に害を
及ぼさないように監督
する義務。精神障害者
家族に多大な負担を強
いる自傷他害防止監督
義務は、1999（平成
11）年の精神保健福
祉法改正まで継続して
いた。

---

i　世界初の精神障害者の全国組織として、1965（昭和40）年に「全国精神障害者家
　族連合会」（当時の名称。その後「全国精神障害者家族会連合会」）が結成された。
　しかし、財政状況が悪化し、2007（平成19）年４月に東京地裁に自己破産を申し
　立てて解散している。

とではなく、保護義務者である家族に過大な負担を強いる状況が続いていた。

■3 保護者としての家族

1987（昭和62）年に成立した精神保健法により、精神障害者が「福祉」の対象として明示された。人権擁護と社会復帰の促進を図るため、初めて本人の同意に基づく任意入院制度が設けられ、精神障害者社会復帰施設が法定化された。しかし、社会復帰施設は努力義務であったため、全国的には遅々として進まず、精神障害者家族会が小規模作業所の設立をも担い、さらに活動を広げていった。1996（平成8）年の全家連調査では、全国の小規模作業所のうち、7割以上は家族会が運営していることが明らかにされている。障害者自立支援法以降、作業所運営から離れた家族会も多いが、これまで必要に迫られた家族が地域に拠点をつくり、不十分な福祉施策を補ってきたといえる。こうした作業所づくりに象徴されるように、全家連や各地域の家族会が精神保健福祉の推進に果たしてきた役割は大きい。

精神障害者家族については、保護義務者規定が変更されることはなかった。精神障害者が人権擁護の対象になったことで、家族は本人の意思を代弁したり、本人の治療や生活を管理する役割を担い続けた。

その後、1993（平成5）年に精神保健法が一部改正され、保護義務者は保護者に名称が変更された。保護者となったことで、「精神障害者を引き取る際には、精神科病院の管理者や社会復帰施設の長に社会復帰促進に関し、相談、援助を求めることができる」という権利規定が加えられ、精神障害者と同居する保護者については、保健所の訪問指導の対象に位置づけられた。

1995（平成7）年に、精神保健及び精神障害者福祉に関する法律（精神保健福祉法）が成立したことにより、精神障害者が障害者福祉の対象として位置づけられた。精神障害者家族については、「精神障害者本人および家族からの相談に応じ、指導すること」と明記され、家族も支援の対象とされた。一方、保護者については、精神衛生法からの義務規定が継続されており、自傷他害防止監督義務を中心とした過大な義務を家族が負うことについて、家族会以外で表立って議論されることはなかっ

ii 現在も「保健所及び市町村における精神保健福祉業務運営要領」（平成12年3月31日障第251号）により、保健所の精神保健福祉業務として「訪問指導」が規定されている。

★小規模作業所
共同作業所、作業所などと呼ばれている。障害者の日中活動の場、働く場、集う場として地域生活を支える重要な役割を担ってきた。1970年代半ばから設立され、障害者自立支援法施行前の2005（平成17）年には全国で1765か所の精神障害者小規模作業所が存在した。

表4-1　精神保健福祉法による保護者の役割（2013（平成25）年の改正により廃止）

❶　任意入院者および通院患者を除く精神障害者に治療を受けさせる義務
❷　精神障害者の診断が正しく行われるよう医師に協力すること
❸　任意入院者および通院患者を除く精神障害者に医療を受けさせるにあたって医師の指示に従うこと
❹　任意入院者および通院患者を除く精神障害者の財産上の利益を保護すること
❺　回復した措置入院者等を引き取ること
❻　❺の引き取りを行うに際して、精神科病院の管理者または当該病院と関連する精神障害者社会福祉施設の長に相談し、および必要な援助を求めること
❼　退院請求等の請求をすることができること
❽　医療保護入院の同意を行うことができること

第**4**章　精神障害者の生活特性

た。

　1999（平成11）年に精神保健福祉法が改正され、保護者制度については、❶自傷他害防止監督義務の削除、❷任意入院患者および通院患者を保護義務の対象から除外、❸保護者の範囲に成年後見制度の保佐人が加えられる等、保護者の義務の軽減が図られ、精神障害者の社会復帰に関する相談援助を求めることができるとする権利規定も設けられた。さらに、附帯決議のなかで「家族・保護者の負担を軽減する観点から、保護者制度について早急に検討を加え、精神障害者の権利擁護制度の在り方について引き続き検討を進め、その充実を図ること」として、保護者制度の見直しの必要性が明示された。

　その後、たび重なる改正のなかでも保護者制度については、義務の一部軽減が図られることはあっても削除されることはなく、家族は変わらず重い負担を担わされていた（**表 4-1**）。

▎4 保護者制度の廃止へ

　2013（平成25）年に精神保健福祉法は大幅に改正された。その内容は、❶精神障害者の医療の提供を確保するための指針の策定、❷保護者制度の廃止、❸医療保護入院の見直し、❹精神医療審査会に関する見直しであった。この改正で、1965（昭和40）年の全家連結成以来、約半世紀にわたり家族会が要望し続けてきた「保護者制度」が廃止されることになった。具体的には、治療を受けさせる義務、医師の診断に協力する義務、医師の指示に従う義務が削除された。

　これらの義務を削除した理由について、厚生労働省が設置した「「保護者制度・入院制度の検討」に係る作業チーム」では、①精神病者監護法による私宅監置を廃止し適切に医療機関につなげるという制定当初の

意義は現在失われている、②これらの義務の具体的内容が不明確である、③本人と保護者の関係はさまざまであり保護者のみに義務を負わせることは困難である等を挙げている[3]。さらに、財産上の利益を保護する義務、保護者の引き取り義務も削除された。

　精神病者監護法から一世紀以上続いてきた家族に大きく依存する施策には限界があり、ようやく家族会等が求め続けてきた保護者制度が廃止されたが、医療保護入院の「家族等の同意」は残された。

　保護者制度の廃止は歴史的意義のある大きな改正であったが、家族の実態に即した根本的な問題解決には至っていない。本来、医療保護入院は精神保健指定医が判断するものであり、家族に「入院させる」権限はない。しかし、「家族等の同意」の実態としては、本人は「家族に入院させられた」、家族は「本人を入院させてしまった」と家族に入院の権限があるような誤解を生じさせ、本人と家族の間に新たな軋轢を生む要因にもなっている。

★扶養義務
民法第877条第1項では、「直系血族及び兄弟姉妹は、互いに扶養をする義務がある」と定めている。

　精神保健福祉施策だけでなく、民法上の扶養義務（第877条）も加わり、社会に醸成されてきた家族依存の意識は根深いものがある。我が国においては、家族の扶養責任を問う世相や社会的支援の不足が家族の生活にも大きく影響している。しかし、法律から保護者の義務規定が削除されたことは歴史的にみても大きな改正であり、今後、法律に合わせて家族依存に対する社会の意識も変化していくことが期待される。

　2014（平成26）年には障害者の権利に関する条約（障害者権利条約）が批准されており、その前文には障害者だけでなく、家族自身が「社会及び国家による保護を受ける権利を有する」と明記されている。前文は、障害者権利条約の趣旨や基本的立場を示すものであり、今後、精神保健福祉施策のなかで「家族自身が保護を受ける権利」が整備されているか、施策の動向を注意深くみていく必要があるだろう。

2 精神障害者の家族が置かれている状況

1 精神障害者家族の生活実態

❶三つの孤立

　精神障害者家族を取り巻く歴史を概観すると、家族が困難に直面するのは、本人の精神疾患や障害だけが要因ではなく、家族に過大な責任を負わせる制度や家族依存の意識、社会資源の不足、偏見等の社会的要因

Active Learning

精神障害者家族の特徴について、具体的に整理してみましょう。

が大きく影響していることがわかる。

精神障害者家族会の全国組織である**みんなねっと**[iii]では、家族が置かれている状況を、①情報からの孤立、②人間関係からの孤立、③支援からの孤立の三つに整理している。ここでは三つの孤立から、家族が置かれている状況を概観する。

① 情報からの孤立

多くの家族は、精神疾患の知識がないままに発病に直面する。当初は精神疾患とは気づかずに困難な対応に追われることが多い。病気についての知識がなければ、家族はいつもと違う本人の様子にとまどい、過剰に心配したり、時には厳しい言葉をかけてしまうこともあるだろう。また、「自分の育て方のせいで病気になったのではないか」と自分を責めたり、家族のなかで原因探しをしてしまうこともある。

何とか受診につながっても、病気の症状や今後の見通し等、家族が知りたいと思っている情報を十分に得ることは難しい。専門家の情報は、家族には言葉が難しく感じられたり、混乱状況にある家族にとって受け入れがたいこともあるだろう。また、限られた診察時間や本人の同席等の制約があるなかで、家族が質問を遠慮してしまうこともある。

家族にとって本当に必要な情報が提供されないまま、時間だけが過ぎていくということも少なくない。2009（平成21）年度の全国家族調査[iv]でも、約8割の家族が初めて精神科医療機関を受診した際に、「継続して受診・相談したいと思えないような体験をした」と回答している。

② 人間関係からの孤立

我が国では「身内の問題は身内で解決する」との考えが根強くあり、家族の責任を問う世相が家族の生活にも大きな影響を与えている。「家のなかの問題である」と誰にも助けを求めることのできないまま、いつの間にか本人とともに混乱していく家族も少なくない。「他人に相談することは自らの力では解決できないことを認めて、このままではどうにもならないと観念した後でできることだと思います」[4]という家族の言葉からも、自分たちのケアに行き詰まった段階で、藁にもすがる思いで相

[iii] 全家連解散後、新たな全国組織として、2007（平成19）年5月に「全国精神保健福祉会連合会（みんなねっと）」が結成された。全国精神保健福祉会連合会では、国や行政への要望・請願活動や会議への参加、機関誌による情報提供、啓発・広報活動、家族相談事業（技術向上のための支援）等の活動を行っている。

[iv] 2007（平成19）年に全国精神保健福祉会連合会（みんなねっと）が発足してから初めての全国調査。精神障害者家族の実態と現状を伝えることにより「家族に対する支援の方向性を明らかにする」ことを目的に実施された（回収状況：4506名、回収率：48.3%）。

談につながるという、家族の状況を想像することができる。

長い間、本人と家族だけの生活が続くと、疲れ切った家族もしだいに外出する機会を失い、本人とともに家のなかに閉じこもるようになっていく。このような状態が長く続くと、社会との接点は途切れ、ますます外からの情報が入らなくなり、家族も孤立してしまう。

もう一つ、家族の社会参加を阻害する要因として、セルフスティグマの問題がある。精神障害者に対する偏見は根強く、中途障害であるため、発病時に本人自身が精神疾患に偏見をもっていることも少なくない。本人だけでなく、家族も精神科への受診や精神障害者に偏ったイメージをもっていると、自ら社会とのかかわりを制限してしまうことがある。こうした偏見が家族自身の自尊感情や自己効力感の低下につながり、家族が周囲に助けを求めることを困難にさせてしまう。

③　支援からの孤立

精神保健福祉に関する制度やサービスは、精神障害者本人を中心に設計されているため、家族を対象とした支援は限られている。やっとの思いで家族が相談につながっても、専門家から支援者としての役割を期待され、その役割を果たさないと「無理解」、一生懸命になりすぎると「過保護」と認識される状況では、家族はさらに孤立してしまう。

また、本人が家から出られず、医療中断や福祉サービスの利用中断等により、適切な支援につながらないことも多い。精神障害の特性として、「新しいことに対する不安が強く、緊張しやすい」「対人関係の障害」等がある。しかし、現在の制度やサービスは、「通所型」がその中心であり、精神科デイ・ケアや就労支援施設等のリハビリテーションにおいては、「集団」で提供されるものがそのほとんどであるため、精神障害の特性も影響し、一度は支援につながったものの、利用を継続できずに支援から孤立してしまう精神障害者も少なくない。

こうした体験が積み重なると、家族も徐々に外部からの支援をあきらめ、「自分たちが支援するしかない」と本人の支援を引き受け、さらに支援から孤立してしまう。本人と家族だけの生活が長く続くと、第三者の介入によって今の生活が脅かされるのではないかと不安が強くなり、ますます支援につながらないという悪循環に陥りやすい。

多くの家族が口にする「親なきあと」という言葉の裏には「親が元気なうちは自分たちが世話をする」という意味がある。家族が支援者として、終わりのない役割を引き受けているからこそ、出てくる言葉であるともいえるだろう。これらの状況は、精神障害者本人の側からみても、

家族が支〔……〕、これまでの生活を維持していくことに〔……〕る。

❷全国調〔……〕

これま〔……〕た全国規模の調査が 6 回行われている。〔……〕国組織であった全家連と、その後発足し〔……〕の精神障害者家族会★に協力を依頼して実〔……〕

これま〔……〕障害者家族は本人の日常的なサポートか〔……〕ョンへの協力まで、精神的にも経済的に〔……〕ることが示されている。本人だけでなく〔……〕を抱えていることは、1985（昭和 60）年〔……〕祉ニーズ調査」以来、長年指摘されてい〔……〕ごされ、家族は多くの不安を抱えながら〔……〕。

「2016〔……〕では、75.6％の家族が本人と同居して〔……〕。同時期の 2015（平成 27）年国勢調査〔……〕となっており、一般世帯と比較しても同〔……〕四六時中、本人と家族が顔を合わせるなかで、互いに疲弊していくことは容易に想像できる。これまでの調査でも、本人の病状悪化時には、半数以上の家族が「本人との意思疎通の困難さ」や「本人からの暴言・暴力」を経験していることが明らかになっている。

みんなねっとでは、2009（平成 21）年度全国家族調査の結果から、わたしたち家族の 7 つの提言をまとめている（**表 4-2**）。7 つの提言の内容をみると、家族の提言であるにもかかわらず、半数以上が精神障害者本人の個別支援体制の確立を求めるものとなっており、家族が本人の意思を代弁する役割をも担っていることがわかる。一方、「家族自身の身体的・精神的健康の保障」「家族自身の就労機会および経済的基盤の保障」という家族自身の基本的権利を求める提言が含まれていることにも着目したい。

★精神障害者家族会
家族会を大きく分類すると、「病院家族会」と「地域家族会」がある。1960 年代は病院家族会が主流であったが、1970 年代半ばにはその数が逆転している。2012（平成24）年の調査では、「病院家族会」188か所、「地域家族会」1056か所と、合わせて1244か所の家族会が活動していることが明らかになっている。

第4章 精神障害者の生活特性

v その後、実施された2016（平成28）年度全国家族調査においても、「わたしたち家族の 7 つの提言」の早急な実現について言及している。

表4-2　わたしたち家族の7つの提言

❶　本人・家族のもとに届けられる訪問型の支援・注
❷　24時間・365日の相談支援体制の実現
❸　本人の希望にそった個別支援体制の確立
❹　利用者中心の医療の実現
❺　家族に対して適切な情報提供がされること
❻　家族自身の身体的・精神的健康の保障
❼　家族自身の就労機会および経済的基盤の保障

資料：全国精神保健福祉会連合会 平成21年度家族支援に関する調査研究プロジェクト
　　　成21年度厚生労働省障害者保健福祉推進事業 障害者自立支援調査研究プロジェク
　　　の自立した地域生活を推進し家族が安心して生活できるようにするための効果的な
　　　在り方に関する調査研究」報告書』pp.27-28, 全国精神保健福祉会連合会, 2010.

❷ 家族の多様性

❶他の障害の家族との違い

　近年、80歳代の親が50歳代の子どもの生活を支えるという8050問題が社会問題となっている。精神疾患は、親元から離れて自立を始める青年期の発症が多く、長期にわたり治療が必要になることから、親が継続的に子どもの生活を支える立場になりやすい。また、中途障害であるため、親が中高年期になってから障害に出会うことが多いのも特徴である。病状の安定しない子どもを抱えながら、高齢の親だけで生活を支えるのは現実的に厳しい状況がある。

　また、精神疾患に対する偏見や差別が根強い社会では、発病前に形成された精神障害者への否定的なイメージが、本人と家族の生活に大きな影響を与えてしまう。精神障害はみえにくい（周囲に理解されづらい）障害であり、その障害も固定しないため、家族が精神障害を理解するのに時間を要することもある。本人の受け入れがたい心情や「誰にもわかってもらえない」という孤独感は身近な家族に表出されやすく、家族に対する暴言や暴力につながることもある。

　これまでみてきたような家族に大きく依存する精神保健福祉施策によって、家族が治療協力者や支援者の役割を担わされることで、家族関係を悪化させてしまうこともある。特に、医療保護入院等の強制医療については、「家族に入院させられた」「家族が退院させてくれない」等、本人と家族の間に軋轢を生じさせる要因にもなっている。

❷立場による違い（親、きょうだい、子ども、配偶者等）

　「精神障害者」が多様であるように、「精神障害者家族」を明確に定義することは難しい。「精神障害者家族」という用語については、1965（昭和40）年に全家連が結成され、当時の会の名称について「自分たちは

売上カード
中央法規出版
東京都台東区台東3-29-1 中央法規ビル
電話　03（3834）5815
FAX　03（3837）8035

★売上票のない返品は受付いたしませんからご注意願います。

書名　最新 精神保健福祉の原理
精神保健福祉士養成講座5

注文　取次店
日　月　日

ISBN978-4-8058-8256-6
C3036 ¥3000E

切　品
版　絶
刊　版
未　中
再版

定価 3,300円
（本体 3,000円）
（税10%）

出来予定　月　日

意を決して精神障害者家族と名乗って行動してきたのだから、精神障害者家族会でいこうではないか」と家族自身が決定した経緯があり[5]、現在も全国各地で精神障害者家族会として活動を重ねている。

精神障害者家族会に所属する家族は「親」の立場が多いが、家族の誰かが精神疾患を発症したときに、影響を受けるのは親の立場とは限らない。精神障害者が新たな家族をつくる場合や、親や配偶者となってから精神障害を抱えることもある。当然のことであるが、精神障害者家族は「親」だけでなく、「きょうだい」「子ども」「配偶者」等、さまざまな立場があり、立場の違いで抱えている困難にも違いがある。

たとえば、親の立場では自責感や親なきあとの不安を抱えていたり、きょうだいや子どもは正しい知識が得られないことによって遺伝の心配等を抱えていることもある。また近年、18歳未満の子どもが家事や家族の介護を引き受ける等、ヤングケアラー*の問題についても着目されている。本人の病状悪化が「親」に影響し、「親」に影響したことが「きょうだい」に影響するというように、家族のなかで伝播していくこともあり、家族一人ひとりだけでなく、家族全体に与える影響も大きい。

3 精神保健福祉士に求められる視座
──家族の多面的な理解のために

これまでみてきたように、精神障害は本人だけでなく、家族の生活にも大きな影響を与えていることがわかる。我が国の制度やサービスは、精神障害者本人を中心に設計されているため、精神保健福祉士は本人が地域生活を営むための構成要素として家族を捉えてきた面がある。しかし、精神障害者本人が地域で安心して暮らすために、家族の困難を見過ごし、家族に「支援者」の役割を背負わせる状況は、支援といえるのだろうか。

精神障害者を「患者」や「障害者」という属性ではなく、一人の「生活者」として理解することは支援の基本であり、家族への支援を考える際にも、家族を「自分らしい生活を営む主体」として理解することが重要である。精神保健福祉士業務指針（第3版）においても、「家族成員個々が安心して健康な生活を送れるよう支援する」と明記されており、家族支援も業務として位置づけられている。（**表 4-3**）

精神保健福祉施策の歴史をみても、家族の困難は個人的な問題から起こるのではなく、家族が精神障害者の支援を担うことを前提としてきた

★ヤングケアラー
家族の介護を行う18歳未満の子どものこと。介護を担うことで自身の心身の発達や人間関係、教育などに影響を受けることがあり、近年重要な社会問題として認識されている。

Active Learning
精神障害者の家族を支援する際のポイントを整理してみましょう。

第4章 精神障害者の生活特性

表4-3　精神保健福祉士業務指針（抄）

業務名	⑭家族支援
定義	家族を一つのシステムとしてとらえ、家族が抱える問題の整理と調整を通して、家族成員個々が安心して健康な生活を送れるよう支援する。
価値 理念 視点	・本人を含む家族成員それぞれが、自分らしい生活を営む主体であることを基本に据え【生活者の視点】、それぞれの生活の質の向上を目指す【ウェルビーイング】。 ・家族の個別性を重視し【個別化】、家族それぞれの歴史や価値観、関係性を尊重する。 ・家族のもつ力に注目し【ストレングス】、その力を活用して主体的に問題解決に取り組むことを促進する【主体性の尊重】。 ・家族の不安や葛藤の背景にある差別や偏見、法制度の不備を改善し、家族が安心して生活を営めるような社会を志向する【社会変革】【ソーシャルインクルージョン】。

出典：日本精神保健福祉士協会「精神保健福祉士業務指針」委員会編著『精神保健福祉士業務指針 第3版』日本精神保健福祉士協会，p.62，2020.

社会構造が強く影響しているといえる。精神保健福祉士には、精神障害者家族がどのように位置づけられ、その役割を担わされてきたのか、家族が置かれてきた状況を歴史から学ぶことが重要である。また、自分自身が精神障害者家族をどのように捉えているのか、家族に役割を押しつけていないかを自覚する必要がある。そのうえで、家族による支援から社会的支援に移行するための仕組みづくりにも目を向けることが求められるだろう。

◇引用文献
1）呉秀三・樫田五郎『精神病者私宅監置ノ實況及ビ其統計的観察』創造出版,2000.
2）全家連30年史編集委員会編『みんなで歩けば道になる──全家連30年のあゆみ』全国精神障害者家族会連合会，p.24，1997.
3）厚生労働省「新たな地域精神保健医療体制の構築に向けた検討チーム（第3ラウンド）」および「「保護者制度・入院制度の検討」に係る作業チーム」第26回・第27回資料，2012.
4）飯塚壽美「家族による相談支援」『精神科臨床サービス』第10巻第3号，pp.301-305，2010.
5）前出2），p.20

◇参考文献
・伊藤千尋『精神保健福祉領域における家族支援のあり方──統合失調症の子をもつ母親の語りから』萌文社，2019.
・全国精神保健福祉会連合会『家族相談ハンドブック』全国精神保健福祉会連合会，2012.
・日本精神保健福祉士協会「精神保健福祉士業務指針」委員会編著『精神保健福祉士業務指針 第3版』日本精神保健福祉士協会，2020.
・全国精神保健福祉会連合会 平成21年度家族支援に関する調査研究プロジェクト検討委員会編『平成21年度厚生労働省障害者保健福祉推進事業 障害者自立支援調査研究プロジェクト「精神障害者の自立した地域生活を推進し家族が安心して生活できるようにするための効果的な家族支援等の在り方に関する調査研究」報告書』全国精神保健福祉会連合会，2010.
・全国精神保健福祉会連合会「精神障がい者の自立した地域生活の推進と家族が安心して生活できるための効果的な家族支援等のあり方に関する全国調査」調査委員会編『平成29年度「精神障がい者の自立した地域生活の推進と家族が安心して生活できるための効果的な家族支援等のあり方に関する全国調査」報告書』全国精神保健福祉会連合会，2018.

精神障害者の社会生活の実際

学習のポイント

- 精神障害者の住まい、生活保障、就労など社会生活の実態を把握する
- 精神障害者の社会生活における現在の課題について理解する
- 精神障害者の「地域での本人らしい生活の実現」について検討する

　2020（令和2）年版の障害者白書によると、精神障害者数は419万3000人であり、年々増加している。精神障害者数は3年に一度実施されている患者調査によって、医療機関を利用した精神疾患のある患者数を元にしている。そのため、「精神疾患による日常生活や社会生活の場で相当な制限を継続的には有しない者も含まれている可能性がある」と追記されている。たとえば、精神科にうつ病で通院しているが、入院経験はなく、また定期的な服薬をすることで正社員としてフルタイムで働いている人たちも人数に含まれている。

　一方、日本特有の精神科医療の仕組みによって、強制的な治療を経験し、帰る場所がないことから治療の場であるはずの精神科病院に長く留め置かれてきた人たちもいる。また、地域で暮らすことができたとしても、本人らしく暮らす権利を奪われてきた人たちもいる。精神疾患の症状だけでなく、これらの環境と体験によって「日常生活や社会の場において支援を必要とする」状態である精神障害者も多くいる。

　本節では、多様化してきた精神障害者のなかでも「日常生活や社会の場において支援を必要とする」人たちの生活について、住まい、生活保障、就労の面から確認していく。

1　精神障害者の生活の実態

　ここでは厚生労働省が5年に一度実施している生活のしづらさなどに関する調査（以下、しづらさ調査）をもとに解説を行う。なお、このしづらさ調査は、上記患者調査で示した精神障害者とは母数が異なり、精神障害者保健福祉手帳を保有している人を対象としている。また、調査地域を抽出した調査であるため、数値は推定値である。

▎1 住宅の種別と住まい方

　精神障害者の住む場については、65歳未満、65歳以上ともに家族や自分の持ち家を住む場としている人たちが最も多い。一方、一人暮らしをしている人たちは、65歳未満で18.6％、65歳以上では25.0％となっている。今後の暮らしの希望では、65歳未満、65歳以上ともに「今までと同じように暮らしたい」と希望している人たちが多く、65歳未満で「一人暮らしをしたい」が7.6％、「グループホーム等で暮らしたい」が3.0％と、家族と離れた暮らしを希望する人たちの割合は低い（図4-3）。

　近年は、障害者福祉施策が拡充され、障害者の日常生活及び社会生活を総合的に支援するための法律（障害者総合支援法）による共同生活援助（グループホーム）や自立訓練（生活訓練）といった居住支援の場が増えつつある。また、退院後すぐに民間のアパートで暮らすための自立生活援助や居住サポート事業といったサービスも整備されてきている。一方で、住みなれた自宅で暮らすことを希望している人たちも多い。

　統合失調症圏等、精神疾患の発病年齢は10代後半から青年期が多く、多くの人たちは長く家族と暮らしているか、また家族からの支援を受けて生活している。前節でも示された「2016（平成28）年度全国家族調査」では、家族との同居が75.6％である。

　長く精神障害により生活に制限を受けている人たちにとって、一般就労等により自らの収入でアパートを借り、一人で生活することは容易ではない。そのため、自宅で生活する期間が長ければ長いほど、家族から離れて生活することが困難となってくる。その一方で、本人とともに家

図4-3　今後の暮らしの希望

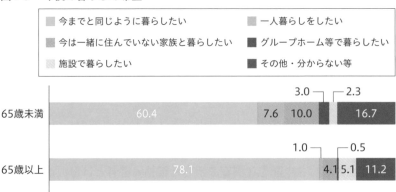

資料：厚生労働省「平成28年生活のしづらさなどに関する調査（全国在宅障害児・者等実態調査）結果」
　　　第17表，2018.

族は年をとっていく。しづらさ調査では、65歳未満の人たちは「家族の持ち家」の居住率が高かったが、65歳以上では「自分の持ち家」が高くなっている。このことからも、親の死去による世代交代が自宅内で起こっていることがわかる。

精神障害者本人と家族ともに高齢化することで、近年問題となっている8050問題★も人ごとではない。高齢化した親の介護が必要となり、精神障害のある本人が通所していた事業所に来ることができなくなる事態も起こっている。また、高齢の親のホームヘルパー、精神障害者本人のホームヘルパーが曜日を変えて支援している状況も増えてきている。

2 日常生活における生活のしづらさ

日常生活動作等の状況については、他の障害と比較し日常生活動作（activities of daily living：ADL★）や意思疎通での一部介助または全部介助の必要性は少なく、手段的日常生活動作（instrumental activities of daily living：IADL★）で65歳未満、65歳以上ともに介助を必要としている割合が高い（**図4-4**）。

年代によって多少の差はあるが、「食事の支度や後片付け」「身の回りの掃除、整理整頓」「買い物」「お金の管理」「薬の管理」といった自宅内での支援の必要性を示している。また、外出時の支援の必要性でも65歳未満、65歳以上において約5割の人たちが「調子の悪い時」「慣れた場所ではないところ」「いつも」と濃淡はあるが、支援を必要としている。

このような日常生活における生活のしづらさに対しては、近年拡充し

★8050問題
80歳代の親と50歳代の子の組み合わせによる生活問題。親が元気な間は生活・経済の両面で親が子を援助し保護する生活が可能であるが、いったん親が介護や支援が必要な状態になると、とたんに親子双方が危機に陥り孤立無援の状態に置かれやすくなり、共倒れになりかねない。

★ADL
人間が毎日の生活を送るための基本的動作群のことであり、具体的には、❶身の回りの動作（食事、更衣、整容、トイレ、入浴）、❷移動動作を指す。

★IADL
手段的ADL、道具的ADLと訳される。バスに乗って買い物に行く、電話をかける、食事のしたくをする、家計を管理するなどのように、より広義かつADLを応用した動作が必要な活動を指す。

Active Learning
精神障害者が抱える生活のしづらさを具体的に整理してみましょう。

図4-4　日常生活を送るうえで介助が必要な日常生活動作等

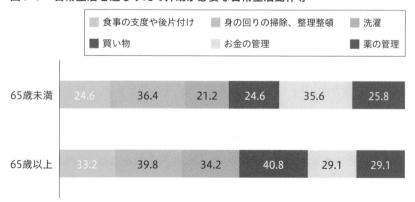

注：このグラフは各年代の総体ではなく、それぞれの項目ごとの必要度を示している
資料：厚生労働省「平成28年生活のしづらさなどに関する調査（全国在宅障害児・者等実態調査）結果」
　　　第21表，2018.

てきている障害福祉サービスでの居宅介護（ホームヘルプサービス）、移動支援、金銭管理支援（日常生活自立支援事業、成年後見制度）、医療面での精神科訪問看護など自宅に住みながら利用できるサービスが個々の状況に応じて利用されている。

■3 日常的な人とのかかわり

　近年、メンタルヘルスの課題は社会問題として捉えられるようになり、障害福祉サービスの拡充やピアサポート活動、地域特有の活動、障害者雇用などについて、メディアを含めた発信がされるようになり、障害者同士、また障害を超えた交流も広がってきている。

　一方で、外に出ることが困難な精神障害者も多くいる。しづらさ調査における精神障害者の日中の過ごし方の状況をみてみると、全年代ともに「家庭内で過ごしている」が半数近くとなる。また、65歳未満は障害福祉サービス（通所）利用、65歳以上は介護保険サービス利用と続く。利用頻度も週に1～2日が多く、短時間の利用である。精神疾患の症状や精神障害の特性である意欲の低下や対人関係の困難さ、またセルフスティグマ★によって社会に出ることへのおそれなど、人それぞれの理由がある。そのため、家族以外との交流がない人がいたり、利用頻度の少ない訪問看護やホームヘルプサービスが社会との数少ない接点である場合もある。

　他方、近年はピアサポートが広く浸透してきており、各地でピアサポーター養成講座が開催されている。ピアサポートは、当事者だからこそ理解できる、わかりあえることに特徴があり、ピアサポーターは、自らの経験をもとに長期入院患者の退院支援から、日常生活の相談までさまざまな支えあいを行っている。

●病院から地域の住む場へ──本人の希望に沿う支援とは

　厚生労働省の調査では、精神科病院に1年以上入院している人たちで「家庭」に戻ることが可能な人たちは2割弱である[1]。長期入院をしていた精神障害者が退院を検討する際に、確実な受け入れとサポートがそろっていることが支援者間の優先事項となり、本人の希望は蚊帳の外に置かれてしまうことがある。退院するならば、家に戻りたいという思いをもつ人たちもいるが、家族の受け入れ拒否があったり、両親が他界して家や土地もすべてなくなっているということもある。また、長い間精神科病院の「守られた環境」で過ごすことにより、社会生活や日常生活能力が衰えている場合や、社会的入院により「本人の意欲の減退」が起

★セルフスティグマ
精神障害者本人がもつ偏見であり、精神障害があることによる社会での劣等感や羞恥心などから孤立しやすくなる。セルフスティグマが高い人ほど自尊感情の低下や抑うつ状態につながりやすい。

164

こっていることもある。

　しかし、意欲がない、生活能力がないため退院は困難である、もしくはグループホームなら安全といった画一的な考えは、声なき本来の希望を奪ってしまうことになる。30年の社会的入院をした人が民間のアパートに退院することもある。短い入院後にグループホームに入居を希望する人もいる。精神保健福祉士は、本人の望む地域生活獲得のための支援を行わなければならない。

2 精神障害者の生活保障

　ここまで、精神障害者の日常生活の実態をみてきたが、次に生活保障に焦点をおき、生活の実際を確認していく。

1 生活保護受給の状況

　生活保護受給者全体をみてみると、2018（平成 30）年度の被保護実人員（1 か月平均）は、209 万 6838 人（対前年度 − 2 万 7793 人）、被保護世帯（1 か月平均）は 163 万 7422 世帯（同 − 3432 世帯）となっており、うち障害者・傷病者世帯も 41 万 2282 世帯（同 − 7236 世帯）と減少している[2]。精神障害者に目を向けると、2018（平成 30）年に出された入院・入院外別病類別医療扶助人員の年次推移では、2018（平成 30）年では精神科病院への入院者は 4 万 6775 人で 1978（昭和 53）年の 11 万 8117 人の半数以下となっており、現在まで徐々に減少してきている（**図 4-5**）。

　また、医療扶助における傷病分類別レセプト件数の構成割合では、精神・行動の障害の割合が最も多いという結果であり、医療扶助全体において精神科病院への入院への医療扶助が最も多いということが示されている[3]。一方、入院外（在宅者）数は、最も多かった 2005（平成 17）年の 14 万 2121 人の半数の 7 万 3106 人である（**図 4-6**）。

　しづらさ調査における生活保護受給者は、18 歳以上 65 歳未満では多くなく、家族との同居率に近似しており、おおむね一人暮らしをしている精神障害者は生活保護を受給して生活していることが読み取れる（**図 4-7**）。

❶生活の質

　生活保護制度は近年、基準の見直しのたびに生活扶助等の支給額が減

図4-5　医療扶助人員（入院・精神科病院）の推移

| 1978年 | 118,117 |
| 2018年 | 46,775 |

資料：厚生労働省「平成30年度被保護者調査」月次調査／年次推移統計表／第9表，2020.

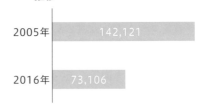

図4-6　医療扶助人員（入院外・精神科）の推移

| 2005年 | 142,121 |
| 2016年 | 73,106 |

資料：厚生労働省「平成30年度被保護者調査」月次調査／年次推移統計表／第9表，2020.

図4-7　生活保護の状況

■ 生活保護を受給していない　■ 生活保護を受給している　■ 不詳

| 18歳以上65歳未満 | 67.7 | 16.1 | 16.3 |
| 65歳以上 | 43.4 | 12.2 | 44.4 |

資料：厚生労働省「平成28年生活のしづらさなどに関する調査（全国在宅障害児・者等実態調査）結果」第44表，2018.

額され、精神障害者は金銭的に余裕のない生活をしている。また、住む場所も大きな課題がある。精神科病院から退院を目指す際に、気に入ったアパートを見つけたとしても住宅扶助の範囲では入居できなかったり、あるいは精神障害がある、また生活保護を受給しているという理由で、大家に拒否されてアパートが借りられないこともある。

　2015（平成27）年、生活保護を受給している精神障害者が、一室をベニヤ板で仕切ったベッドしか置けない部屋で暮らしていたことが明らかになった。住宅扶助の満額が家賃として支払われており、施設によっては生活扶助費のほとんどを施設生活費として徴収されている場合もあった。いわゆる貧困ビジネスである。生活保護行政も、地域移行支援を実施するもなかなか住む場所を確保できない精神障害者の住む場所として、そのような居住スペースをつくった支援団体に依頼していたのである。

❷住宅扶助と入院中の課題

　単身の生活保護受給者が入院することによって抱える課題の一つは、住宅扶助の支給期間である。アパート等の家賃は6か月までは保証されるが、それ以降退院が見込めないと住宅扶助の支給が停止するため、ア

パート等を退出する手続きを行わなければならなくなる。また、入院中の生活扶助は約2万円と、こづかい程度となる。

生活保護を受給することで、安定した生活を送っている人もいる。精神保健福祉士は生活保護の仕組みだけでなく、生活保護を受給し生活している人たちの現状と心情を理解する努力が求められる。

2 障害年金受給の状況

厚生労働省が2014（平成26）年に実施した年金制度基礎調査では、「精神障害」という疾病名で、障害厚生年金受給者と障害基礎年金受給者の合計は60万1000人（障害厚生年金受給者は13万6000人、障害基礎年金受給者は46万5000人）である。疾患別にみると、「精神障害」は他の疾患より多く、「知的障害（45万1000人）」「脳血管疾患（15万8000人）」と続く。

障害基礎年金では、2級受給者が圧倒的に多いことがみてとれる（図4-8）。統合失調症等の発病年齢は10代後半から青年期までが多く、多くの精神障害者が障害基礎年金の対象となる。1級の状態像は、長期にわたる安静が必要で、日常生活ができない程度（他者の介助がないと生活できない）であるため、精神障害者の場合は障害基礎年金2級（日常生活はできるが、就労等はきわめて困難で労働による収入が得られない状況にある）の対象者が多いと考えられる。

精神障害者の場合、精神疾患と精神障害を併せもつ特性から、申請時期や更新時期の病状により、年金の不支給や等級が下がることがある。これは、主治医が作成する病歴・就労状況等申立書の日常生活能力の評価と就労状況の評価の影響を受けやすい。

図4-8　精神障害による年金受給者数

	1級	2級	3級
障害基礎年金	103,000	362,000	
障害厚生年金	4,000	73,000	60,000

資料：厚生労働省「年金制度基礎調査（障害年金受給者実態調査）平成26年」2015.

特に就労については、継続期間や就業日数、収入などによって評価されやすい。しかし、国民年金・厚生年金保険障害認定基準では、精神障害者の場合に申請時に労働に従事していても、直ちに日常生活能力が向上したものとは捉えず、療養状況を考慮すること、就労状況なども十分確認したうえで判断することとされている。また、障害年金は、1～5年が認定有効期間であるが、精神障害の場合は病状が固定しにくい特性から、この期間が短くなる傾向がある。

本項と関連して、障害基礎年金の支給額については後述する（「5 精神障害者の収入状況」参照）。

3 特別障害給付金

特別障害給付金とは、1991（平成3）年4月の国民年金の法改正まで、国民年金に加入しなくてもよいとされていた学生等の無年金障害者への救済策である。学生無年金障害者とその支援者は、全国的な活動を行い、2001（平成13）年には国に対して一斉提訴を起こしていった。全国の精神保健福祉士も、この「学生無年金障害者審査請求運動」に参画し、原告である障害者の支援活動を継続した。そして、2005（平成17）年に特別障害給付金という救済策がつくられることとなった。それまで障害があっても障害年金を得られなかった人たちは、制度の狭間に置かれて保障を得られぬまま生活していたのである。

4 精神障害者保健福祉手帳

精神障害者保健福祉手帳は、精神保健及び精神障害者福祉に関する法律（精神保健福祉法）によって定められた社会保障の制度である。障害年金を受給した後であれば、医師の診断書がなくとも精神障害者保健福祉手帳の申請が可能で、等級も年金と同じとなる。生活保護制度では、障害者加算等の対象となるなど法制度との連携もある。さらに、障害者の雇用の促進等に関する法律（障害者雇用促進法）における障害者雇用率制度で働きたい場合は、精神障害者保健福祉手帳の保有は必須である。しかし、他の障害より精神障害者の法制度の整備が遅れてきたように、精神障害者保健福祉手帳の所持者に対するサービスの拡充が遅れている。すべての障害者手帳において全国一律の保障もあるが、鉄道会社や有料道路では身体・知的障害者のみの旅客運賃割引があり、精神障害者は対象とならない。

精神障害者保健福祉手帳の保有者数は、毎年発表されている衛生行政

★無年金障害者
国民年金制度の発展過程において、国民年金に任意加入していなかったことにより、障害基礎年金を受給することができなかった障害者のこと。学生や被用者の配偶者など。

報告例の結果の概要で確認することができる（**表4-4**）。

　冒頭でも述べたように、2020（令和2）年版の障害者白書では精神障害者数は419万3000人となっている。この数字は、3年に一度示される患者調査によるものであり、実際に約419万人の人たち全員が「自分は精神障害者である」と考えてはいないだろう。この数字には精神疾患を治療しながらも、日常生活や社会生活に大きな支障を感じていない人も含まれる。年々精神障害者保健福祉手帳を申請する人が増加しており、障害者雇用率制度に算定され、働く機会が得られる可能性があることも要因の一つと考えられる。その一方で、患者調査による精神障害者の4分の1しか精神障害者保健福祉手帳を保有していないという事実もある。他の障害と比べ利用できるサービスが少ないというメリットの少なさも影響しているといえる。

　精神障害者保健福祉手帳は、制度化された当初から長く人権上の配慮等により写真欄が設けられていなかったが、2006（平成18）年10月より、精神障害者保健福祉手帳に写真貼付欄が設けられた。それは、身体障害者や知的障害者の障害者手帳には写真欄があり本人確認ができるが、精神障害者保健福祉手帳ではそれができず、サービスの不利益が存在したことも大きい。さらに、同年は、障害者雇用促進法の障害者雇用率制度に精神障害者が算定されることとなった時期でもある。このことからも、身体障害者や知的障害者の障害者手帳と同様に写真欄を設ける必要もあったといえる。

　ただし、精神障害者保健福祉手帳に写真を貼られることをすべての人たちが肯定的に受け入れていたわけではない。写真が貼付された精神障害者保健福祉手帳を落としたときに、周囲の人たちに自分が精神障害者だと気づかれてしまうことをおそれている人たちもいた。現在は、一般

表4-4　精神障害者保健福祉手帳の保有状況

	平成26年度（2014）	27年度（2015）	28年度（2016）	29年度（2017）	30年度（2018）
精神障害者保健福祉手帳交付台帳登載数（有効期限切れを除く。）	803,653	863,649	921,022	991,816	1,062,700
（人口10万対）	632.4	679.5	725.6	782.8	840.5
1級	108,557	112,347	116,012	120,651	124,278
2級	488,121	519,356	550,819	590,557	630,373
3級	206,975	231,946	254,191	280,608	308,049

資料：厚生労働省「平成30年度衛生行政報告例」

の事業所で働く精神障害者が増加するなど、社会のなかでも精神障害者が受け入れられつつある。しかし、それ以前は、精神障害は差別や偏見の対象とされてきた歴史があり、身体障害者や知的障害者の障害者手帳と同等のサービスの保証もなく、差別や偏見を解消する施策がないまま写真を貼付することに対する反対の声も多数上がっていたのである。

5 精神障害者の収入状況

精神障害者の月額の収入状況は、**表4-5**のように示されている。

先に述べた障害基礎年金は支給額が全国一律で決まっており、1級：月額8万1427円（年額97万7125円）、2級：6万5141円（年額78万1700円）である（2020（令和2）年4月現在）。障害厚生年金は、年金受給までの掛け金で受給額が異なるが、多くの精神障害者の収入状況は、障害基礎年金の受給額に近いことがわかる。

また、障害年金以外の収入で考えられるものは、一般就労での収入、障害福祉サービスでの工賃などがある。障害福祉サービスの工賃は、2018（平成30）年度の就労継続支援B型事業所で月額平均1万6118円、就労継続支援A型事業所で7万6887円となっている。この平均工賃は、身体障害者や知的障害者を主たる対象とした事業所も含めての金額であり、精神障害者を主たる対象とした施設は平均工賃より低い[4]。精神障害者は、病状と付き合いながら通所するため、体調が悪いときは欠席することや、そもそも一週間の通所日を少なく利用することも多い。さらに、再発や症状の悪化による入院により、長期間休まざるを得ないこともある。

しづらさ調査による精神障害者の収入実態から、家族との同居率が高いことも理解できる。一方、グループホーム（共同生活援助）の場合は、自治体によって利用料の補助があるため、障害年金を生活費として充てることができる。しかし、家族との同居であっても、グループホームで生活していたとしても、ここまで示したような精神障害者の収入状況では金銭的に豊かとは言い難い。

表4-5 精神障害者の月額収入状況

単価（円）	1位	2位	3位	4位
18歳以上65歳未満	6万～9万	0～1万	9万～12万	12万～15万
65歳以上	6万～9万	9万～12万	0～1万	3万～6万

資料：厚生労働省「平成28年生活のしづらさなどに関する調査（全国在宅障害児・者等実態調査）結果」第43表，2018.

精神障害者と就労

ここでは、精神障害者の就労についてみていく。現在、障害者福祉における就労とは、民間の会社や公共の機関で最低賃金が保障された働き方である「一般就労」と、障害福祉サービス等を利用して働く「福祉的就労」に大きく分けられる。

1 就労の歴史

❶労働から就労へ

1960年代から1980年代頃までの精神科病院では、入院中の患者が社会復帰活動の一部として近隣の工場や農場で働く「院外作業」が実施されていた。1970年代には、本来はリハビリテーションである作業療法の目的がゆがめられ、病院内の管理強化のもと、院外作業や入院患者が病院の運営に必要な仕事に無給で従事する「使役」の問題が明るみになるようになった。これらの「使役」は精神障害者の労働力の搾取であり、この時代の労働は人権侵害の歴史でもあった。

精神障害者の「福祉的就労」は、1970年代終わり頃から地域の作業所などで取り組まれるようになったが、「一般就労」が広がっていったのは2005（平成17）年の障害者雇用促進法改正によってである（2006（平成18）年施行）。身体障害者や知的障害者と比べて、取り組みは非常に遅いものであった。

❷地域での取り組みの始まり

1987（昭和62）年の改正による精神保健法の成立では、精神障害者の社会復帰が法の目的とされたが、地域の事業所に関連する制度化は未整備であった。精神障害者共同作業所（以下、共同作業所）は、精神科病院を退院した人たちの親が、子どもたちの働く場や居場所をつくるために、助成金がないなか手弁当で運営してきたものである。その始まりは、1974（昭和49）年に東京で設立された「あさやけ作業所」であるといわれている。

共同作業所では、精神障害があろうとも、一人の生活者として地域で暮らし、働くことを支えてきた。また、共同作業所だけでなく職親[★]とい

★職親
知的障害者や精神障害者等に対して、就職に必要な指導訓練を行う事業経営者等のこと。

---

i 1960年代以降、精神科の民間病院が乱立し、それによる従業者不足が引き起こされた。また、精神科特例による従業者不足もあり、それらを補うため入院患者に病院内の雑務などをさせる「使役」が急増していった。

回復途上にある精神障
害者が一定期間事業所
に通い、集中力、対人
能力、仕事に対する持
久力および環境適応能
力等の社会適応訓練を
受ける事業。再発防止
と社会的自立を促進
し、精神障害者の社会
復帰を図ることを目的
とした。

われる雇用主のもと精神障害等に理解のある職場で働く人たちも登場してきた。この「職親制度」は、その後精神障害者社会適応訓練事業[★]（当初の名称は、通院患者リハビリテーション事業）として、就労のトレーニングの場を担った。

　しかし、一般の事業所で就労を希望する精神障害者は多かったが、障害者雇用率制度に算定されるようになるまでは、精神障害を開示して働く場を見つけることは難しく、精神障害や精神科に通院していることを隠して就職する人たちも多かった。その当時の就労支援では、いかに精神疾患や精神障害を知られないようにするかといった課題に取り組むこともあった。そのため、本来は働くうえで疾患や障害に沿った配慮が必要であるところを、その配慮を申請できないどころか「疾患や障害を隠す」プレッシャーから、就職できても長続きしない人たちが多かった。

2 現在の精神障害者の就労

❶福祉的就労の現状

① 就労継続支援Ｂ型事業所

　現在、福祉的就労は主として障害者総合支援法における障害福祉サービス事業所で行われている。このなかでも就労継続支援Ｂ型事業所（以下、Ｂ型事業所）が精神障害者の最も多い通所施設となっている。Ｂ型事業所は、法制度化される以前の共同作業所の流れを汲み、軽作業を中心にしているため工賃は高くない。

② 就労継続支援Ａ型事業所

　就労継続支援Ａ型事業所（以下、Ａ型事業所）は、労働関係法規を適用した働き方を提供することが前提となっているため「福祉的就労」と「一般就労」が共存している。Ａ型事業所で雇用契約を結んでいたとしても、障害者総合支援法では障害福祉サービスの利用料を支払うことが求められるため、労働者でありつつ福祉サービスの受け手として利用料を払うことに疑問の声もある。

③ メンバーという呼称

　精神障害者が利用する事業所では、関係者は「利用者」ではなく「メンバー」と呼称することが多い。1950年代よりアメリカで発展してきたクラブハウスでは、スタッフと精神障害のあるメンバーが対等な関係でクラブハウスを運営する責任をもち、意思決定に参加していくこととされている。日本では、障害者自立支援法制定以前の作業所中心時代からメンバーという呼称が使用され、個々のメンバーとスタッフがともに

歩みながら場をつくり上げていくという意味あいで、現在も使用され続けている。

④ 工賃と施設運営

障害者自立支援法以降、障害福祉サービスの運用規定などが厳格化され、利用者数、職員配置、工賃収入の額などによって事業所が得る報酬が増減するようになった。そのため、スタッフは事業所を維持することへ注力せざるを得ず、一定時間以上働くことを条件とした利用者の選別化や、工賃を上げるために受注した作業をスタッフが残業してまで終わらせるといった現状もある。

一方、働く側の精神障害者は、精神疾患とそれに伴う精神障害の波によって、体調の変化が起こりやすい。再発により入院する可能性もある。そのような疾患と障害に付き合いながら、自分らしく働くことのできる場となるよう、メンバーが主体となり工賃作業の開拓や開発を行うなど、積極的に活動している事業所も多くある。

障害者総合支援法における事業は、報酬を得るための運用規定があり、事業所は運営を成り立たせていかなければならない。しかし、働く場は誰のためにあるのかといった根本的な意識を忘れず、メンバーの働きたい思いを汲んだ場づくりと支援を行うことが精神保健福祉士には求められる。

❷一般就労の現状

2006（平成 18）年に施行された改正障害者雇用促進法により、障害者雇用率制度に精神障害者が算定されることになった。5 年に一度実施されている「障害者雇用実態調査」では、従業員 5 人以上の事業所で約 20 万人の精神障害者が雇用されており（平成 30 年度調査）[5]、10 年前の約 7 倍となっている。また、障害者雇用率制度では、同年の調査で精神障害者が 6 万 7000 人雇用されており、こちらも制度化以降増加の一途である。この理由として、2018（平成 30）年の法改正施行による精神障害者の雇用義務化と、今後も予定されている雇用率の引き上げによって精神障害者の就労者数を増加させていることが挙げられる。ここ数年では、新規の就職者数は身体障害者を抜き、精神障害者が最も多い。

---

ii　雇用実態調査における精神障害者とは、❶精神障害者保健福祉手帳の交付を受けている者（発達障害のみにより交付を受けているものを除く）、❷手帳の交付を受けている者以外であって、産業医、主治医等から統合失調症、そううつ病またはてんかんの診断を受けている者、を指す。

精神障害者の就労する職種については、近年は多岐にわたり、オフィスでの事務作業から工場作業まで幅広い。障害者雇用率制度算定以前は障害を開示するかしないか、どうやって精神障害を隠すかといったことがとても重要な課題であった。そのため、病状が悪化しないように短時間（週3日で1日4時間など）で、対人関係のストレスが生じない仕事として清掃の仕事を選ぶ人も多かった。しかし、現在は精神障害者保健福祉手帳を提示し、通院状況や必要な配慮を相談できるようにまでなってきているため、職種の幅も広がってきている。その一方で離職率の高さが指摘されており、1年以内に約50％が離職しているという調査結果がある。[6]

　精神障害者の障害特性として、精神疾患の病状が悪化していない状況では一見ほかの社員と変わらぬ仕事ぶりをみせることや、学歴の高い人や職歴の豊かな人たちもいるため、即戦力として期待されることがしばしば起こる。そのため、働き口が得られた精神障害者本人にとっては頑張りたい気持ちが強まり、無理をしてしまうことで病状悪化につながってしまう。また、障害者雇用であっても、疾患や障害特性を伝えることでマイナスイメージをもたれることを恐れ、職場で必要な配慮について伝えることができないこともある。

❸「生の営みの困難さ」を通した就労支援

　就労面だけでなく精神障害者の「生の営みの困難」も就労を継続していくことに大きく影響する。精神障害者本人の精神疾患などに由来する不安定さや生活スキル、他者との関係のもち方、金銭問題、疾患管理など人それぞれの困難が存在する。働く前にはあまり目立たなかった課題が、就労の場で課題として表れることもある。雇用者や支援者側からすると、一見、本人のなまけや性格の問題として捉えてしまうこともある。しかし、精神障害者を雇用するということは就労の成果を期待するだけでなく、人それぞれにある「困難さ」への理解も必要となる。そのため、精神障害者本人と職場をつなぐ支援者の役割は非常に重要となってくる。

　近年、精神保健福祉士は就労前支援から企業内での就労支援まで、実践現場が多岐にわたっている。就労支援の場が広がり、精神保健福祉士が就労支援に携わるには、一人ひとりが希望する就労の形を共有し、就労を通した自己実現が叶う支援を行うことが必要である。

　ここまで、精神障害者の生活や就労の実態をみてきた。日本における

Active Learning
精神障害者を雇用する立場になり、考えられる課題を具体的に挙げてみましょう。

精神障害者の地域生活支援の先駆けであり、やどかりの里を創設した谷中輝雄は精神障害者の「ごく当たり前の生活」を実現することを40年以上前から伝え続けていた。立ち止まって考えたいのは、精神科病院ではなく、地域で暮らしていれば「ごく当たり前の生活」が実現しているわけではないということである。また、本人を取り巻く環境も左右している。援助関係論を示した窪田暁子は、ソーシャルワーカーの援助活動は、多様な「生の営みの困難」を抱えている人たちを対象とし、日々の暮らしのなかに反映されている具体的な課題を取り扱い、日々の暮らしを成立させ、発展させていくことを目的としている仕事であると述べている。[8]

　精神保健福祉士は、「本人らしく地域で生活者として暮らす」ことを支えるために、精神障害者本人の困難さや生活のしづらさを受けとめつつ、どのような生活を心から望み、かなえていきたいのかを丁寧に聴き、ともに取り組む姿勢をもつことが重要である。

◇引用文献
1）厚生労働省 第1回精神障害にも対応した地域包括ケアシステムの構築にかかる検討会 参考資料「精神保健医療福祉の現状」p 6，2020年3月18日　https://www.mhlw.go.jp/stf/seishinhoukatukentoukai_00001.html
2）厚生労働省「平成30年度被保護者調査」結果概要　https://www.e-stat.go.jp/stat-search/files?page=1&layout=datalist&toukei=00450312&tstat=000001137806&cycle=8&tclass1=000001137807&result_page=1
3）厚生労働省 平成30年度精神障害にも対応した地域包括ケアシステム構築支援事業 第2回アドバイザー・実施自治体担当者合同会議「資料3 生活保護制度について」2018年10月15日　https://www.mhlw-houkatsucare-ikou.jp/m201802data/m201802_ref3.pdf
4）厚生労働省「障害者の就労支援対策の状況」　https://www.mhlw.go.jp/stf/seisakunitsuite/bunya/hukushi_kaigo/shougaishahukushi/service/shurou.html
5）厚生労働省「平成30年度障害者雇用実態調査結果」2019年6月25日公表　https://www.mhlw.go.jp/stf/newpage_05390.html
6）障害者職業総合センター「障害者の就業状況等に関する調査研究」2017．https://www.nivr.jeed.or.jp/research/report/houkoku/houkoku137.html
7）谷中輝雄・早川進編『ごくあたりまえの生活をもとめて──精神障害者の社会復帰への実践 改訂版』やどかり出版，1983．
8）窪田暁子『福祉援助の臨床──共感する他者として』誠信書房，pp.1-8，2013．

◇参考文献
・谷中輝雄『生活支援──精神障害者生活支援の理念と方法』やどかり出版，1996．

第4章　精神障害者の生活特性

学習のポイント
● メンタルヘルス課題の発生につながる「場」や「状況」を理解する
● 新たなメンタルヘルス課題とそれへの対応の要点を理解する

 **人々のメンタルヘルスに関係する
場や状況と課題への理解**

　精神保健福祉士の職域は、徐々に広がりをみせ、今日に至っている。それはメンタルヘルスをめぐる課題を抱える人々の広がり、そしてメンタルヘルスをめぐる課題を抱えた人々の生活への影響、生活課題の複雑・多様化という実状から生じる必然であろう。精神保健福祉士による精神保健福祉実践・支援活動の対象は、従来からの統合失調症圏の疾患をベースにした精神障害者という典型を超え、多種多様、複雑を帯びている。

　そこで、本節では、「学ぶ場」や「働く場」、「多様性」や「ダイバーシティ」、「災害」「アドバーシティ」、そして「アディクション」や「トラウマ」といった「場」や「状況」、「事態」や「実相」から、メンタルヘルスをめぐる課題を理解することにしたい。

　世界保健機関（WHO）は、2017年、メンタルヘルス（mental health）を「自分自身の能力を理解し、実生活における通常のストレスに対処でき、生産的で効果的に働くことができ、自分が身を置くコミュニティに貢献できるような良好な状態（a state of well-being in which every individual realizes his or her own potential, can cope with the normal stresses of life, can work productively and fruitfully, and is able to make a contribution to her or his community)」と定義している。

　実際のところ、人々は、それぞれの場や状況のなかで、メンタルヘルスをめぐる課題や生活をめぐる課題を抱えている。次項以降、いくつかの場や状況から理解を深めることにしたいが、その前に、メンタルヘルス課題を考えるうえで基盤となる、ストレス（stress）について触れておきたい。ストレスという言葉は、「アクセントを高める、強調する」を意味するラテン語を背景にしており、17世紀になり物理学の分野に

おいて「外部から加えられた力によって生じる物体内部のねじれや歪み」を表す言葉として用いられるようになった[1]。

　現在理解されているストレス概念の基礎を築いたのは、生理学分野のセリエ（Selye, H.）である。セリエは、ストレスを「あらゆる要求に応じた身体の非特異的反応[2]」であり、「本質的には、常に生命の持続によって生じる体内の摩耗[3]」であると説明するとともに、「身体的あるいは感情的ストレスをもたらす、あらゆる出来事や力、状況[4]」であるストレッサーの存在を明らかにした。さまざまな場や状況、事態におけるメンタルヘルス課題や生活課題を理解するうえで、どのようなストレッサーが存在しているのか、そのストレッサーに対して、身体的・心理的にいかに反応しているのか（＝ストレス状態）という視点は、「ストレスによってもたらされた心身の変化は、直接的に身体および精神的な病気や障害を招き、心身の健康に影響を及ぼすことに加えて、生活の質を低下させる[5]」ことになるため、不可欠といえよう。

2 学ぶ場（学校）とメンタルヘルス課題

1 学ぶ場とは

　人間は生涯を通じて学び、成長・変化を継続していく。その意味で、家庭やコミュニティも学ぶ場といえるし、生涯学習等の学びのあり方も重要なものである。そのなかで「教師が児童・生徒・学生に教育を行う組織体」としての「学校」という場における学びが、人間形成、道徳の涵養、知識・技能の獲得等の中核になることはいうまでもない。

　学校は、端的にいえば、教師（教員）が一定の教育目的に従って、一個人（児童・生徒・学生）に対し、計画的に教育を施す場所であるが、実際には、複雑な要素から構成されるシステムとして理解できる。それらの要素とは、児童・生徒・学生およびその集団、教師・職員および教師・職員集団、保護者および家族（家庭）、環境としてのコミュニティ等々である。加えて、学校や教育に関する制度や政策、広くは歴史や文化等々が関係する複雑多様なシステムとして存在している。そして、その複雑多様性ゆえに、理解や把握にも多角的な視野や視点が必要であるし、山積する種々の課題にも関心を払わなければならない。

　学ぶ場（学校）に関係する人々のメンタルヘルスをめぐる課題を考える際に、関心を払わなければならないポイントには以下のようなものが

挙げられる。

・児童・生徒・学生が抱える問題や課題の複雑多様化と複合化

・保護者対応の困難化

・教職員負担の増大化、多忙化

② 学ぶ場のメンタルヘルス課題

Active Learning

あなたが学ぶ場におけるメンタルヘルス課題を考えてみましょう。

　一般に学校精神保健（school mental health）とは、「子どものこころの発達を健全に促し、こころの問題をもつ子どもに対して学校を中心として、何らかの支援などを提供する活動全体」を指している。

　先述したようなさまざまな状況変化のなかで、学校という場を中心にメンタルヘルスをめぐる課題を考えた場合、実に複雑多様化していることに気がつく。それは、児童・生徒・学生本人が抱える課題と、保護者や教員等、児童・生徒・学生にとってのいわば「環境」と捉えることが可能なファクターが抱える課題から成り立っている。前者は、「いじめ」や「暴力行為」、「ひきこもり」や「長期欠席」、「発達障害」や「学習障害」等を抱えた児童・生徒・学生の増加といった現象として現れ、後者は、家族機能や役割の低下、保護者・家族のメンタルヘルス課題の増加や、教員の過重労働、メンタルヘルス課題の増加、気分障害等の発症、休職の増加と復職の困難等といった事象として現れ、課題は山積している。

　たとえば、2020（令和2）年10月に公表された「令和元年度　児童生徒の問題行動・不登校等生徒指導上の諸課題に関する調査結果について」（文部科学省初等中等教育局児童生徒課）によれば、「いじめ」は、小・中・高等学校および特別支援学校において、61万2496件認知され、前年度と比べ約1.1倍の増加、いじめを認知した学校数は3万583校におよび、全学校数に占める割合は82.6%にも上っている。また、小・中学校の不登校児童生徒数は、全体で18万1272人、在籍者数に占める割合は、小学校で0.8%、中学校で3.9%、いずれも増加傾向にある。教員に目を転じてみると、文部科学省による「教員勤務実態調査（平成28年度）」（2018（平成30）年9月27日公表）の分析結果によれば、教諭の平均的な1日当たりの学内勤務時間は、小学校で11時間15分、中学校で11時間32分に達しており、教員のストレス状態の分析として、「教諭について高ストレス状態」が示唆され、年代別では20代でメンタルヘルスの状態が不良であること、そして、「勤務時間が長くなるほどメンタルの状態が不良」であることが公表されている。

以上は一例に過ぎず、学ぶ場（学校）をめぐり、メンタルヘルス課題が要因となり、さまざまな問題が生じていること、他方、種々の状態がメンタルヘルス課題を生み出していることは明らかである。そこでは負の連鎖、負の循環が起こり、多層・多重的な様相を呈していることは想像に難くない。当然のこととはいえ、児童・生徒・学生、教職員・学校、保護者・家族、関係者・コミュニティといった、さまざまな当事者や関係者、実状や内容を包括的に把握・理解していく必要がある。そのためには、これまで以上に学校におけるソーシャルワーク実践が、関係者・関係機関との連携・協働のなかで展開されなければならず、後述する「多様性」や「災害」での課題も含めて、学ぶ場（学校）が「最も安心・安全な場所」として存在し、機能するようにしていかなければならない。

3 働く場（職場）とメンタルヘルス課題

1 職場とは

職場とは一般に、「職業として働く場所」「会社などで執務や作業をする場所」のことをいう。実に我々は生活を送るうえで「職場」で過ごす時間が長いことに改めて気がつくであろう。「職業生活」は、我々にとって人生を形づくる最重要な要素といえる。ところで、終身雇用や年功序列は長らく、日本の「働く場」の文化を象徴するキーワードであり、日本型雇用システム★の代名詞であった。しかしながら、1990年代初頭のいわゆるバブル経済★崩壊以降、日本の「働く場」をめぐる環境や仕組みは変貌を遂げ今日に至っている。

政府は、2016（平成28）年に「働き方改革実現会議」を設置し、一億総活躍社会の実現に向けた大黒柱として働き方改革を推進している。2017（平成29）年3月28日には「働き方改革実行計画」を決定、また2018（平成30）年7月6日には「働き方改革を推進するための関係法律の整備に関する法律」（法律第71号）を公布し、今日に至っている。その内容は、「働き方改革の総合的かつ継続的な推進」「長時間労働の是正」「多様で柔軟な働き方の実現等」「雇用形態にかかわらない公正な待遇の確保」等が柱になっている。

このような「働き方改革」の推進は、働く場（職場）をめぐる環境や仕組みの綻びが露呈し、課題が山積していることとの表裏ともいえる。以下に働く場（職場）をめぐる実状と課題を理解するうえでのポイント

★日本型雇用システム
第二次世界大戦後、経済の高度成長を支えた日本における雇用制度のこと。その特徴は、終身雇用、年功序列、企業別組合の3点にある。

★バブル経済
（Economic bubble）
不動産や株式の価格が投機的な取引により、実際の経済成長以上の速度で高騰し、結果として実体経済と大幅にかけ離れてしまった状態。日本では1986（昭和61）年の12月から1991（平成3）年の2月までの51か月間、バブル経済を背景とした好景気現象（バブル景気）がみられた。

を列挙しておく。

・契約労働や派遣労働といった非正規労働者の増加
・徹底した成果主義に基づく評価体制の推進
・対人コミュニケーションが必要不可欠な業務の増加
・競争原理に基づく技術革新と要求される高度なスキル
・労働者間の格差拡大とサポートシステムの劣化

■2 働く場のメンタルヘルス課題

Active Learning

精神保健福祉士が働く場におけるメンタルヘルス課題を考えてみましょう。

　働く場（職場）における環境や仕組み等をめぐる綻びの露呈や山積した課題は、働く人々のメンタルヘルスの課題に直結する。厚生労働省による「平成30年 労働安全衛生調査（実態調査）」によれば、現在の仕事や職業生活に関することで、強いストレスとなっていると感じる事柄がある労働者の割合は58.0％となっており、年齢階級別では、30～39歳が64.4％と最も多く、次に40～49歳における59.4％であった。雇用形態別では、正社員が61.3％、続いて派遣労働者が59.4％であった。

　上記調査では、強いストレスとなっている内容（主なもの三つ以内）を尋ねているが、上位3位は、仕事の質・量（59.4％）、仕事の失敗、責任の発生等（34.0％）、対人関係（セクハラ・パワハラを含む）（31.3％）であった。また、年齢階級別で最も特徴的に現れたのが、20歳未満の「仕事の失敗・責任の発生等」で実に71.7％を占めた。就業形態別では、派遣労働者において「雇用の安定性」が58.2％（全体では13.9％）、パートタイム労働者において、全体では31.3％であった「対人関係」が41.5％と最も高割合であった。

　以上の調査結果は、まさに実態を表しているといえるのかもしれない。前項において触れたように、働く場（職場）の環境が様変わりし、常に成果と高度なスキルを求められ、過重な労働が常態化し、他方で雇用が不安定化し、働く者へのサポートが脆弱化するなかにおいて、一つのつまずきがストレスを抱えることへとつながっていく。その後ストレスは多層的なストレスとなり解消されず、種々のメンタルヘルス課題を生み出し、場合によっては気分障害等を発症、過労死や自死という取り返しのつかない結末へと向かう経路が映し出されているといえよう。また、「職場結合性うつ病（workplace-associated depression）」なる疾患が存在するが、以下に示す定義は、働く場（職場）におけるメンタルヘルス問題を端的に表現している。

> 　過重労働を主たる要因として発症するうつ病。〔中略〕仕事に追われゆとりのない毎日を過ごし、少なからず睡眠時間の短縮を余儀なくされて、心身疲労が続くのに加え、仕事課題を消化・達成できず、挫折体験をもつことが発症状況となることが多い。〔中略〕職場自体が、間違いをおかすことなく迅速かつ完璧に仕事をすることを労働者に課すという状況で、このハードルの高い課題による心身疲労と挫折感の末、うつ病の発症をきたすと定式化できる。[7]

　先述の厚生労働省による「平成30年 労働安全衛生調査（実態調査）」では、仕事や職業生活に関する不安、悩み、ストレスについて相談できる人の有無等を尋ねているが、相談できる人がいる労働者の割合は92.8％、実際に相談した労働者の割合は80.4％であった。相談できる相手（複数回答）の第1位は「家族・友人」（79.6％）、第2位は「上司・同僚」（77.5％）であり、第3位の「産業医」（8.8％）以下を大きく引き離して高率であった。ここに大きな課題が存在しているといえる。つまり、相談相手はもっぱら個人的関係性や個別的利害関係の範囲内に限定され、客観性が担保された、いわゆる専門家が接近できていないという現実である。今後は、医療機関等が企業との契約をもとに職場外において実施する従業員支援プログラム（Employee Assistance Program：EAP）の推進や、産業（労働）ソーシャルワーク★（industrial social work）の本格的導入が求められるところである。

★産業（労働）ソーシャルワーク

産業ソーシャルワーカー協会によれば、働く個人が抱える多様で複雑な問題に向きあい、関係者と連携しながら解決に導いていくことでトラブルを未然に防ぎ、一人ひとりの仕事と生活の調和を実現し、企業の生産性向上に寄与することをいう。

4 多様性とメンタルヘルス課題

1 多様性（diversity）とは

　2014年に採択された「ソーシャルワーク専門職のグローバル定義」[i]では、多様性尊重（respect for diversities）がソーシャルワークの中核をなす原理の一つとして明確に取り上げられた。その後の「アジア太平洋地域における展開」では、「多様性を賞賛し（celebration of diversity）、対立が生じた際に平和的な交渉を行う」ことが、そして「日

---

i 2014年に採択された「グローバル定義」は、ソーシャルワークが「地域・民族固有の知」を基盤としており、各国および世界の各地で展開してもよいとされたことから、2016年に「アジア太平洋地域における展開」、2017年に「日本における展開」が採択された。

本における展開」においては、「ソーシャルワークは、差別や抑圧の歴史を認識し、多様な文化を尊重した（respect diverse cultures）実践を展開しながら、平和を希求する」といったことがソーシャルワークの取り組みとして重要視されている。いまや「多様性尊重」や「多文化共生社会」の実現は、ソーシャルワークにとって一大目標といえる。

多様性尊重や多文化共生に向けた課題や対象は多岐にわたる。特に昨今では、一つに滞日外国人（個人やその家族）、つまり外国籍を有している、日本以外の国にルーツがある住民をめぐる種々の課題があろう。さらに、性的マイノリティ、「LGBTQ」や「SOGI」等と称されている性の多様性をめぐる理解や支援の課題が指摘されているところである。それぞれの主体や属性・特徴を踏まえたうえで、医療や教育、労働や婚姻等、生活に直接かかわる制度や具体的サービス等のハード面と、相談やサービス提供にかかわるソフト面の双方に関心を向ける必要がある。

2 多様性にかかわるメンタルヘルス課題

「多様性尊重」や「多文化共生」は、これからの社会のあり方を検討するうえで、洋の東西を問わず中核となる考え方であり、日本も例外ではない。その際の基本は、文化や価値観、習慣や態度が多様であることを知り、違いを認め、尊重することにある。ところが、特異性、差異をネガティブに強調するあまり無理解が助長され、その結果として、マイノリティとしての位置づけが固定化され、偏った理解や解釈が常態化される危険性が増加する。さらには嫌悪感情が広がり、「ヘイトスピーチ」等の行動化、問題の周縁化、権利侵害や差別につながるという悪循環のプロセスに陥ることになる。たとえば滞日外国人やLGBTQといった人々が極端な形でマイノリティ化されると、インクルージョン（包摂）ではなく、むしろエクスクルージョン（排除）が進み、生活を営むうえでの脆弱性が顕在化され、メンタルヘルスをめぐる課題も拡大することになろう。

法務省出入国在留管理庁が公表した「在留外国人統計」によれば、2019（令和元）年12月末時点の在留外国人は約293万人、総人口に占める割合は約2.3％と決して多くはない。その一方で、厚生労働省が公表した「外国人雇用状況」によれば、2019（令和元）年10月末時点において外国人労働者数は約166万人となり、高度外国人材等の受け入れを政府が推進していることもあり、1年で約13.6％増加、過去最

高を更新し、日本経済にとって外国人労働者の重要性は増し続けている。

滞日外国人、とりわけ外国人労働者をめぐっての課題は、生活をめぐるハード面かつソフト面にわたり、労働者本人のみならず配偶者や家族等も関係し、さまざまな生活上の課題が指摘されており、メンタルヘルス課題も同様である。他方、LGBTQをめぐっては、自らの性的指向、性自認についての周辺の人々の理解、仕事や職場、婚姻・家族制度等々をめぐって、課題が山積した状況に陥り、メンタルヘルス課題を持続的に抱え込む事態になってしまうことは想像に難くない。今後は複合化した課題状況の理解のもとで、カルチュラル・コンピテンス★（cultural competence：文化理解能力）を高めたうえでの支援活動が不可欠であり、加えて、構造的な課題に切り込み、制度・政策等のハード面の改革・充実を目的とした多文化ソーシャルワーク★や反抑圧実践★（anti-oppressive practice：AOP）が求められているといえる。

災害とメンタルヘルス課題

1 災害とは

災害（disaster）とは、一般的に、地震や台風などの自然現象、事故や火事、伝染病などによって受ける思わぬ災いや、それによる被害を指している。また、災害対策基本法（昭和36年法律第223号）第2条第1号によれば、「暴風、竜巻、豪雨、豪雪、洪水、崖崩れ、土石流、高潮、地震、津波、噴火、地滑りその他の異常な自然現象又は大規模な火事若しくは爆発その他その及ぼす被害の程度においてこれらに類する政令で定める原因により生ずる被害をいう」と、災害を規定している。あらためて触れるまでもなく昨今の日本は、地震、津波、台風、そして新型コロナウイルスの流行・蔓延と多発的・連続的に大災害に苦しめられている。

大災害は、瞬く間に人々の生活を脅かし、生活基盤を失わせ、長期にわたる生活課題の持続とその解決を余儀なくさせる。つまり、人々を難事・難局（adversity）へと追い込み、直面化させる。他方で難事・難局時に重要かつ必要なのは、平時・日常時からの準備体制であり、準備体制の不備は脆弱性（vulnerability）として立ち現れ、生活再建をよりいっそう困難にさせることになる。昨今、このような難事・難局からの立ち直りの現象やありさま、過程や内容を説明する包括的な概念や思

★カルチュラル・コンピテンス
自分とは異なった文化背景をもつ人や事象への理解や対応を促進する際に求められる知識や技術の総体。「多文化対応力」等とも呼ばれる。

★多文化ソーシャルワーク
多様な文化的・社会的背景をもつクライエントに対して実践するソーシャルワークのこと。ソーシャルワーカーは、クライエントがもっている自分とは異なる文化的背景や価値規範等を十分に理解し、尊重のうえ、生活課題の解決にあたる。

★反抑圧実践
貧困や格差にあえぎ、社会から排除・抑圧された人々のエンパワメントと社会構造の変革を目標とした、社会正義に根ざしたソーシャルワーク実践。イギリスで発祥し、1980年代以降、カナダやオーストラリア、ニュージーランド等で発展した。

★レジリエンス
もともとは「弾力性」を表す物理の用語であるが、一般に「復元力」を意味しており、「脆弱性」とは反対に位置する概念である。重大な逆境に遭遇したにもかかわらず、前向きに適応していく力、あるいはその現象のこと。リジリエンスやレジリアンスという日本語表記もみられる。

考として、レジリエンス*（resilience）に多方面からの関心が寄せられている。

2 被災とメンタルヘルス課題

　大災害等により被災者となった人々は、日常生活の維持を困難にさせる状況に陥り、生活の再建に時間がかかればかかるほど、メンタルヘルス課題を抱えることは、最近の日本各地を襲った難事の状況を確認すれば至極当然なこととして理解できる。災害を被った人々のメンタルヘルス課題を考えるうえでは、時間経過や状況に留意しながら、以下に示すような点から理解や把握に努め、対応することが肝要である。

・災害後に起こる急性の心理的混乱やストレス
・避難所生活をはじめとした不自由な生活のなかで抱える不安や落ち込み、イライラ感等
・被災により引き起こされる心的外傷後ストレス障害（PTSD）

　また、その際には、間髪入れずに実行しなければならない「待ったなしの支援」と生活再建にかかわるような「経時的・継続的支援」の見極めも重要である。前者においては、サイコロジカル・ファーストエイド（Psychological First Aid：PFA）やメンタルヘルス・ファーストエイド（Mental Health First Aid：MHFA）への理解や、災害派遣精神医療チーム（Disaster Psychiatric Assistance Team：DPAT）や災害派遣福祉チーム（Disaster Welfare Assistance Team：DWAT）等の一員として、適切な役割分担と協働、優先順位への理解が求められる。後者においては、継続的な訪問活動や対話を通じた状況変化の把握やメンタルヘルス課題の持続や再燃等への配慮が不可欠である。加えて、「支援者支援」、支援者側のメンタルヘルス状況の把握・理解が欠かせないことが、この間の経験から積み上げられた知見といえよう。

　なお、上述の専門用語について解説を加えておきたい。

　サイコロジカル・ファーストエイド（PFA）とは、心理的応急処置のことである。災害、紛争、犯罪等、深刻な危機的出来事に見舞われた人々を心理的に保護し、被害を防ぎ、さまざまな援助のためのコミュニケーションを促進することを目的とした人道的、支持的、実際的な支援を指す。メンタルヘルス・ファーストエイド（MHFA）とは、オーストラリア・メルボルン大学のジューム（Jorm, A. F.）・キッチナー（Kitchener, B. A.）夫妻によって開発された、メンタルヘルス課題を抱えた人に対して、専門家による支援の前に提供する心の応急対応のこ

とである。自傷・他害のおそれのある人の生命を守ること等の目的がある。災害派遣精神医療チーム（DPAT）とは、大規模自然災害や航空機事故等の集団災害が発生した際、被災地域の精神保健医療ニーズの把握や他の関係機関との連携等を行う、精神科医や看護師、精神保健福祉士等からなるチームのことである。災害派遣福祉チーム（DWAT）とは、災害時における避難者の生活機能の低下や介護度の重度化など二次被害を防止するとともに、福祉ニーズへの対応を行う福祉専門職から構成される支援チームのことである。

　大災害にいつ襲われるかわからない。そのリスクは高まっている。そのために、昨今は災害時の支援のみならず、平常時における支援活動の重要性に関心が高まっている。その要点は、さまざまな実践活動を通じて住民が周囲に援助を求めたり（援助希求力）、支援を受け入れたりする力（受援力）を育むこと、さまざまな社会資源を整え創出し、コミュニティのレジリエンスを高めておくことにある。以上のような視点をもち、メンタルヘルスへの対応も組み込んだ災害ソーシャルワークの整備と展開が求められている。

★受援力

助けを求めたり、助けを受けたりする心構えや態度、能力やスキルのこと。災害後に防災ボランティアの支援を活かすために、被災地側のボランティアの受け入れが進むよう用いられた概念で、東日本大震災以降、知られるようになった。

Active Learning

災害時のソーシャルワーク実践の特性を、平常時の実践と比較し考えてみましょう。

第4章　精神障害者の生活特性

6 アディクションとメンタルヘルス課題

1 アディクションとは

　アディクション（addiction：嗜癖）とは、ある特定の物質や行動、あるいは関係性に心を奪われてしまい、その対象にのめり込み、自分自身ではコントロールできなくなる状態を表している。アルコールや薬物等への物質嗜癖（substance addiction）（あるいは「物質依存（substance dependence）」）と、ギャンブル等への行動嗜癖（behavioral addiction）から構成されている。長年にわたり、トラウマやアディクションからのリカバリーについて、研究とトレーニングを行ってきた臨床心理学者であるナジャヴィッツ（Najavits, L. M.）によれば、「大ざっぱに言えば、アディクションとは、有害であるにもかかわらずその行為をつづけているという」ことであり、「「奴隷状態」を意味するラテン語に由来」しているという。[8]

　ところで、2016（平成28）年12月、「特定複合観光施設区域の整備の推進に関する法律」が成立した。カジノを中核とした統合型リゾート（Integrated Resort：IR）を「観光立国」実現の切り札と考えての施

策展開であり、IR の設置箇所や運営業者の選定等が進められている。他方で、常につきまとっているのが、ギャンブル等の依存症対策の抜本的強化であり、前記法律では附帯決議がなされている。つまり、これまでのアルコールや薬物といった「物質嗜癖」への課題のみならず、インターネット・ゲームへの依存等も含めて、「行動嗜癖」への関心がにわかに高まってきているといえる。

2 アディクションにかかわるメンタルヘルス課題

　アディクションは、支援やケア、治療の対象となるメンタルヘルス問題・課題そのものであり、本人のみならず周辺の人々にも影響する生活上の課題に直結する。そのうえでここでは、多くのメンタルヘルスをめぐる課題と関係し、昨今、アディクション問題との関連で語られることも多いトラウマ（trauma）について触れることにしたい。

　トラウマとは、「字義的には身体、心理を問わず、生命の危機を伴う予期せぬ破局的体験による傷つきを指」し、「日本では心的外傷体験と同義に使われることが多い」とされている[9]。また、トラウマ研究の第一人者である宮地尚子は、「過去の出来事によって心が耐えられないほどの衝撃を受け、それが同じような恐怖や不快感をもたらし続け、現在まで影響を及ぼし続ける状態[10]」と捉えている。これまで触れてきた学校場面における「いじめ」等によって、また大災害の経験によって、人々はトラウマを抱えることになる。

　他方で、「近年、トラウマとアディクション両方が同一人物に起きるというのがいかにありふれたことであるか理解される[11]」ようになり、「トラウマがアディクションを引き起こすこともあれば、アディクションがトラウマを引き起こすこともあり、双方が同時に起きること[12]」の認識が広がり、「これまでトラウマとアディクションの治療はそれぞれ独立して別々に行なわれて[13]」きたが、「双方の問題を抱えている場合は双方同時に取り組むように[14]」なってきている。

　ところで、トラウマには、「戦争（テロ行為）、災害・事故、犯罪被害といった自己、身近な他者の生命の危機を経験する単回性のトラウマ[15]」、あるいは、「シングル・トラウマ[16]」と、虐待・ネグレクトのように生活環境において日常的に反復される複雑（蓄積）トラウマ[17]」、あるいは、「反復的トラウマ[18]★」とに大きく分けられ、それぞれ当事者への影響も回復に向けたアプローチも異なり、「心と身体と社会という三つが重なる領域におきる現象[19]」と捉えることが肝要である。今後は、複合的かつ総合的

★シングル・トラウマ
生命が危険にさらされたり、性的な被害を被ったりし、通常の対処・適応行動では乗り越えることのできないトラウマ体験が、1回あるいは短期間のものをいう。この場合、呈する症状（反応）、因果関係が比較的明確である。

★反復的トラウマ
シングル・トラウマとは異なり、トラウマ体験が複数回あるいは頻回で、時期が長期間にわたるものをいう。反応が複雑多様化し、因果関係が不明瞭になりがちである。

な視点に立ちつつ、アディクションをめぐる課題に精通し、トラウマケアに強いソーシャルワーク実践が求められているといえる。

　以上、昨今の社会的実状を踏まえ、場や状況等の視点からメンタルヘルスをめぐる課題をみてきた。人々の生活は個々別々で複雑多様、常に変容する動態としての特徴をもっている。そのため、「滞日外国人の働く場におけるメンタルヘルス課題への対応」といった実状が確認できるように、複数の「状況」が複雑に関係し合っていることに留意しなければならない。そのためには、当然のことながら精神保健福祉士として、発達課題やライフサイクルの知見、バイオ・サイコ・ソーシャルという包括的視点、ミクロとマクロという実践領域、制度や具体的なサービス内容としてのハード面とかかわりや支援としてのソフト面等、多層的な視野からメンタルヘルス課題と連関する生活諸課題を的確に把握・理解し、メンタルヘルス（精神保健）ソーシャルワーク（mental health social work）を展開することにより、課題解決に取り組んでいく必要がある。

Active Learning

トラウマケアに強いソーシャルワーク実践に必要な知識や技術を考えてみましょう。

★**メンタルヘルス（精神保健）ソーシャルワーク**

精神障害者の社会的復権と社会生活支援、人々の精神的健康の回復・維持・向上、またメンタルヘルスの悪化を招いたり、精神疾患のリスクを高めたりする環境側面の改善や社会構造の変革を目標にした包括的ソーシャルワーク。

第4章 精神障害者の生活特性

◇引用文献
1）加藤敏・神庭重信・中谷陽二・武田雅俊・鹿島晴雄・狩野力八郎・市川宏伸編集委員『現代精神医学事典 縮刷版』弘文堂，p.566，2016.
2）H. セリエ，杉靖三郎・田多井吉之介・藤井尚治・竹宮隆訳『現代社会とストレス 原書改訂版』法政大学出版局，p.334，1988.（Hans Selye, *The Stress of Life*, revised Ed., McGraw–Hill Book, 1976.）
3）同上，p.356
4）G. R. ファンデンボス監，繁桝算男・四本裕子監訳『APA心理学大辞典』培風館，p.479，2013.（Gary R. VandenBos ed., *APA Dictionary of Psychology*, American Psychological Association, 2007.）
5）同上，p.478
6）前出1），p.158
7）同上，pp.496–497
8）L. M. ナジャヴィッツ，近藤あゆみ・松本俊彦監訳，浅田仁子訳『トラウマとアディクションからの回復 ── ベストな自分を見つけるための方法』金剛出版，p.17，2020.（Lisa M. Najavits, *Recovery from Trauma, Addiction, or Both*, The Guilford Press, 2017.）
9）前出1），p.774
10）宮地尚子『トラウマ』岩波書店，p.3，2013.
11）前出8），p.18
12）同上，p.18
13）同上，p.4
14）同上，p.4
15）前出1），p.774
16）前出10），p.6
17）前出1），p.774
18）前出10），p.6
19）同上，p.ii

第5章

精神保健福祉の
原理と理念

　精神保健福祉に軸足を置くソーシャルワーク専門職の固有の価値と存在意義について、日本における人権思想の発展や、精神医療改革および地域生活支援の実現を目指してきた専門職団体の活動に基づく理論構築の過程を通して学ぶ。

　精神保健福祉士の前身である精神医学ソーシャルワーカー（psychiatric social worker）が、自己決定の尊重を実践の原理に据え、地域における精神障害者の「ごく当たり前の生活」の実現を追求し、社会的復権と権利擁護のための制度改革や社会資源の創出に向けて働きかけてきた実践の理念を学ぶことにより、精神保健福祉士の役割に関する自覚を確立し、獲得すべき専門性についての考察を深める。

精神保健福祉の原理が培われた足跡・過程

学習のポイント

● 精神保健福祉領域のソーシャルワークの原理について、精神医療に関する政策の変遷に関連して展開された精神医学ソーシャルワーカーの専門的社会的活動を通して学ぶ
● 精神保健福祉士の国家資格創設に至る経緯を学び、ソーシャルワーク専門職としての存在意義を理解し、専門的価値を獲得する

　日本における精神保健福祉領域のソーシャルワーカーは、精神医療と密接に関連して発展してきた。精神保健福祉士は、精神医学ソーシャルワーカー（psychiatric social worker、以下、PSW）として誕生した精神保健医療福祉の現場を主たるフィールドとするソーシャルワーク専門職である。本節では、前章までの内容を踏まえながら、精神保健福祉士の国家資格創設までの経緯を学び、ソーシャルワーク実践に欠かせない専門職としての価値の基盤を構築することを目指す。

 ## 精神保健福祉領域のソーシャルワーカーの歴史

1 日本の精神医療政策とソーシャルワーカー

　日本における精神医療政策は、1900（明治33）年公布の精神病者監護法により、各府県に精神科病院（または一般病院に精神病室）を設置することとしてスタートした。しかし、その内容は、家族が精神病者・障害者を自宅にて監護（監禁して保護）する私宅監置を中心とした社会防衛色の濃いものであった。1919（大正8）年には精神病院法の制定により、精神病者が治療を受けるための公立精神科病院を設置しようとしたが、財政上の問題から進まず、私立病院を公立病院の代用として規定した。この代用措置は、現在も指定病院制度として存続している。

　戦前の精神科病院におけるソーシャルワーカーの前身は、東京府立松沢病院発行の大正時代の雑誌に、将来計画として「遊動事務員」という名称が掲げられていることや、中央社会事業協会の福山政一が「精神医学の発達と精神衛生運動によって20年位の間にケースワークの一分派としてサイキアトリック・ソーシャル・ウワークという独自の活動分野

を開拓した」と昭和初期に述べていることなどから、事務部門における役割と、精神医療におけるソーシャルワーク実践が期待されていたと考えられる。

このように戦前の日本のPSWは、精神医療の領域における専門性を主張し機能を発揮できるまでには成熟していない。日本で精神病院法が制定された1919（大正8）年に、アメリカとカナダの19の学校が専門ソーシャルワーク訓練学校協会（Association of Training Schools for Professional Social Work：ATSPSW）を結成し、専門職のソーシャルワーカー教育を行っていこうとしていたことや、1926（大正15）年に、アメリカ・サイキアトリック・ソーシャルワーカー協会が設立されたことに比べると、日本の遅れは歴然としている。

1950（昭和25）年に制定された精神衛生法においても、それまでの歴史的流れを受け継ぎ、日本の精神医療は民間精神科病院に依存した提供体制であり、先進諸国に比べて並外れて多い精神病床数は現在に至るまで変わらない。当時の精神科病院に対しては隔離収容のみが期待されたかにみえる低医療費政策と、精神障害者に対する福祉政策の欠如は、精神障害者が福祉や積極的治療の対象ではなく隔離すべき者であるという社会の偏見を強化していったとも考えられる。

日本におけるPSWは、このような時代背景のなかで、国家資格をもたず、したがって必要な専門知識や技術に関する共通認識のないまま精神科病院に採用される職種であった。おのずと、その期待される役割にも雇用者の技量による相違が表れていたと考えられる。

Active Learning

日本ソーシャルワーク教育学校連盟のWEBサイトを検索し、学生向けの企画があったら参加してみましょう。

第5章 精神保健福祉の原理と理念

2 精神医学ソーシャルワーカーの誕生

精神科病院におけるPSWの配置は、わずかな例外を除けば、敗戦後の日本でのGHQ（General Headquarters：連合国軍最高司令官総司令部）による社会事業導入の流れに沿っている。国立国府台病院に、アメリカの力動精神医学を学んだ院長の村松常雄によって2人の「社会事業婦」が置かれたのは1948（昭和23）年であり、これが公式に残るPSWの第1号とされている。その後、1952（昭和27）年に付設された国立精神衛生研究所では、精神科医、心理学者、PSWが共同関与す

---

i 〔むらまつ・つねお〕1900-1981. 20世紀初頭にアメリカの精神病理学者のマイヤー（Meyer, A.）が、人間を生物学的、心理学的、社会的統一体として理解し、精神病を個体の社会的環境に対する不適応として捉えようとする立場を提唱した力動精神医学を学び、日本に精神医学ソーシャルワーカーを導入した精神科医。

るチーム医療の概念が掲げられ、臨床チームの試みが導入された。のちに、名古屋大学医学部長に転じた村松医師は、同附属病院精神科においてもPSWを常設してチーム医療を実施した。1953（昭和28）年には同PSW等による研究会が発足（のちに東海PSW研究会となる）、続いて宮城、神奈川、埼玉、東京にも研究会が組織されるなど、徐々に国内におけるPSWの存在がみえてくる。

　1959（昭和34）年より国立精神衛生研究所におけるPSWを対象とした社会福祉課程の研修開始や、PSWの集会である精神病院ソーシャルワーク連絡協議会の組織化など、各精神科病院においては少数派のPSWが職場や都道府県を超えて連帯し、情報交換や相互研鑽の機会を創り出していったことがわかる。しかし、1953（昭和28）年に精神衛生の現状視察に来日した世界保健機関（WHO）のブレイン（Blain, D.）博士が、社会事業学校におけるPSWの専門コース設置の必要性を勧告しているが、その実現には長い年月を待たねばならなかった。

■3 専門職団体の設立

　1954（昭和29）年に、当時の厚生省により全国精神衛生実態調査が行われ、政府が精神病者の隔離収容を促進させるために精神科病院の新設を奨励し、医療法の精神科特例によって人員不足を補おうとした。その結果、日本における精神病床数の9割以上を民間の精神科病院が占めることとなり、しかも少ない人手と費用による画一的な管理主義をはじめ、無資格者による看護や、患者が患者を看護するという事態を招いた。

　一方で、1960年代になると抗精神病薬の開発が進み、日本の精神科病院には、適切なリハビリテーションと地域精神医療体制があれば退院可能な若年層の慢性化した長期入院者が大量に存在するようになったことから、先進諸国の例に学び、地域精神医療への転換を図るべく精神衛生法の改正の検討に入った。このことは、入院患者の社会復帰を担うPSWの活躍の機会が広がっていたことを意味している。

　こうした状況を背景にし、精神病院ソーシャルワーク連絡協議会は、1963（昭和38）年に全国から76名のPSWが参集し、専門職の全国組織結成の具体化に向け、翌1964（昭和39）年に国立精神衛生研究所にPSW推進委員会事務局を設置した。そこでは、ソーシャルワークにアイデンティティをもつ専門家集団の全国組織化と、PSWを精神医療におけるチームの一員に位置づけ、専門職としての市民権獲得を目指すことが確認された。

★医療法の精神科特例
1958（昭和33）年に、当時の厚生省事務次官が都道府県知事宛に出した通知（厚生省発医第132号）で「特殊病院に置くべき医師その他の従業員の定数」を定めたもの。これにより、精神科医療施設の医師は患者48人に1人と一般の3分の1、看護師は患者6人に1人と一般の3分の2、薬剤師その他の職種も一般科より少なくてよいこととなった。2001（平成13）年に公的病院に関しては廃止された。

　同年 11 月、日本精神医学ソーシャル・ワーカー協会（現・公益社団法人日本精神保健福祉士協会）が設立された。設立総会のため全国から仙台に集結した 88 名の多くは、精神科病院に勤務する PSW である。この専門職団体の設立目的は、❶ PSW 同士の組織的な情報交換、❷関連領域の諸事態に対する PSW の統一見解の表明、❸厚生省（当時）に対する責任をもった答申、等の必要性を求める声に応じることであった。そして、直面する課題として、それまでに先進的な精神科病院での実践が積み重ねられてきたチーム医療における PSW の役割を、当時の改正精神衛生法に位置づけることが意識されていた。そこでは、アメリカにおける機能主義、診断主義のソーシャルワーク理論と力動精神医学に強い影響を受け、精神医療における他の職種との違いを明らかにするためにも、自己決定の原則など精神医学ソーシャルワークの原理原則を掲げることとなった。

　こうした原理原則の構築には、日本精神医学ソーシャル・ワーカー協会の初代会長である柏木昭をはじめとする国立精神衛生研究所の研究者や各地区の PSW 研究会の貢献があり、同協会の活動は、PSW の実践経験からの学びあいと、そうした実践の理論化を目指す側面の両方がみられ、それらに基づく関係官庁に対する働きかけが行われている。協会設立の翌年にあたる 1965（昭和 40）年には、会員間の情報共有のための『PSW 通信』を発行し始め、また PSW としての実践的な知見を蓄積するために機関誌『精神医学ソーシャル・ワーク』を創刊するとともに、第 1 回全国大会を開催し、以後年間行事として位置づけた。

2　精神医学ソーシャルワーカーの意義
──「Y 問題」から考える

1　地域精神衛生における PSW の位置づけと役割

　病院医療から地域精神医療への転換を目指すはずであった改正精神衛生法（1965（昭和 40）年）は、その前年（1964（昭和 39）年）に発生したライシャワー事件（ライシャワー駐日アメリカ大使刺傷事件）により、社会防衛的な色合いを濃くする小幅な改正にとどまった。改正法では、外来患者の医療継続を支える通院医療費公費負担制度の創設とともに、保健所が第一線機関として位置づけられ、精神衛生相談員が配置されることとなった。保健所をこのように位置づけたのは、戦後の貧困な日本国民に蔓延した結核患者の発生予防や早期発見において、保健

★精神衛生相談員
改正精神衛生法第42条で「都道府県及び保健所を設置する市は、保健所に、精神衛生に関する相談に応じ、及び精神障害者を訪問して必要な指導を行なうための職員を置くことができる」「職員は、学校教育法に基づく大学において社会福祉に関する科目を修めて卒業した者であって、精神衛生に関する知識及び経験を有するものその他政令で定める資格を有する者のうちから、都道府県知事又は保健所を設置する市の長が任命する」と規定された。現在の名称は精神保健福祉相談員である。

所が大きな役割を果たしたこともモデルとされたといわれている。すなわち、生活支援よりは精神病の発生予防や患者の早期発見に関する機能が期待されていたという見方もできる。

　精神衛生相談員として従事する者については、精神衛生審議会中間答申書（1964（昭和39）年7月25日付）において、「精神衛生に関する訪問指導、相談業務等に専門的に従事する職員であって精神科ソーシャルワーカーのほか医師、保健婦、看護婦、心理専攻者、社会福祉専攻者等のうちから所定の講習等を経て都道府県知事が任命したもの」と記されている。国家資格ではないものの、PSWが医師など他の専門職とともに保健所に配置すべき人員であるとして国の審議会資料に記述されており、その業務は、在宅精神障害者の訪問指導や相談とされている。しかし、一方でライシャワー事件の影響を受け、在宅精神障害者の居所や状態の把握と確認をし、速やかに入院医療へ導入するという社会防衛機能も含まれるといえる。つまり、どのような態度で何を重視して在宅精神障害者とかかわるかによって、その結果が誰にとって有益なものとなるかが左右される面をもつものであり、地域で生活する精神障害者を支援するPSWとしてのスタンスや実践の質が問われることとなった。

■2 強制入院制度におけるPSW

　現代は、人々のメンタルヘルスに対する関心が高く、相談先も多岐にわたる。一方、1960年代から1970年代当時は、市区町村役場に窓口はなく、メンタルヘルス不調を感じて気軽にかかることのできるメンタルクリニックや心療内科といった医療機関もきわめて少なかった。また「メンタル」「精神」は、当時の人々にとって身近な課題として認識されておらず、保健所が第一線機関とされていたものの、市民が相談することは一般的ではなかった。

　精神病患者や障害者を抱えた家族等にとって、相談の仕方や相談先に関する知識や情報は十分ではなく、しかも気軽に相談できることではなかったのである。また、相談を受けた側が紹介できる資源も限られ、精神科病院への入院は数少ない選択肢の一つであった。ただし、多くの精神科病院は郊外にあり、住民が積極的に相談や治療に訪れる場としてよりも、当時の精神衛生法における措置入院や同意入院といった本人の意思によらない入院治療を提供する機関としてのイメージが強かった。

　もし、身内に精神疾患や障害の疑われる者を抱えて困っている家族が相談してきた場合、PSWはどう受けとめ、どのような行動をとるべき

だろうか。困っている家族にのみ対応すればよいのか、家族が入院を求めた場合それに応じればよいのか。こうしたことを日本精神医学ソーシャル・ワーカー協会では、「Y問題」と名づけ、教訓化している。

3 強制入院に対する当事者からの告発

Y問題の発生（1969（昭和44）年）のあらましは、以下のような経過である。

> 息子（Yさん、未成年）の家庭内暴力について、家族が知り合いの医師の紹介で、精神衛生センターや保健所の精神衛生相談員であるPSWに何度か相談した。Yさんは大学受験を控えて精神的負担が増しており、また体調不良もあって両親と衝突していた。話を聞いたPSWは、Yさんの状態が精神病によるものと判断し、そのことを相談記録に書き残した。この記述がきっかけとなり、Yさんは、自身の意向を確認されることのないまま精神科院に強制入院させられた。この際、Yさんの搬送には保健所職員とともに警察官が協力した。また、あらかじめ入院を受け入れる用意をしていた精神科病院では、土曜の午後であることなどを理由に、Yさんを外来で診察することのないまま父親のみの同意により保護室へ入院させた。

この問題がPSWに向けて問題提起されたのは、1973（昭和48）年の第9回日本精神医学ソーシャル・ワーカー協会全国大会（横浜市）でのことである。Yさんの問題提起の趣旨は、「私はPSWによって、不当に精神科病院に入院させられた。あなたたちが援助だと思ってやっていることは人権侵害である。二度とこういうことがないよう、現場で働いているPSWに訴える」というものであった。日本精神医学ソーシャル・ワーカー協会は、Yさんからの告発を、PSWの専門性確立に向けて年に一度開催する全国集会のなかで提起された重要課題であると受けとめ、以後検証作業を重ねることとなった。

同協会が受けとめた本件の特徴は、以下のようにまとめられている。

❶ 相談を受けた保健所のPSWは、本人の気持ちや状況を直接確認することなく、強制入院ありきで進めた。

❷ 本人の搬送について、警察官の協力を求めた。

❸ 保健所PSWの面接記録と精神科病院に宛てた紹介状が、医師によるものとして扱われた。

❹ 搬送先の精神科病院で、診療が行われないまま入院が決定された。

❺　精神衛生法上、未成年者の入院には両親の同意を要するが、父親しか同意していなかった。

　なお、この一連の経緯における保健所の精神衛生相談員（PSW）の対応について法律的な観点から違反とされる行為はなかった。しかし、両親からの話のみで、Ｙさんには直接会うことなく入院が必要だと判断したことや、強制入院を前提とした警察官への協力依頼などについて、PSWという専門職のあり方が問われることとなった。

　一方、精神科病院の対応には問題があり、退院後にＹさんと両親が訴訟を起こし、のちに病院との間で和解が成立している。

▌4 「Ｙ問題」が教えてくれること

　日本精神医学ソーシャル・ワーカー協会では、Ｙ問題について、本人の意思によらず精神科病院に強制入院させられる患者の人権をめぐる法制度的な問題であるという認識とともに、PSWの専門性や倫理について問い直すべき課題として一般化させている。1人の当事者からの告発に対して真摯に耳を傾け、全国組織が約10年にわたり調査と検証を重ね、特定のPSWだけの問題ではなく、誰もが起こし得る事象として捉え直し、こうした事態を招く社会的背景、法的課題、PSWの資質の問題に対する望ましい専門職および職能団体のあり方を模索したのである。

　その結果、Ｙ問題からの教訓を、PSW一人ひとりがそれぞれの日常業務を点検するのに役立てることを目指し、本人の立場に立つことこそPSWの基本姿勢や理念であるとした。これは、当事者の立場を理解してその主張を尊重することを指し、対象となる人とともに歩む関係の重要性を認識することからPSWの専門性を捉える発想に基づく。

　この理念には人権尊重の視点が含まれ、Ｙ問題が提起した狭義の隔離拘束の問題にとどめず、精神障害のある人々の生活上の諸権利をも含めた広義の人権問題と関連させて取り上げることとされた。なお、現実の法制度のもとでこの基本姿勢を堅持することは、各PSWの力量次第であるが、本来このような実践はPSWの業務として保障されるべきであり、そのための身分の確立が現実的な課題として導き出されていった。

3 精神医学ソーシャルワーカーの価値
──倫理綱領の制定の経緯

1 精神医療における PSW の存在意義

　医師や看護師、薬剤師、作業療法士、栄養士など国家資格の医療専門職とともに、精神医療におけるチームの一員として、PSW が無資格でありながら専門職の仲間入りをするためには、他の職種とは異なるソーシャルワーカーとしての専門性を発揮できることが必要であった。しかし、社会福祉学を基盤としてソーシャルワークを実践することは、当時の日本の精神医療の領域において容易なことではなかった。

　前述したように、当時の精神科病院には退院可能な長期入院患者が多数存在していた。このことは、WHO の派遣により 1967（昭和 42）年から 1968（昭和 43）年にかけて 3 か月間日本に滞在し、各地の精神科病院を視察してまとめられたクラーク（Clark, D. H.）報告書にも明らかである。以下に一部抜粋すると、「私立精神科病院の多くは精神分裂病（現在の統合失調症）の患者で満床になり、5 年以上の在院患者の大多数は 25～35 歳で、以後 30 年以上も在院する可能性がある。60 歳以上は 4 ％にすぎないが、イギリスの前例に基づけばこうした慢性期患者の累積により、日本の高齢患者の非常な増加が 1980～90 年代には大きな問題になるであろう。早期に対策を打つべきである」[1] といった指摘であり勧告であった。

　なお、精神衛生法における入院制度は現在と異なり、任意入院制度はなく、家族等の同意による入院（同意入院）と都道府県知事命令による強制入院（措置入院）が大半を占め、患者自身からの「退院したい」という声を拾い上げる仕組みはなかった。それでもなお PSW は、Y 問題からの教訓のもと、このような状況において患者の自己決定を尊重し、ともに歩む関係性を実践の原理に据えようとしていたのである。精神科病院に勤める以上、入院患者の社会復帰を支援するのはソーシャルワーカーとして当然であり、PSW が精神科病院にいる意味そのものである。しかし、当時の PSW のなかには「患者を退院させ過ぎた」として経営者により病院から不当に解雇される現実もあった。

　私立精神科病院にとって、一定数の入院患者の確保は経営上の必然であり、この仕組みは本質的には現在も変わっていないが、近年は長期入院の解消が国の方針として推進され、精神保健福祉士は、その役割が期待される国家資格専門職として精神科病院をはじめ障害福祉サービス事

★クラーク（Clark, D. H.）報告書
日本政府の要請により、WHOから派遣されたイギリス・フルボーン病院の院長クラーク氏を顧問とする視察団が、1967（昭和42）年11月から1968（昭和43）年2月まで滞在して記した地域精神医療を推進するための報告書。当時の日本が、病院中心の医療体制に進むのか諸外国と同じように地域ケアに向かうのかの分岐点に出されたが、日本政府はこの勧告を受け入れることはなかった。戦後の精神医療史の転換点の一つで、和訳は、国立精神衛生研究所（現・国立精神・神経医療研究センター精神保健研究所）発行の『精神衛生資料第16号』に掲載されている。

業所や行政機関で働いている。このように、業務の必要性が共通認識され、役割を課された国家資格専門職であることが周囲に承認されている現在と、当時のPSWの置かれている環境は大きく異なっていた。

　ただし、この時代にも精神障害者の受け皿となる地域づくりに奔走し、やどかりの里を創設した谷中輝雄、精神科病院の周辺にアパート退院を促進した菅野治子ら、先駆的なPSWの実践をみることができる。彼らは、法的には障害者とみなされず福祉の対象とされない精神病患者が退院し、精神病や障害があってもごく当たり前の生活をするための住まいや仲間が集える場および働く場と地域生活支援ネットワークを創り出していった。

　こうした実践は、法制度の後ろ盾のないなかで、ソーシャルワーカーとして大事にすべきことは何か、目指すべきことは何かを強く意識したソーシャルアクションであり、入院中心の精神医療に風穴を開け、地域生活を支援する取り組みとして多くのPSWに刺激を与えた。

Active Learning

精神保健福祉資料（ReMHRAD（リムラッド）：地域精神保健医療福祉資源分析データベース）で、自分が住んでいる地域（都道府県・市町村）の精神保健福祉に関する概数を調べてみましょう。

2 PSWの専門性確立に向けた日本精神医学ソーシャル・ワーカー協会の取り組み

　日本精神医学ソーシャル・ワーカー協会は、1981（昭和56）年に、Y問題の教訓化を基盤にし、またPSWが本来あるべきソーシャルワーカーとしての働きを確実に行えるようにするため、以降の全国組織としての課題を下記の5点にまとめている。

❶　精神障害のある人々の立場を理解し、その主張を尊重するという本人の立場に立った日常実践を深化させ確立すること

❷　精神障害者を取り巻く状況分析を通した日常実践をすること

❸　PSWとクライエントとの関係性はどうあるべきかを明確にし、PSWの倫理綱領と、PSWを規定する枠組みを確立すること

❹　福祉労働者としてのPSWは、二重拘束性を有するなかで、クライエントとともにあろうとすること

❺　これらの実践や活動の背景となるPSWの専門性を追求し、その確立を図る制度上の課題に取り組むこと

　地域社会から引き離されて病院に収容され、しかも退院可能な入院患者を前にしてソーシャルワークを展開しようとする一人ひとりのPSWの実践を支えるためには、精神障害者福祉に関する理論の構築、PSWの業務指針の作成と業務内容の標準化、倫理綱領の制定が必須課題と考えられたのである。

★二重拘束性
PSWは「患者の立場に立つ」こととともに、もう一方で「患者の要望に十分応えられない雇用者との関係」があり、この両者は時に相矛盾すること。特に精神科病院に勤めるPSWの難しい立場を表した言葉。

　こうして、1982（昭和 57）年の第 18 回日本精神医学ソーシャル・ワーカー協会全国大会（札幌市）で、「精神障害者の社会的復権と福祉のための専門的・社会的活動」を協会の目的に据えることが協会宣言（通称、札幌宣言）として公表され、PSW の倫理綱領の制定につながっている。さらに、この目的達成のためには、専門職としての資質を担保するための国家資格法制定も重要課題であると位置づけられた。

3 倫理綱領制定の経緯

　前述したように、当時の日本の PSW には、標準化された教育内容がなく、さまざまな背景に基づく価値観や力量の PSW が働いていることが推測された。このことは、当事者への支援の質のばらつきを意味し、質の担保は PSW 総体としての責任を果たすうえでの課題であった。

　一般的に、多職種が協働する場面において、それぞれの専門職の行為はまったく別々のものではなく、ある程度重なり、また、まったく同じ行為をすることもめずらしくない。そこで専門性を発揮するには「PSWである "わたし" は、○○に基づいて、この業務を行っている」と説明できることが必要となる。この「○○」に当たる部分、すなわち PSWとしての価値について明文化されたものが必要であり、それが倫理綱領である。そして、PSW の一つひとつの業務を通して、この価値は具体に表されなければならない。

　日本精神医学ソーシャル・ワーカー協会は、1986（昭和 61）年から倫理綱領の策定に関する検討を重ね、1988（昭和 63）年 6 月に、国内初の PSW の倫理綱領を掲げるに至った。倫理綱領をもつことで、その職業の目的や価値観が内外に示される。一方、遵守しなければ批判を受け、また重大な違反をすれば処罰対象にもなり得るという厳しさを併せもつ。それだけ専門職としての責任を自らに課した覚悟が表されているといえる。

　なお、PSW の倫理綱領は、日本の精神保健福祉を取り巻く状況の変化や、PSW が国家資格化されて精神保健福祉士が誕生したことなどにより改訂が重ねられ、2013（平成 25）年採択、2018（平成 30）年改訂の精神保健福祉士の倫理綱領として現在に至る（第 6 章第 2 節参照）。

　並行して、現任 PSW の業務統計調査を行っていた日本精神医学ソーシャル・ワーカー協会は、PSW の業務実態を分析して 1989（平成元）年に精神科ソーシャルワーカー業務指針を作成した。この当時の会員数は、発足時の約 10 倍の 808 人になっていた。なお、業務指針も以降の

さまざまな状況変化に伴う改訂が重ねられ、「精神保健福祉士業務指針第3版」（2020（令和2）年）として現在に至る（第6章第3節参照）。

　かつて、PSWの実践に基づく理論構築を牽引した一人である坪上宏は、倫理綱領について「床の間の掛け軸ではなく、お茶の間の地図であってほしい」[2]と述べた。倫理綱領と業務指針は、精神保健福祉士として働くうえで自身の基盤を確認し、業務遂行の羅針盤として日々活用するべきものであることを端的に表している。

◢4◣ 精神医学ソーシャルワーカーの国家資格の必要性

▌1 PSWの資格制度を取り巻く状況の変遷

　1965（昭和40）年の精神衛生法改正に向けた議論において、精神衛生専門職の質量の確保は重要視されていた。精神科医、看護師に次ぐ「その他の職員」について、前出した精神衛生審議会中間答申書（1964（昭和39）年7月25日付）では「最近における精神医学の進歩に応じて、心理専攻者、精神科ソーシャルワーカー、作業療法士等専門職種の医療チームへの参加が必要であるが、身分資格の確立を図るとともに、その他の職員も含めて養成訓練について対策を講ずる必要がある」と記され、身分資格の確立と専門教育の必要性は当時すでに認識されていた。

　しかし、結果としてPSWが国家資格制度化されたのは1997（平成9）年12月のことである。同じソーシャルワーカーである社会福祉士の国家資格が、保健医療領域を含まない福祉職のための社会福祉士及び介護福祉士法として1987（昭和62）年に制度化されたことから10年遅れとなった。この経緯には複雑な事情がからんでいる。

　当時の国の考え方は、「社会福祉士や介護福祉士は福祉の分野で在宅や社会福祉施設にいる障害者等を対象とし、PSWなどの医療ソーシャルワーカーが対象としているのは、病院にいる傷病者や病人であり医療の一環として業務をしているから別の資格で対応するべき」というものである。現代は、医療と福祉の連携は必須であると理解されているが、この当時、人と環境や社会を包括的に捉えるというソーシャルワークの定義からは隔たりの大きい認識がなされ、その担い手に対する見方も制度や場面や対象ごとに分断されていた。同じ1987（昭和62）年1月に国は、福祉と医療領域における専門職種の法定資格化を図る方針を公表している。そこに医療ソーシャルワーカー（仮称「医療福祉士」）が含

まれていたことからも、ソーシャルワーカー資格が少なくとも「福祉」と「医療」の２分野に分けて考えられていたことがわかる。

　1980 年代には精神障害者の社会復帰は進んでおらず、精神障害者として地域で生活し福祉の対象となる者は少なかった。病院を退職し地域で精神障害者の生活支援を展開する北海道帯広市の門屋充郎、東京都板橋区の寺谷隆子など、先駆的な取り組みはみられるものの、多数のPSW は精神科病院で働いていたため、福祉施設や在宅を対象とする社会福祉士という国家資格には含まれない職種として置き去りにされた。日本精神医学ソーシャル・ワーカー協会は、社会福祉士及び介護福祉士法が、❶医療にいっさい踏み込まない資格とされている点における限界と問題点、❷将来制定が予想される「医療福祉士」との互換性が図られることへの期待、❸将来的には全ソーシャルワーカーの統合された専門資格制度の実現に向けて運動を進める旨、見解を表明している。

2 精神医療改革と PSW の位置づけ

　当時の日本精神医学ソーシャル・ワーカー協会は、入会資格を４年制の社会福祉系大学卒とし、要件を満たさない者には、研修受講やレポート提出を課していた。また、全国の PSW の資質を担保するべく、機関誌を発刊したり、全国集会を毎年開催して講演やシンポジウム、研究発表の機会などを提供していた。共通する専門教育を大学レベルで有さないことを踏まえ、さらに、現任者が実践しながら研鑽することの重要性を認識していたためである。これは、自分たちが力量を向上させることで、支援を要する人へのかかわりを充実させ、また貧困な精神医療の改革や精神障害者福祉政策を推進しようと考えていたことにほかならない。

　しかし、こうした PSW の組織的な取り組みは、残念ながら当時の日本における入院中心医療を本質的に変えるまでには至らず、私立精神科病院に依存した精神医療は持続し、質の向上は容易には成し得なかった。この状況に切り込む契機となったのは、1984（昭和 59）年に発覚した報徳会宇都宮病院事件である。この事件により、日本における精神医療の問題点が「精神障害者の人権および治療に関してきわめて不十分（seriously inadequate）である」（国際法律家委員会・国際保健専門職委員会合同調査団報告，1986（昭和 61）年）として諸外国から批判された。

　このとき、日本精神医学ソーシャル・ワーカー協会では、事件および

一連の問題に対する声明を出すとともに、国連人権小委員会・国際法律家委員会等の調査団来日に際して関係団体とともに調査に参加し、「精神衛生法改正に伴う PSW 配置に関する要望について」を 1986（昭和61）年に当時の厚生省に提出している。しかし、精神衛生法を抜本的に改正し、翌 1987（昭和62）年に成立した精神保健法では、保健所に精神保健相談員（精神衛生相談員を改称したもの）を「置くことができる」という規定への改正にとどまった。

ところで、著しい人権侵害が日常的に行われていた宇都宮病院には、社会福祉系大学出身の PSW が在職していた。日本精神医学ソーシャル・ワーカー協会は調査を行ってこの人物を PSW とは呼ばないと決定した。しかし、このように「例外」として片づけてしまってよいのか、という疑問も呈された[3]。

事件当時の日本では、PSW をはじめとしてソーシャルワーカーには国家資格がなく PSW の倫理綱領制定前であるとはいえ、社会福祉系大学が専門的な教育を行い、PSW の専門職団体が発足して 20 年を経てなお、精神医療現場における人権侵害の抑止力としてソーシャルワーカーが機能できなかったことは事実である。これは、PSW の養成のあり方に関する問題であるとともに、PSW が、その専門性の一つとする人権擁護を貫くことを抑止する制度的問題の存在も示唆していた。

5 ▶ 精神保健福祉士の国家資格制度化がもたらしたもの

1 精神障害者福祉の実現

宇都宮病院事件という悲惨な人権侵害事件により、日本の精神医療政策は大きな是正を余儀なくされ、1987（昭和62）年に成立した精神保健法によって、精神障害者の人権に配慮した適正な医療および保護の確保と、精神障害者の社会復帰の促進が目的に掲げられた。精神科病院におけるこれらの業務の中心的な担い手である PSW の国家資格化は当然のことと目されたが、衆参両院の附帯決議にとどまり資格法の成立には至らなかった。

この時期、国では前述したように医療福祉士（仮称）の創設が検討さ

★附帯決議
衆参両院の各委員会が、法案の採決に際して、法律を執行する政府に努力目標や留意事項を明記して、善処を求めるただし書きのようなもの。法的な効力自体はないが、採択後に所管の閣僚が所信を述べる際に引用される場合があり、また、次の法改正等に向けた要望の根拠として活用されることもある。

ii　原文「Human Rights and Mental Patients in JAPAN」は、下記にて閲覧できる。
https://www.icj.org/wp-content/uploads/1986/01/Japan-human-rights-and-mental-patients-mission-report-1986-eng.pdf

れており、社会福祉士及び介護福祉士法で取り残された医療分野のソーシャルワーカーを PSW も含めて統合する資格が想定されていた。しかし、医療ソーシャルワーカーを中心とした団体である日本医療社会事業協会（現・公益社団法人日本医療社会福祉協会）が、結果的に社会福祉士との一本化の追求を選択したことから、PSW の資格制度の検討は新たな局面を迎えることとなった。

1993（平成 5 ）年の精神保健法改正にあたり、改めて衆参両院において、PSW 国家資格制度の創設が附帯決議され、精神障害者の社会復帰を促進する担い手の必要性が強調された。同年 10 月に日本精神医学ソーシャル・ワーカー協会は、「精神科ソーシャルワーカーの国家資格化早期実現の要望書」を厚生大臣（当時）に提出している。

その直後の同年 12 月には障害者基本法が成立し、精神障害者が「障害者」の定義に明記された。そこでいよいよ精神障害者に対する福祉法が創設されることとなり、1995（平成 7 ）年に精神保健法は再び改正され、精神保健及び精神障害者福祉に関する法律の成立に至った。この法律が「精神保健福祉法」と略記されたことから、以降の日本では「精神保健福祉」という語句が使われるようになった。

こうして、精神保健と精神医療に加えて精神障害者福祉が同じ法に規定された。精神医療の視座を「医学モデル」から「生活モデル」へ、「入院中心」から「地域生活中心」へと転換させるべく、精神障害者を「疾病と障害を併せもつもの」として社会福祉の対象に位置づけ、精神障害者の自立と社会参加のための援助が法律に明記されるに至った。

▌2 精神医療と精神障害者福祉をつなぐソーシャルワーカー資格の必要性

同じ頃、長年にわたる隔離収容政策により他の先進諸国に比べても著しい長期入院や、精神障害者福祉の欠如により、自己決定に基づき生活する権利が侵害されている人々に対して、全国精神障害者家族会連合会（当時）など他団体からも社会復帰支援や身体障害・知的障害と同等の地域生活支援のための専門職が求められていた。さらに、PSW を配置し、社会復帰支援に取り組んできた精神科病院からは、診療報酬上の位置づけなど正当な評価を求める声が多くなり、経営者団体である日本精神科病院協会からは「PSW が多い病院ほど患者の在院日数は短い傾向にある」ことが 1995（平成 7 ）年日本精神科病院協会総合調査結果として報告され、PSW の国家資格創設の後押しが表明された。

こうして、精神医療と精神障害者福祉をつなぐ専門職の必要性がいっそう明確となり、1997（平成9）年に精神保健福祉士法が成立した。この法において、PSWは精神障害者の社会復帰促進の主な担い手である国家資格専門職として位置づけられた（第6章第1節参照）。

　精神保健福祉士という名称は、前述したように、精神保健及び精神障害者福祉に関する法律の略記に由来すると考えられる。すなわち、「精神保健医療」と「精神障害者福祉」のソーシャルワーク専門職であることを意味する造語である。本法成立には実に長い年月を要したが、社会福祉士及び介護福祉士法が成立当初から医療分野を含むソーシャルワーカー資格法として規定されていれば、10年間の遅れを生じることなく、またソーシャルワーカー資格が二つに分断されることもなかった。実際、1993（平成5）年に厚生省保健医療局長によってPSW国家資格化の担当課を精神保健課として具体的作業に入ることが示されて以降、こうした単独資格の創設に対して多方面から反対があったことも、特殊な資格であることを示唆しているといえる。

■3 精神保健福祉士は、どうあるべきか

　この資格によって、医療のなかで「精神科」だけを、また障害者福祉のなかで「精神障害者」だけを区別することは、結果的にこれらを利用する人々に対する社会からの特別視を助長しかねない。つまり、精神保健福祉士は、国家資格の存在そのものが精神疾患や精神障害に対する差別や偏見を強めることのないように機能しなければならない。そのためには、目の前にいる当事者の話を真摯に聴き、その人の立場に立って思いを理解して考え、人生の一時期をともに歩む関係性を築くかかわりがなければならない。そのうえで、置かれている環境がどうであるか、周囲との関係、社会の状況、時代の流れなどを多角的に捉えることが必要となる。解決すべき問題は当事者ではなく社会の側に潜んでいることが多い。なお、現代社会において精神保健医療や障害者福祉分野にとどまらず、差別や偏見を生み出し広げる事象は多様であり、精神保健福祉士は、これらに対しても敏感でなければならない。

　国家資格化以前のPSWが精神医学ソーシャル・ワーカー協会として連帯したのは、情報交換や互いに専門性を高め合うことに加え、それぞれの実践現場で日々体験することを社会的な課題として捉え直し、精神障害者の社会的復権と福祉のための専門的・社会的活動を展開するためである。専門的活動は、一人ひとりのPSWがそれぞれの職場や地域で

行うことでもあるが、社会的活動を個人が単独で行うことは容易ではない。法制度的な問題の改善や社会資源の創出、市民に対する普及啓発や政治への働きかけを通した社会変革など、目の前の一人の当事者を超えてより広く取り組むべき課題に対しては、多くの PSW の「実感を伴う声」を集積して団体として行動することが必要である。こうしたミクロからマクロまでの視点を兼ね備え、ソーシャルワーカーとしての力を発揮できるようになるための手がかりは、多数の先輩 PSW や職能団体の諸活動の軌跡にちりばめられている。

◇引用文献
1) David, H. C., *ASSIGNMENT REPORT : November 1967 – February 1968*, WHO REGIONAL OFFICE FOR THE WESTERN PACIFIC, 1968.（D. H. クラーク，加藤正明監訳「日本における地域精神衛生―WHOへの報告―1967年11月より1968年 2 月に至る 3 カ月間の顧問活動に基づいて」『精神衛生資料』第16号，1969.）
2) 坪上宏「PSWの歴史と現状――その倫理的側面から」『精神医学ソーシャル・ワーク』第29号，pp.75–85，1992.
3) 前田ケイ「ソーシャルワーク教育のアクレディテーション制度について――米国の場合」『テオロギア・ディアコニア』第17号，pp.59–76，1984.

◇参考文献
・『PSW通信』第 1 号，日本精神医学ソーシャルワーカー協会，1965.
・仲村優一，井村恒郎ほか編『異常心理学講座第 1 部 異常心理学（F）異常心理の治療・相談・処置 2 精神医学的ケースワーク』みすず書房，1954.
・広田伊蘇夫・永野貫太郎監訳，国際法律家委員会編『精神障害患者の人権――国際法律家委員会レポート』明石書店，1996.
・柏木昭編著，柏木昭・荒田寛・助川征雄・高橋一・寺谷隆子・松永宏子・吉岡隆『新精神医学ソーシャルワーク』岩崎学術出版社，2002.
・『精神保健福祉』第35巻第 2 号，2004.
・『精神保健福祉』第37巻第 2 号，2006.
・『精神保健福祉』第40巻第 1 号，2009.
・日本精神保健福祉士協会50年史編集委員会編『日本精神保健福祉士協会50年史』中央法規出版，2015.
・大西次郎『精神保健福祉学の構築――精神科ソーシャルワークに立脚する学際科学として』中央法規出版，2015.
・日本精神保健福祉士協会編『公益社団法人日本精神保健福祉士協会 生涯研修制度共通テキスト第 2 版』中央法規出版，2013.
・井手英策・柏木一惠・加藤忠相・中島康晴『ソーシャルワーカー――「身近」を革命する人たち』筑摩書房，2019.

● おすすめ
・相川章子・田村綾子・廣江仁『かかわりの途上で――こころの伴走者、PSWが綴る19のショートストーリー』へるす出版，2009.
・日本精神保健福祉士協会監，田村綾子編著，上田幸輝・岡本秀行・尾形多佳士・川口真知子『精神保健福祉士の実践知に学ぶソーシャルワーク① ソーシャルワークプロセスにおける思考過程』中央法規出版，2017.

精神保健福祉士による 実践の価値・原理

学習のポイント

● 精神保健福祉士は、専門知識や技術を用いて何を実現させようとしているのかを学ぶ
● ここで取り上げたものがどのような経緯で位置づけられたのかを学ぶ

　精神保健福祉士による実践の価値・原理とは、精神保健福祉士の立ち位置を定め、どこに焦点を当て、何を実現しようとしているのかを示すものといえ、それは精神保健福祉領域におけるソーシャルワーカーが今日までに実践を積み重ねるなかで確認・共有されてきたものである。

　本節では、そのなかで特に重要と思われる「社会的復権と権利擁護」「自己決定」「当事者主体」「社会正義」「ごく当たり前の生活」を取り上げる。これらの価値・原理は、日本の精神障害のある者を取り巻く社会環境を考えれば、それぞれ重なりをもっており、個々に解説することは精神保健福祉士の実践の基礎を養ううえでは適切でないかもしれない。ここでは、それぞれのもつ意味を先鋭化させるために、一つずつ解説していく。

1 社会的復権と権利擁護

　社会的復権と権利擁護は一対のものとして扱われることが多いが、ここでは分けて記述する。

　社会的復権とは、一般的な意味では、社会状況において権利が制限あるいは侵害されている状態から本来的に付与されているはずのものを取り戻していく過程と捉えられる。

　では、精神保健福祉士の実践における社会的復権とはどのようなものかを考えてみよう。

　まず、精神保健福祉士による実践の価値・理念が示されているものとされる精神保健福祉士の倫理綱領（公益社団法人日本精神保健福祉士協会）の前文（第6章第2節参照）にあるように、「クライエントの社会的復権・権利擁護と福祉のための専門的・社会的活動を行う専門職」として精神保健福祉士を位置づけている。

Active Learning

「ソーシャルワーカーの倫理綱領」と「精神保健福祉士の倫理綱領」を読み比べ、精神保健福祉士に固有の事柄を取り出してみましょう。

この社会的復権が実践の価値・理念として最初に位置づけられたのは、1982（昭和57）年の日本精神医学ソーシャル・ワーカー協会（現・公益社団法人日本精神保健福祉士協会）の札幌宣言である。「Y問題」を経て、自分たちの実践を振り返るなかで、精神障害者の社会的復権の樹立を労働実践の終局目標と掲げたのである。

つまり、法律として定められ運用されている制度そのものやそれに基づいて行われている行政や精神医療などにおいて、そもそも精神障害のある者は人として社会のなかで生きていく権利が制限あるいは侵害されている状況にある。まず、この状況からそもそもの権利を取り戻していくことが任務であり、実践の終局目標、言い換えれば職業的価値と位置づけたのである。

それは、日本における精神障害者政策が社会防衛を目的として始まったことに由来する。最初の法律となった精神病者監護法（1900（明治33）年）の主たる目的は、精神病者を病院か私宅に監置することで他者に与える害を防ごうとするものであった。この法は、第二次世界大戦敗戦により新しくできた日本国憲法の下で成立した精神衛生法（1950（昭和25）年）により、廃止となったが、新法の提案理由の一つに、「正常な社会生活を破壊する危険のある精神障害者全般をその対象とする」とあり、その本質は変わらなかった。

前記の札幌宣言が出された1982（昭和57）年時点においても、同法の本質を変えるような改正はなく、むしろライシャワー事件（ライシャワー駐日アメリカ大使刺傷事件）を受けて管理を強化する方向に舵が切られていたといえる。周知のように、精神衛生法に基づく入院制度は入院時の告知制度もない、すべて非自発的入院であり、退院や処遇改善を請求する権利もなかったのである。当時の精神医療政策は入院中心主義であり、法定施設外収容禁止規定＊もあり、自らの医療を選択する権利も制限されていたと容易に推察される。

そのほかにも、精神障害者の公衆浴場への入浴禁止が法律で定められていたことや資格関連法における欠格条項により、その資格を取得できないなど、精神障害者であることだけをもって、さまざまな権利の制限や侵害が存在していた。

だからこそ、社会的復権が価値・理念に位置づけられたのであった。その後、少しずつではあるものの精神障害のある者の権利の制限や侵害の改善が図られてはきているものの、現在でも十分とはいえない状況にある。ゆえに、今日においても倫理綱領に社会的復権が掲げられている

★法定施設外収容禁止
規定
精神衛生法第48条の規定であり、「精神障害者は、精神病院又は他の法律により精神障害者を収容することのできる施設以外の場所に収容してはならない」とされていた。そもそもは、精神病者監護法において認められていた私宅監置制度を廃止するにあたり、精神衛生法制定時に設けられたものであった。本規定は1993（平成5）年の改正時に廃止されている。

のである。

　倫理綱領には、社会的復権に続いて権利擁護が示されている。これは2003（平成15）年の改訂時に追加されたものである。

　現在の倫理綱領へ改訂されるまでの経過として、日本精神保健福祉士協会の常任理事であった小出保廣は次のように整理している。

❶　国家資格化に伴う経過措置として、5年間に限り、一定の条件を満たした現任者に受験資格を認めたことなどから、さまざまな学問基盤をもつ精神保健福祉士が誕生し、協会に入会してきたこと。

❷　医学モデルから生活モデルへの転換が行われ、精神保健福祉分野でも、入院中心主義から在宅を中心とした脱施設化が行われ、地域で活動する精神保健福祉士が増加し、契約福祉や利用者主体の組み立てが必要になってきたこと。

❸　ピアカウンセリング、ピアヘルプ、ピアサポートなど当事者活動や参加により、ソーシャルワーカーのもつパターナリズムへの再検討が必要になってきたこと。

❹　コンシューマ・イニシアティブの台頭のなかで、エンパワメント、アカウンタビリティ、アドボケイト、パートナーシップ、リカバリーなどの新しい社会福祉の価値（ニューバリュー）の検討が必要となってきたこと。

　これらのことから、精神障害者の社会的復権だけでなく、構造的に社会的変化を具体化することが求められている、としている[1]。

　小出の指摘にも重なるが、権利擁護が実践の価値・原理として掲げられることになるのは、2000（平成12）年に向けて進められてきた社会福祉基礎構造改革が大きく影響しているといえよう。同改革では、当事者が措置の対象者から契約を結ぶサービス利用者へと転換されたことにより、契約能力が不十分もしくはないと考えられる人たちの権利を守るとされる仕組みが導入されている。

　これらの変化は、知的障害、精神障害、認知症に関する領域で実践する者にとっては、当事者の自己実現と利益（権利）を守るための支援という難しい課題が突きつけられることを意味した。つまり、権利擁護を再認識するとともに、その具体的実践を検証し続ける姿勢が問われることになったのである。

　また、国際的には、国際ソーシャルワーカー連盟（IFSW）のソーシャルワークの定義が2000年に採択され、「人権と社会正義の原理は、ソーシャルワークの拠り所とする基盤である」と明記され、人権擁護がソー

シャルワークの根底にあたるものであるとの考えが定着していく時期であった。これらが社会的復権に権利擁護が加えられた背景として考えられる。

しかしながら、「Y問題」で顧みられた精神医学ソーシャルワーカー（psychiatric social worker、以下、PSW）の実践そのものが精神障害者の権利を侵害することをはじめ、PSWによる預り金横領事件という言語道断の出来事が繰り返されることもあり、PSWは常に権利の制限や侵害に細心の注意を払うべき職業として再認識するための象徴として権利擁護が価値・理念として位置づけられている。

今日においても、精神障害を事由とする欠格条項の存在、社会的な諸条件が整わないために入院を余儀なくされている、いわゆる社会的入院者の存在などを考えれば、奪われている権利を取り戻していく社会的復権を目指す実践が求められる。また、強制通院（心神喪失等の状態で重大な他害行為を行った者の医療及び観察等に関する法律（医療観察法）による強制通院制度）や強制入院制度が運用されていることから、実践上、権利の制限や侵害に関与せざるを得ないことがある。日常生活自立支援事業や成年後見制度などにおいても、当然ながら権利を制限・侵害する危うさを伴っている。だからこそ、精神保健福祉士は精神障害のある者の権利を守っていくという権利擁護を常に意識しておく必要がある。

★**預り金横領事件**
1989（平成元）年の関西地区、1992（平成4）年の東京地区、1995（平成7）年の北海道と、PSW（一部、元職を含む）がクライエントから預り金を横領する事件が続いた。

2 自己決定

自己決定とは、個人や集団、あるいは自治会や行政区単位の地域住民が、自らが抱えている問題やニーズを認識し、その解決あるいは目標達成に向けて、自らがなすべきことや方法も含めて、自分で考え判断し、自己の責任で選択し、決定していくことである[2)]。

自己決定はself determinationの訳語であり、supported decision makingの訳語で使用される意思決定とは、関連性は深いものであるが、本節では異なるものとして解説する。

精神保健福祉士による実践の価値・理念として自己決定が扱われるのは、自己決定できるように支援する、自己決定されたことを尊重する、ということが基本である。加えて、自己決定できる環境にないことや、自己決定が尊重されず他者が決定するという状況に置かれたときに、ど

のように対応すべきかを検討することにおいて扱われる。

ケースワークにおける自己決定の尊重は、バイステック（Biestek, F. P.）が1957年に著した『The Casework Relationship』によると、アメリカでは、社会福祉の実践方法が体系化された1920年代からすでに議論されており、1940年頃には広く認められるようになったとしている。

日本においては、バイステックの著書が『ケースワークの原則』として日本語訳が出版された1965（昭和40）年頃から広く認められるようになったと考えられる。

精神保健福祉領域で、PSWによる実践の価値・理念として明確に位置づけられるのは、1988（昭和63）年の倫理綱領の制定である。おそらく、この制定以前においても、自己決定の尊重をPSWの実践理念として取り入れていたと想像できるが、協会という組織としての表明では、1964（昭和39）年の日本精神医学ソーシャル・ワーカー協会設立趣意書、1982（昭和57）年の札幌宣言にも掲げられてはいなかった。

現在の「精神保健福祉士の倫理綱領」（2018（平成30）年6月に「日本精神保健福祉士協会倫理綱領」から名称変更）では、クライエントに対する責務の2番目に自己決定の尊重がタイトルとして示されている。

まず、倫理原則では、「精神保健福祉士は、クライエントの自己決定を尊重し、その自己実現に向けて援助する」とある。専門職でなくても、当然のこととして理解できることであろう。ただ、表面的な理解だけでは、専門職の怠慢や責任放棄に陥ることにもなる。たとえば、「あなたが決める（た）ことだから」として、自己責任を必要以上に押しつけるなどである。つまり、決定に至るまでの過程や内容も含めて正しく把握し、実践する必要がある。

具体的な実践上の指針を示す倫理基準では、まず、「クライエントの知る権利を尊重し、クライエントが必要とする支援、信頼のおける情報を適切な方法で説明し、クライエントが決定できるよう援助する」とある。次に「業務遂行に関して、サービスを利用する権利および利益、不利益について説明し、疑問に十分応えた後、援助を行う。援助の開始にあたっては、所属する機関や精神保健福祉士の業務について契約関係を明確にする」とある。

自己決定の前提条件として、正確な情報が提供されていること。そして、選択肢が用意されていること。また、サービスの利用者および提供者がそれぞれの役割や責任を明らかにしておくことも求められている。

言い換えれば、情報があいまいであったり、乏しかったりして利用者の理解が不十分である、また、提案されるサービスや方法も一つしかなく、選べないといった条件下では、自己実現につながる自己決定とはいえないのである。

　ここまでは論理に一貫性があるのだが、次の点の位置づけや解釈が議論になるところである。倫理基準の最後に、「クライエントが決定することが困難な場合、クライエントの利益を守るため最大限の努力をする」とある。

　一つの解釈は、精神保健福祉士はクライエントの自己決定を尊重するものであり、それには制限を設けない。もし、クライエントが決定することが困難な場合はそれができるように努力するという捉え方である。

　もう一つの解釈は、クライエントが決定することが困難な場合は最大限努力するが、それでもなおできないときは、代わりに決定するという捉え方である。最大限がついているのは、上限がある、制限されることがあると解釈するのが一般的であり、後者の解釈が妥当なものと考えられる。

　これに関連して考えておく必要があるのは、2003（平成 15）年の同倫理綱領の改訂である。項目の追加や文章表現の変更にとどまらず、その構成も大きく変更するものであった。だからこそ、2000（平成 12）年の改訂素案から 3 年の期間を費やし、全体から意見を集めながら作業が進められた。改訂が求められた要因は、あくまでも国家資格制度化などの政策的要因やソーシャルワークを取り巻く新しい考え方の台頭などが中心であったといえよう。

　その改訂で注目すべきは、倫理原則にある自己決定の尊重の文を変更したことである。それは、「クライエントの自己決定権を最大限に尊重し、その自己実現に向けて援助する」となっていたものを「クライエントの自己決定を尊重し、その自己実現に向けて援助する」としたのである。制限としての表現となる「最大限に」を削除したのである。自己決定の尊重には条件を設定しない考え方が示されたのである。

　自己決定の尊重とその制限は、古くて新しいテーマである。いわゆるジレンマとして考え続けなければならない課題である。

　バイステックも前記の著作のなかで、自己決定権の尊重について論じた後で、しかし、自己決定というクライエントの権利は、クライエントの積極的かつ建設的決定を行う能力の程度によって、また市民法・道徳法によって、さらに社会福祉機関の機能によって、制限を加えられるこ

とがある、としている。³⁾

　自己決定の尊重は、ソーシャルワーカーの実践における原則の一つである。しかし、原則である以上、例外が存在すると考えるのが一般的であろう。言い換えれば、利用者の利益を考えたときに、また、地域や社会全体の利益に配慮したときに、あるいは、その自己決定能力との関係で制限すべき方法を採用することがソーシャルワーカーの実践上、認められるのかどうかである。たとえば、決定に重大な影響を与える情報を伝えないことや、その決定に基づく行動を規制すること、また、後で修正することが困難な状況を招くおそれがある手続きや行為を本人の意志に反してでも行うなどである。

　古くは、そのことが当然のこととして、本人にとってよいことなので、専門職やその権限を有するところの決定に従うものであるとの考えが幅を利かせていたといえよう。

　しかし、人々の生活に対する価値観も多様化し、実態としてのスタイルも多様化する。個人が重んじられ、その個性を認め、異なることに対する違和感も薄らいできていることも間違いないであろう。そんな流れのなかで社会福祉サービスを利用する者も、人間としての権利を有し、自己の決定に基づく選択を保障していくことが当たり前のこととして認められつつある。また、社会福祉基礎構造改革の結果、措置から契約への転換が図られ、障害のある者もサービスの利用者であり、当事者主体の考え方を強化したといえる。

　ただ、精神障害のある者に対しては、なかなかその考えが広まらない感がある。実態に即し、多面的な視点で捉えることにより、また、人権上の問題として訴えていくことにより、その制限をより少なく、小さくしようと挑んできた経過がある。しかし、「そもそも自己決定する能力がない」「とんでもない行動を取る可能性が高く、危険である」から制限されて当然だとの考えは根強く、強制入院や強制通院制度（医療観察法による強制通院制度）が運用されているのも事実である。

　自己決定の尊重とその制限に関して議論する際、仮に制限を設けるとする場合、どこでその線を引くのかが問われてくる。医師の判断に委ねる、司法の判断に委ねるというのも一つの考えであるが、精神保健福祉士としての線引きを議論し続ける必要がある。その際、少なくとも次のことは確認しておく必要がある。

　まず、精神障害のある者も権利主体者である市民であり、他の者と同様に、自己責任とともに自由をもつ者である。そもそも、精神保健福祉

士による支援は、見方を変えれば、クライエントの生活への「介入」であり、「干渉」である側面をもつことを常に自覚しておくことである。

それには、健康管理のための「提案や助言」レベルのものから自傷や暴力行為を阻止するための「強要や強制」といったレベルのものまで含まれる。どのレベルのものにせよ、精神障害のある者の自己決定に影響を及ぼしていることは間違いない。しかし、その最終決定権を本人に委ねていく実践を心がけていくのである。そして、それが表面的なものとしてではなく、実質的に自己決定されるものになるよう努めていかなければならない。

だからこそ、「介入」は必要最低限の範囲でなければならないし、それを行わずに済む状態を目指す実践となっているか、常に振り返り確認しておく必要がある。

次に、おおむね妥当なものとして、自己決定による行為を阻止する「介入」であっても、それをあらかじめ合意や契約としておくことである。それは本人の選択が後に修復することができない結果をもたらし、さらにそれと異なる選択をした場合よりも不利益となる。そのどちらも明らかな場合、それを強制的に阻止する「介入」である。これは社会秩序に反する、あるいは自己破壊的な決定は本来的な自己決定とはみなさないとする考えであり、その意味においては、自己決定の尊重は制限されないとの解釈もできる。

精神保健福祉士による実践では、このような状況に関与することがある程度想定されよう。だからこそ、これらの「介入」すべてを利用者と共通認識（合意や契約と）しておくことである。一緒に考えたうえで、提案や助言を行うのは、どの内容についてであるのか、また、どのような状況の際にはこういった強制的な「介入」を行うのかということも明確にしておくことである。そして、それらの内容を事例研究としてオープンにし、当事者、家族、関係者を含めて検証していく取り組みを重ねていくことも精神保健福祉士の責務であるといえる。

3 ▷ 当事者主体

当事者とは、そのことまたは事件に直接関係をもつ人という意味で用いられるが、精神保健福祉士による実践の価値・理念としての「当事者主体」における当事者については、もう少し整理が必要である。

横須賀俊司は、障害者問題における当事者を次の四つに分類している。まず、障害者が直接的な影響を受けるので、障害者が当事者であることは明白とし、そのうち、差別を受けたり、生活支援制度や環境整備が整わないことなどを問題だと認識している障害者を「顕在的な当事者」とし、障害があっても困っておらず、特に問題と認識していない障害者であっても、いずれ問題と認識される可能性があるため、「潜在的な当事者」だとしている。さらに、障害者と対概念として使用される健常者は当事者ではないのかについては、障害者問題をつくり出している原因の一端は健常者によるものなので、健常者も当事者である。ただし、障害者とは質的な違いがあるので、障害者を「狭義の当事者」とし、健常者は「広義の当事者」としている。

加えて、障害者の家族については、差別の問題や、制度やサービスの不備から介護などの支援が家族にだけ強いられるという意味から、被害者としての側面をもつこともあるが、障害者と利害が必ずしも一致するとはいえず、「狭義の当事者」とはならず「広義の当事者」としている。[4)]

このように整理してみると、当事者とは誰であるかは、何を問題として取り扱うのか、どこに視点を当てるのかによって変わってくることになる。本節では、精神保健福祉士による実践の価値・理念としての当事者主体における当事者を精神障害のある者として述べることとする。

次に、「主体」である。これも多義的な用語であるが、ここでは認識や行動の担い手であり、端的には主としての意味で用いることとする。たとえば、活動や思考などにおいて、他のものによって導かれるのではなく、自身の純粋なものによってなされるという意味で用いられる、主体的という用語を考えると、ここで用いる主体の意味が明確になるであろう。

今日では、精神保健福祉士による実践の価値・理念として位置づけられている当事者主体であるが、その起源は、障害者である当事者による活動（大きくは自分たち自身が自分たちのために取り組むものと、自分たちの置かれた立場や問題状況を改善していくための運動に分けられる）によるものと考えられる。

当事者の活動の起源をさかのぼるには、どこに焦点を当てるかによって異なり、さまざまな領域や取り組みが考えられるが、日本の精神障害者支援において、当事者主体の考えが位置づけられる契機は、1970年代に始まった身体障害者の自立生活運動（IL運動）であり、知的障害者のピープルファーストであろう。これらとともに1981（昭和56）年

Active Learning

障害のある人や、その家族の手記などを探して体験談を読んでみましょう。

の国際障害者年やそれに続く国連・障害者の十年という国際的な運動も後押ししたといえる。日本においても身体障害者の自立生活運動が、当時、保護あるいは保護の名目による隔離政策の下にあった知的障害、精神障害分野に大きな影響を与えたといえ、当事者主体の考え方の起源とみることができる。

これらの運動は、障害者を保護あるいはケアされる人として諸サービスの対象者としての位置づけから、それらのサービスを主体的に利用する利用者であり、決めるのは自分なのであるとの考えを浸透させていくことになる。また、それらは自己決定の尊重という形で具現化していくことになる。加えて、身辺自立や経済的自立が主として考えられていた自立概念からそれらをコントロールする権利をもつ自律概念に転換させていくことになる。

ただし、これらの運動が精神保健福祉分野における施策などに直接的な変化をもたらしたかといえば、必ずしもそうとはいえない。当時の政策は、保護の名の下の精神科病院での入院中心主義であり、隔離収容が主な方法として幅を利かせていたのである。そのことを顕著に示すものがY問題であり、PSWの実践が精神障害のある者の権利を制限あるいは侵害するということが例外的な事例ではなかった時代だったのである。

Y問題を契機とした日本精神医学ソーシャル・ワーカー協会の実践の振り返りと以後の取り組みに向けた検討のなかで、一定の方向性をもつに至ったのは札幌宣言（1982（昭和57）年）であろう。それまでの過程では、PSWの日常業務の点検に資する、基本となるべき姿勢、あるいは理念を「本人の立場に立つ」ということに置いた。ここで「本人の立場に立つ」ということは、ソーシャルワーカーがそのままクライエントの立場に直接的、同時的に入れ代わるということではなく、クライエントの立場を理解しその主張を尊重することを意味しているとある[5]。これは当事者主体の考え方として理解することができるが、具体的な表現は、次の札幌宣言における精神障害者の社会的復権の樹立となり、後の倫理綱領における自己決定権の尊重となっていった。

このように振り返ると、当事者主体の考え方は、具体的には自己決定の尊重として、理念化されてきたことがわかる。つまり、自己決定の尊重なしには当事者主体はあり得ないものであり、自己決定の尊重を貫くことが、当事者主体を実現していくことになる。

精神保健福祉分野において、当事者主体が表現として定着してきた経

緯は、一つには、精神障害リハビリテーションの実践理論の展開におい
て、当事者の位置づけが前面化してきたことがある。二つには、1980
年代後半から2000年にかけて進められてきた、日本の社会福祉基礎構
造改革で、措置から契約への転換が図られ、利用者主体が強調されたこ
とにあると考えられる。

　最後に、精神保健福祉士による実践の価値・理念としての当事者主体
とは、精神障害のある者が保護あるいはケアされる人として諸サービス
の対象者としての位置づけから、それらのサービスを主体的に利用する
利用者であり、生きていくことの主人公は自分自身であり、自分のこと
は自分で決めるということを実現していくことである。この至極当然の
ことを価値・理念としているのは、まだまだ現実はそうなっていないと
いうことである。その典型は、強制入院や強制通院（医療観察法による
強制通院制度）が制度として運用されていることや、成年後見制度など
において、一部とはいえ、責任無能力者として扱われ、自分で決めるこ
とができない状況に置かれることなどにみることができる。

4 ▶ 社会正義

　精神保健福祉士による実践において社会正義が価値・理念として位置
づけられるようになったのは、21世紀になってからといえる。それは、
社会福祉専門職団体協議会が各団体の共通する倫理綱領として2005
（平成17）年に制定した「ソーシャルワーカーの倫理綱領」に掲げられ
たことが直接的な契機と考えられる。この倫理綱領を策定する際に、影
響を与えたものが、国際ソーシャルワーカー連盟（IFSW）の2000年
総会で採択され、翌年、IFSW加盟のための日本国調整団体が日本語
の定訳を発表した「ソーシャルワークの定義」である。そこには、「人
権と社会正義の原理は、ソーシャルワークの拠り所とする基盤である」
と示されており、それを受けて共通の倫理綱領が作成されたのである。

　1998（平成10）年に国際ソーシャルワーカー連盟に加盟が承認され
ていた3団体による調整団体は、2002（平成14）年に日本精神保健福
祉士協会を合同加盟として承認したことから、精神保健福祉士にも社会
正義が価値・理念として位置づけられていくことになったと考えられる。

　そもそも、社会正義とは何であるのかについては、哲学をはじめとす
る関連学問領域で、さかのぼれば古代から議論が積み重ねられてきてい

★社会福祉専門職団体
協議会
日本ソーシャルワー
カー協会、日本社会福
祉士会、日本医療社会
福祉協会、日本精神保
健福祉士協会の4団体
で構成され、国際ソー
シャルワーカー連盟
（IFSW）に日本国代
表団体として加盟して
いる。2017（平成29）
年度より日本ソーシャ
ルワーカー連盟に名称
を変更している。

るものである。ここでは、その起源にまでさかのぼって解説することはできないので、社会正義という用語が掲げられている「ソーシャルワーカーの倫理綱領」および、そのもとになっている国際ソーシャルワーカー連盟・国際ソーシャルワーク学校連盟総会採択の「ソーシャルワーク専門職のグローバル定義」から精神保健福祉士による実践の価値・理念として、具体的に何を意味しているのかを解説する。

まず、「ソーシャルワーク専門職のグローバル定義」とその注釈のなかで社会正義に関する部分を取り出したものは、**表 5-1** のとおりである。

本定義のなかでは、社会正義はソーシャルワークの中核をなす一つとしている。しかし、その社会正義とは何であるのかを説明している文章は見当たらない。ソーシャルワーク実践の目標となる社会正義が具体的に示されていないことは、実践の方向性を見失うことになる。とはいえ、ここには実践の方向性は別の表現で示されている。つまり、不正義にあたるものを示し、それらのない状態を社会正義として表現していると捉えられる。そもそも「正義は、不正義という正義とは異質ななにものかとの関係性のなかで、そう主張しうる概念である[6]」と考えられている。

本定義では不正義にあたるものとして、「不平等・差別・搾取・抑圧」「周縁化・社会的排除・抑圧」「拷問や恣意的拘束」といったものを示し、それに対して、「ソーシャルワークの戦略は、抑圧的な権力や不正義の構造的原因と対決しそれに挑戦するために、人々の希望・自尊心・創造的力を増大させることをめざすものであり、それゆえ、介入のミクロ−マクロ的、個人的−政治的次元を一貫性のある全体に統合することができる」としている。

次に、「ソーシャルワーカーの倫理綱領」で社会正義に関する部分は、**表 5-2** のとおりである。

ここでも、まず不正義にあたるものを示し、それらがない社会を創造していくことをソーシャルワーカーの原理、倫理基準としている。

不正義にあたるものは、「差別、貧困、抑圧、排除、無関心、暴力、環境破壊など」としたうえで、それらのない「自由、平等、共生に基づく社会正義の実現」や「包摂的な社会」を目指すよう努めるとしている。

精神保健福祉士による実践の価値・理念としての社会正義の実現は、とかく個人の問題を解決していくことに追われがちとなることへの警鐘として、不正義のない社会の実現という社会の発展への貢献がその使命であることを示すものでもある。現在の日本においても、精神障害のある者が先に示した不正義の下に置かれていることは、精神保健福祉士で

★ソーシャルワーク専門職のグローバル定義
2000年に採択された定義は、2014年7月メルボルンにおける国際ソーシャルワーカー連盟（IFSW）総会および国際ソーシャルワーク学校連盟（IASSW）総会において新しい定義を採択している。日本語定義の作業は社会福祉専門職団体協議会と日本社会福祉教育学校連盟が協働で行った。2015年2月13日、IFSWとしては日本語訳、IASSWは公用語である日本語定義として決定している。

Active Learning

最近のニュース等で、社会的な不正義にあたる出来事について、精神保健福祉士の立場で改善に向けて考えグループで協議してみましょう。

あれば、誰もが実感しているところである。目の前にいる一人の精神障害のある者に対しての支援はもとより、社会に根強く蔓延している不正義をなくしていく取り組みなしには、精神障害のある者も等しく一緒に暮らしていける社会は実現できないのである。

表5-1　ソーシャルワーク専門職のグローバル定義（抜粋）

国際ソーシャルワーカー連盟及び国際ソーシャルワーク学校連盟総会
2014年7月採択

　ソーシャルワークは、社会変革と社会開発、社会的結束、および人々のエンパワメントと解放を促進する、実践に基づいた専門職であり学問である。社会正義、人権、集団的責任、および多様性尊重の諸原理は、ソーシャルワークの中核をなす。ソーシャルワークの理論、社会科学、人文学、および地域・民族固有の知を基盤として、ソーシャルワークは、生活課題に取り組みウェルビーイングを高めるよう、人々やさまざまな構造に働きかける。

　この定義は、各国および世界の各地域で展開してもよい。

注釈：

中核となる任務

　ソーシャルワークは、相互に結び付いた歴史的・社会経済的・文化的・空間的・政治的・個人的要素が人々のウェルビーイングと発展にとってチャンスにも障壁にもなることを認識している、実践に基づいた専門職であり学問である。構造的障壁は、不平等・差別・搾取・抑圧の永続につながる。人種・階級・言語・宗教・ジェンダー・障害・文化・性的指向などに基づく抑圧や、特権の構造的原因の探求を通して批判的意識を養うこと、そして構造的・個人的障壁の問題に取り組む行動戦略を立てることは、人々のエンパワメントと解放をめざす実践の中核をなす。不利な立場にある人々と連帯しつつ、この専門職は、貧困を軽減し、脆弱で抑圧された人々を解放し、社会的包摂と社会的結束を促進すべく努力する。

　社会変革の任務は、個人・家族・小集団・共同体・社会のどのレベルであれ、現状が変革と開発を必要とするとみなされる時、ソーシャルワークが介入することを前提としている。それは、周縁化・社会的排除・抑圧の原因となる構造的条件に挑戦し変革する必要によって突き動かされる。

原則

　ソーシャルワークの大原則は、人間の内在的価値と尊厳の尊重、危害を加えないこと、多様性の尊重、人権と社会正義の支持である。

　人権と社会正義を擁護し支持することは、ソーシャルワークを動機づけ、正当化するものである。

　ソーシャルワークは、第一・第二・第三世代の権利を尊重する。第一世代の権利とは、言論や良心の自由、拷問や恣意的拘束からの自由など、市民的・政治的権利を指す。第二世代の権利とは、合理的なレベルの教育・保健医療・住居・少数言語の権利など、社会経済的・文化的権利を指す。第三世代の権利は自然界、生物多様性や世代間平等の権利に焦点を当てる。これらの権利は、互いに補強し依存しあうものであり、個人の権利と集団的権利の両方を含んでいる。

実践

　この定義が支持する解放促進的視角からして、ソーシャルワークの戦略は、抑圧的な権力や不正義の構造的原因と対決しそれに挑戦するために、人々の希望・自尊心・創造的力を増大させることをめざすものであり、それゆえ、介入のミクロ―マクロ的、個人的―政治的次元を一貫性のある全体に統合することができる。

表5-2　ソーシャルワーカーの倫理綱領（抜粋）

前文
　われわれソーシャルワーカーは、すべての人が人間としての尊厳を有し、価値ある存在であり、平等であることを深く認識する。われわれは平和を擁護し、社会正義、人権、集団的責任、多様性尊重および全人的存在の原理に則り、人々がつながりを実感できる社会への変革と社会的包摂の実現をめざす専門職であり、多様な人々や組織と協働することを言明する。

原理
Ⅲ　（社会正義）
　ソーシャルワーカーは、差別、貧困、抑圧、排除、無関心、暴力、環境破壊などの無い、自由、平等、共生に基づく社会正義の実現をめざす。

倫理基準
Ⅲ　社会に対する倫理責任
　1　（ソーシャル・インクルージョン）
　　ソーシャルワーカーは、人々をあらゆる差別、貧困、抑圧、排除、無関心、暴力、環境破壊などに立ち向かい、包摂的な社会をめざす。
　2　（社会への働きかけ）
　　ソーシャルワーカーは、人権と社会正義の増進において変革と開発が必要であるとみなすとき、人々の主体性を活かしながら、社会に働きかける。
　3　（グローバル社会への働きかけ）
　　ソーシャルワーカーは、人権と社会正義に関する課題を解決するため、全世界のソーシャルワーカーと連帯し、グローバル社会に働きかける。

5　ごく当たり前の生活

　精神保健福祉分野では、「ごく当たり前の生活」が何らかのスローガンとして使われているのを目にすることがよくある。一般住民への啓発事業やボランティア養成事業で、あるいは啓発用のパンフレットやチラシなどで用いていたりする。そこでは、私たちが目指しているのは、精神障害のある者たちに特別な生活状況をつくりあげようというものではなく、一般的な生活あるいは慎ましやかな暮らしを提供しようとしているのだ、という意味で使われていることもある。そこでは、裏を返せば、そんな暮らしですら実現できていない状況にある人たちなのだという意味が込められている。

　では、精神保健福祉士による実践の価値・理念としては、この言葉にどのような意味があるのかを考えたい。

　まず、精神保健福祉分野でこの言葉を実践の目標として掲げたのは、やどかりの里（埼玉県）を創設した谷中輝雄といわれている。

　やどかりの里の職員でもあった藤井達也は次のようにまとめている。

　やどかりの里は、1969（昭和44）年に埼玉県内の民間精神科病院の

精神医学ソーシャルワーカーとして就職した谷中が病院内社会復帰活動に着手したことから生まれてきた。病気がよくなっても、過去の再発体験から、受け入れを拒否している家族の不信を取り除くために、入院中に外勤作業を実施し、その実績によって退院を促進していった。実績を積んでも受け入れを拒否する家族や、家族のいない患者のために、外勤先の工場の2階を借りて、1970（昭和45）年に中間宿舎の活動を開始する。利用者3名と病院ソーシャルワーカーの時間外活動として、やどかりの里は誕生した。

　医療とは別枠の福祉的就労として出発したやどかりの里は、地域での活動展開において、「ごく当たり前の生活実現」という理念・目標を掲げ、長期入院の弊害や病気を背負って生きる「生活のしづらさ」をともに活動することによって明らかにし、生活者の視点による福祉的援助や仲間との支え合いの支援の重要性を実践によって実証し、各地の実践との照らし合わせによって普遍化していった。[7]

　以上が藤井によるまとめであるが、谷中自身はこの言葉にどのような実践の思いを託していたのかである。

　谷中は、生活支援の実践から導き出された方法を生み出した考え方を、一般的には「理念」といわれているところであるが、ここでは「生活支援の基本的な考え方」とするほうが的を射ているようであるとし、「ごく当たり前の生活」を取り上げ、次のように解説している。

　精神障害者に対して、一般的には不気味な人とか、何をしでかすかわからない人、というような感想を述べる人は多い。しかし、一見唐突にみえる行動であっても、それにはそれなりの理由がある。たまたま追い込まれて、被害感が増大してとった行動や、病的な世界のなかでのことが、事件となるのである。それにより当たり前の人としての見方がされなくなり、精神症状をもった人としてみなされる。入院治療中はもとより、外来治療においても、患者として治療に専念させられる。

　また、彼らは法律的には当たり前の人とはみなされていないのである。入院中には管理者の下で保護・監督・指導を受ける人であり、退院したら保護義務者がその任にあたることになっている。したがって、常に保護・監督・指導の下に置かれており、責任能力のある人とはみなされていないのである。だから、生活支援という実践においては、脳の病気をもった人も患者としてではなく、生活者としてみなそうとし、ごく普通の人として、一人前の人としてみようとすることが重要な視点なのである。たとえ「症状」をもっていても、ごく当たり前の「生活」が可

能かどうかが問題とされるのである。彼らを「病者」として扱うのではなく、「生活者」としてみなすこと、それが生活支援の基本的な考え方であり、視点なのである、としている。

　加えて、精神障害者にとって、当たり前の生活を手に入れることは容易ではない。しかし、一人前の人、責任能力のある人、自己決定できる人とみなされる関係のなかであれば、時間の経過とともに、ゆっくりではあるが、当たり前の生活を手に入れることは、十分に可能なことである、としている。

　さらに、「ごく当たり前」の「ごく」について、次のように説明している。

　「当たり前の生活に「ごく」がついただけなのだが、これが重要な意味を持っている。一般的には、「ごく」は当たり前の生活を強調する意味で使われるのだが、ここで「ごく」を使うにあたって、私は特別な意味を込めている。「その人なりの」とか、「その人らしい」とかといった意味が込められているのである。「その人なりの」は、その人なりの姿をありのままに認め、受け入れ、ともに生活をしていく、といった意味があり、「その人らしく」は、その人の独自な生き方を認め、受け入れ、ともに生活していく、といったことを言うのである[8]」としている。

表5-3　やどかりの里「職員倫理綱領」前文

> 　やどかりの里は「ごくあたりまえの生活の実現」を目指して，1970年より精神障害のある人とともに活動を進めてきました．「ごくあたりまえの生活」は，単に人並みの生活をするということではなく，その人らしい生活であることがそこに含まれています．これは，日本国憲法や，2014年に日本で批准した障害者権利条約が謳う「障害のある人が生活のあらゆる側面において他の者との平等を基礎として全ての人権及び基本的自由を享有し，又は行使すること」，つまり一人ひとりが大切にされる社会の実現と意を一にするものです．
>
> 　やどかりの里の実践は，「ごくあたりまえの生活」を可能にするため，障害のある人，家族，職員，市民が安心して暮らしていける地域をつくり出していこうとする取り組みです．障害を「生活のしづらさ」として捉え，環境との相互作用によるものとの認識を基本に，障害のある人が自分らしい生き方を選択し，生きている実感を得られるよう社会環境を整え，そして，障害のある人の基本的人権の保障を軸に，学習と運動を積み重ね，社会保障・人権保障の推進に力を尽くし，誰もが自分らしく生きられる社会の創造を目指します．
>
> 　私たち職員は，やどかりの里の「ごくあたりまえの生活の実現」という原点と社会的使命を胸に刻み，メンバー個人の尊厳の保持，多様な支援，生活と権利の保障並びに良質で適切な関わりについて認識を深め，確固たる倫理観のもと，専門的で公平・公正な実践を進めるため，ここに私たちの決意を表明する「倫理綱領」を定めます．

出典：公益社団法人やどかりの里「職員倫理綱領」前文　https://www.yadokarinosato.org/yadokarinosato/rinrikouryou/

精神保健福祉士による実践の価値・理念としての「ごく当たり前の生活」の意味するところを、それを早くに唱え実践してきた谷中自身の考えから解説した。この理念（谷中によれば方法を導き出す基本的な考え方）は、約半世紀が経過した現在も、公益社団法人やどかりの里の「職員倫理綱領」に掲げられ、実践の指針とされている（**表5-3**）。

　以上が本節で取り上げた精神保健福祉士による実践の価値・原理の解説である。もちろんこれら以外にも、実現を目指すものや実践していくうえで大切にし、忠実に行うことを心がけているものはいくつもあり、ソーシャルワーカーとして社会福祉士と共有しているものも少なくない。

　それらのなかで、特に何を優先して実践していくのかは、所属する組織の社会的役割や組織内における立場などにより、また対峙する課題の質や実践のプロセスによって、加えてその時代の社会状況によっても異なるものといえる。しかし、それらのものが精神保健福祉士による実践の価値・原理から姿を消すことは考えられない。なぜなら、それらは精神保健福祉士の専門性を形成している重要な要素だからである。言い換えれば、精神保健福祉士は自らの実践をこれらの価値・原理に根差したものであるかを常に検証していくことがなければ、専門職としての社会的な意義を失うことになるであろう。

　専門職の価値・原理は、決して絵に描いた餅ではなく、実践の道標として位置づけられているものである。

◇引用文献
　1）日本精神保健福祉士協会事業部出版企画委員会編『日本精神保健福祉士協会40年史』日本精神保健福祉士協会，pp.111-112，2004.
　2）社団法人日本精神保健福祉士協会・日本精神保健福祉学会監『精神保健福祉用語辞典』中央法規出版，p.192，2004.
　3）F. P. バイステック，尾崎新・福田俊子・原田和幸訳『ケースワークの原則──援助関係を形成する技法 新訳版』誠信書房，p.165，1996.
　4）横須賀俊司「自律生活の拡大と当事者活動」仲村優一・一番ヶ瀬康子・右田紀久恵監，岡本民夫・田端光美・濱野一郎・古川孝順・宮田和明編『エンサイクロペディア社会福祉学』中央法規出版，pp.1082-1085，2007.
　5）日本精神医学ソーシャル・ワーカー協会常任理事会「Y問題調査報告により提起された課題の一般化について（資料）」1975．日本精神保健福祉士協会事業部出版企画委員会編『日本精神保健福祉士協会40年史』日本精神保健福祉士協会，p.172，2004.
　6）後藤隆「定義の不穏」後藤玲子編著『正義──JUSTICE』ミネルヴァ書房，p.25，2016.
　7）藤井達也『精神障害者生活支援研究 ──生活支援モデルにおける関係性の意義』学文社，pp.48-53，2004.
　8）谷中輝雄『生活支援 ──精神障害者生活支援の理念と方法』やどかり出版，pp.145-149，1996.

精神保健福祉士による実践の視野や視点

学習のポイント

● 精神障害者の生活上の困難の解消や解決を目指して、精神保健福祉士が実践する守備範囲（視野）と注視すべき認識枠組み（視点）について学ぶ

● 精神保健福祉士による実践の視点が必要とされた背景、概念の理解、具体的な活用方法について学ぶ

　本節では、精神保健福祉士による実践の視野や視点について理解を深める。「視野」とは物事を考えたり判断したりする範囲であり、「視点」とは注視すべき認識枠組みを指す。ソーシャルワーカーである精神保健福祉士は、「精神障害者」と呼称される人を目の前にして、ソーシャルワークの視点をもち、ミクロ・メゾ・マクロのレベルまで視野を広げて実践を展開していく相談援助職である。では、ソーシャルワークの視点とは何か、ミクロ・メゾ・マクロレベルのかかわりとは何かを理解するために、まず、精神科診療所を訪れたＡさんの事例について紹介する。

▌ 事 例

　まじめな性格のＡさん（24歳、男性）は大学卒業後、希望していたIT企業に勤めた。しかし、入職してすぐから、専門的な仕事内容と業務量の多さから残業が増え、過労と不眠の生活が続いていた。しだいに考えがまとまらず集中力も低下し、「『役立たず』という上司の声が聞こえる、死にたい」と言葉にするようになり、やがて仕事にも行けなくなった。母親の「気をしっかりもちなさい」「将来どうするの」という言葉に、Ａさんは追い詰められる気持ちが募った。日に日に表情が険しくなるＡさんを見て、母親もどうしてよいのかわからず、Ａさんと近所にある精神科診療所を受診した。

　医師は、Ａさんの訴えや精神症状から「統合失調症」と診断した。そして「患者」であるＡさんの精神症状の消失や不眠の改善を目指して精神療法と薬物療法を行うことにした。

　Ａさんの立場に立つと、精神症状から生じる生活上の困難に加えて、職場復帰や障害の開示に関する就労上の課題、社会に偏見がある精神障

害の障害受容の課題、Aさんに抑圧的な言葉を発してしまう母親への不満の課題、医療費や休職中の生活保障といった経済的課題など、複層的な生活上の困難がある。

Aさんに対して、医師は医学の観点から、診察―診断―治療という枠組みに基づいて対応するが、ソーシャルワーカーである精神保健福祉士は社会福祉学の観点に立ち、アセスメント（課題分析）―援助計画―計画実施という枠組みを用いて援助にあたる。その際、精神保健福祉士による援助には、生活上の困難を抱える「クライエント」と呼ばれる人の捉え方（生活者）、生活上の困難を理解する際の見方（人と環境の相互作用）、援助が目指すべきAさんの像（リカバリー）や社会のあり方（エンパワメント・アンチスティグマ）という視点が必要となる。

そこで、本節では精神保健福祉士による実践で必要とされる視野や視点である、「人と環境の相互作用」「生活者」「エンパワメント」「リカバリー」「アンチスティグマ」について学ぶ。

1 人と環境の相互作用の視点

1 「人と環境の相互作用」の視点の必要性

精神疾患の多くは思春期や青年期に発症しやすく、「疾患と障害を併せもつ」「障害の程度に個人因子や環境因子が影響する」という障害特性があるため、精神疾患の治療や障害に対するリハビリテーションに加え、本人が抱える生活上の困難に対する福祉的援助が必要になる。

冒頭に示した事例のAさんも青年期に統合失調症を発症し、認知の機能障害（上司の声が聞こえるなど）、思考力や集中力の低下による活動の制限、仕事ができないという参加の制約に加え、複数の生活上の困難（就労上の課題、障害受容の課題、将来への不安が強い母親への不満、経済的課題など）を抱えていた。

このようなAさんに対して、医師はAさん個人の症状や病理に焦点を当て、診察―診断―治療という枠組みを用いて治療を展開していた。この枠組みは「医学モデル」といわれ、Aさん個人の病理や症状に着目し、その消失や除去を目指すモデルである。このモデルでは、問題の原因をその問題を抱える個人に求めることから、その個人の環境に着目することが軽視される傾向がある。しかし、Aさんの立場に立つと、治療によって統合失調症の精神症状が軽減しても、生活上の困難がすべて解消され

るものではなく、Ａさんの障害受容への支援、生活環境の整備、職場環境の改善および家族支援というＡさんの環境にも視野を広げて働きかける必要性がある。このことは、Ａさんの生活上の困難は、Ａさん個人とその環境が相互に作用しあうところに生じるという特性を指し、このような視点をもつ実践モデルとして、「生活モデル（Life Model）」が提唱された。

2 人と環境の相互作用の視点による生活上の困難の理解

　生活モデルを提唱したジャーメイン（Germain, C. B.）は、「クライエントが直面する『ニーズ』や『問題』は『生活』のなかで捉えられ、概念化される。すなわち『人間』と『環境』の間の交互作用の結果である[1]」という。そして、生活上の困難をストレスと呼び、「生活上の変化」「衝撃的な生活上の出来事」「環境の圧力」が相互に交互に影響しあうことによって生じるとした[2]。ソーシャルワーカーは、ストレス状態にあるクライエントと環境の関係のあり方に焦点を当て、両者の良好な適合状態を目指して専門的介入を行うことになる。

　人と環境という二者関係を示す相互作用（interaction）は、ソーシャルワークにおける重要な基本的概念であるものの、実際の援助場面におけるクライエントのストレス状態では、複数の人々との関係や他の要因（時間や空間など）が絶え間なく循環し交互に作用していることが多い。ソーシャルワーカーはその複合化された相互作用の集合体で構成される交互作用（transaction）を「関係の全体性」として捉えて介入を行う必要がある。また、このモデルでは、クライエントを環境から影響を受けるものの、同時に、環境に適合しながら変化するもの、自らの環境を形成していくものと捉えている。

3 人と環境の相互作用の視点を活用した実践

❶クライエントの生活上の困難を分析するアセスメントに活用する

　アセスメントは、ソーシャルワーク過程の一つであり、「事前評価」「課題分析」と呼ばれる。このアセスメントにおいて、ソーシャルワーカーはクライエント個人とその個人の社会的・物理的環境の情報を収集しながら、クライエントが抱える生活上の困難が生じる、人と環境の相互作用の不適応や摩擦について分析する。その際、人と環境・人と状況の全体関連性を俯瞰するツールとして、「エコマップ」が開発されている。

アセスメントに基づき作成された援助計画において、クライエントの生活上の困難の軽減や解消を目指して、ソーシャルワーカーはクライエントのストレスに対する適応能力の向上とともに、クライエントの環境の改善という二つの焦点をもち、双方の相互作用における適応を目指す。

人と環境の相互作用の視点に立つと、ソーシャルワーカーもクライエントにとって人的環境の一つである。クライエントが主体的にソーシャルワーカーを活用し、自らの生活上の困難の解消や改善が可能となるように、ソーシャルワーカーはクライエントとの間に良好な援助関係を形成するよう努める。

2 生活者の視点

1 「生活者」の視点が必要とされた背景

精神障害者の障害特性の代表的なものに「疾患と障害が共存する」という特性があり、その症状そのものが変動することから「障害が固定していない」という特性もある。この障害特性が、我が国における精神障害者の福祉施策が遅々として進まなかった要因の一つになっていた。

国際障害分類（International Classification of Impairments, Disabilities, and Handicaps：ICIDH）が提唱された1980年頃の「障害」の概念は、疾患の症状が固定したもの、医療の対象ではないものを意味していた。その枠組みを用いて、精神障害者を捉えると、精神疾患の症状は固定せず、医療の対象であることから、精神障害者は「障害者」ではなく「病者」として位置づけられていた。そのため、当時の精神障害者に対する施策は、身体障害者や知的障害者のような「障害者」を対象とした福祉施策ではなく、「病者」に対する治療と医療保護の施策のなかで対応されていたのである。

1980年代の精神医療に関する内容は、社会防衛の色彩が濃い精神衛生法に規定されており、本人の意によらない入院の横行や閉鎖病棟における閉鎖処遇などにより、精神障害者は生きる意欲すら奪われていく状況が少なくなかった。そのなかで、精神保健福祉士（当時は精神医学ソーシャルワーカー）の精神障害者とのかかわりにおいて、当の本人が一人の人間としてもつ尊厳や権利を取り戻し、ごく当たり前の生活を実現す

るには、「病者」ではなく「生活者」の視点が不可欠だったのである。

2 生活者の視点を踏まえた精神障害者の理解

岡村重夫は、個人が社会生活の基本的欲求を充足するために、社会制度との間に取り結ぶ関係を「社会関係」と定義している。そして、生活主体者である個人と社会制度の間の社会関係は、各制度が利用者個人に向かって要求する「役割期待」と、各制度が求める役割を統合調和させながら実行していく「役割実行」によって構成されるという。[3]

事例のAさんを理解するにあたり、精神病を発病する前のAさんは図5-1のように、多様な社会的役割を遂行し、社会関係を形成することで「Aさんらしさ」が形づくられていた。このように、Aさんの立場に立って、多様な社会的役割や社会関係を把握する視点を生活者の視点という。

しかし、Aさんが精神病を発病し、医療制度や障害福祉サービスを利用することで「病者」や「障害者」という役割が生じる。Aさんをはじめ精神障害者の場合、「病者」や「障害者」の役割をもつことで、今ある社会的役割が果たせなくなり、社会関係が維持できなくなる。そのことで、今まで「Aさんらしさ」を形づくってきた社会的役割や社会関係が切り離され、「病者」や「障害者」の役割が強調されてしまうことが少なくない。このような精神障害者に対して、精神保健福祉士は、本人が「病者」「障害者」の役割をもちながらも、自ら望む生活を目指して社会的役割や社会関係を再構築していく支援を行うことが求められる。

Active Learning

あなたの毎日の生活に影響を与えている要素にはどのようなものがあるのか、リストアップしてみましょう。たとえば、居住地や同居者、所属先やよく利用する機関、親しい人、最近の世の中の出来事など幅広く考えましょう。

第5章 精神保健福祉の原理と理念

図5-1 病者・障害者としての役割が強調されていく図式

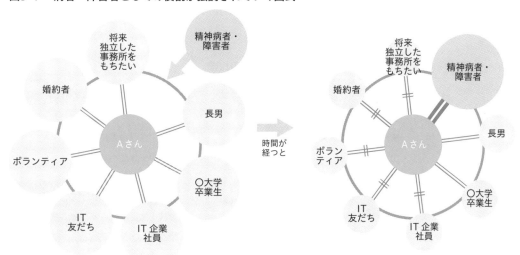

3 生活者の視点を活用した実践

❶精神障害者を一人の生活者として捉える

「精神障害者」と呼称される人々は、「疾患と障害が共存する」という障害特性があるものの、それらはその人の一部分であり、そのほかに本人らしさを表す性質や得意分野・関心事などのストレングスをも併せもっている。精神保健福祉士は社会との関係のなかで本人を捉える生活者の視点をもち、本人の健康的な部分や可能性を生活歴や社会関係から理解する。

❷生活者の視点に基づく生活支援活動（生活モデル）を実践する

1970年代に「やどかりの里」で精神障害者と生活をともにした実践のなかで、谷中輝雄は、生活者の視点に基づく生活支援活動（生活モデル）を提唱している[4]（**表5-4**）。

生活者の視点を活用した実践では、❶精神障害のある本人を自身の生活や人生の主体者であると捉える、❷そのかかわりにおいて、ソーシャルワーカーはともに歩む支え手としての関係性を形成し、本人の自己決定を尊重しながら本人の主体性を促す、❸本人の生活上の困難を「生活のしづらさ」と捉え、その環境を整えることに重点を置く、❹同様の病いの経験をもつ者同士の支え合いを重視し、自分のできることを認識するよう側面的に支援する、❺地域に憩いの場と相談、仲間づくりと仲間の活動の支援、危機介入の機能をもつ拠点づくりをする。

表5-4　医療モデルと生活モデルの比較

	社会復帰活動（医療モデル）	生活支援活動（生活モデル）
主体	援助者	生活者
責任性	健康管理をする側	本人の自己決定による
かかわり	規則正しい生活へと援助	本人の主体性への促し
捉え方	疾患・症状を中心に	生活のしづらさとして
関係性	治療・援助関係	ともに歩む・支え手として
問題性	個人の病理・問題性に重点	環境・生活を整えることに重点
取り組み	教育的・訓練的	相互援助・補完的

出典：谷中輝雄『生活支援——精神障害者生活支援の理念と方法』やどかり出版, p.178, 1996.

3 エンパワメントの視点

1 エンパワメント理論が生成された背景

エンパワメント理論が生成された背景には、1950 年代にアメリカで始まった黒人の人種差別に対する解放運動や憲法にある人権保障を求める公民権運動のほか、貧困地区の住民の生活向上を目指したセツルメント運動などがある。抑圧的な社会環境のなかでパワーを奪われた人々やその集団の構成員に対して、エンパワメントは抑圧された人々同士の、またはソーシャルワーカーとの対話と学習を媒介にして、抑圧的な状況を客観的に批判し、それを主体的に変革していくことを目指す概念である。

このようにもともと運動理念だった「エンパワメント」を黒人におけるソーシャルワークの理念として概念化したのがソロモン（Solomon, B. B.）である。ソロモンによって、抑圧された人々や集団の構成員が一人の人間としてもつ権利や能力を取り戻し、本来もつ能力を活用して社会環境をコントロールできるように支援する考え方がエンパワメントの理論化のなかで取り入れられた。1980 年代以降、障害者、高齢者、子ども、女性など「社会的弱者」といわれる人々を対象として、エンパワメントはソーシャルワークの理論の一つとして体系化されることになった。

2 「エンパワメント」の定義

エンパワメントの「パワー」とは、人と環境の相互作用の過程で生じる関係性のなかで規定される概念であり、個人的、対人的、社会的、政治的レベルで機能する複合的概念である。

ドッド（Dodd, P.）とギタレット（Gutierrez, L.）は、パワーとは、❶必要としているものを得る能力、❷他者の考え、感情、行動、信念に影響を与える能力、❸家族、組織、地域、社会といった種々の社会システムのなかの資源分配に影響を与える能力と定義している[5]。

先述のソロモンは、エンパワメントを以下のように定義している。

「エンパワメントは、スティグマ化された集団あるいはその集団の構成員が受けた否定的評価によってもたらされるパワーレスな状態の低減を目指して、クライエントもしくはクライエント・システムに対応する一連の諸活動にソーシャルワーカーが取り組む過程である[6]」。

2000 年に国際ソーシャルワーカー連盟が採択した「ソーシャルワー

★セツルメント運動
1880年代のイギリスにおいて、中流階級層の人々がスラムに定住し、隣人として住民と人格的な交流を通して生活改善や福祉増進を目指す架橋的運動として始まった。その後、ボランティア運動や社会改良運動として発展した。

クの定義」に「エンパワメント」が明文化されたことにより、ソーシャルワークの理念であり、実践の目標概念として位置づけられるようになった。

3 エンパワメントの視点を活用した実践

❶社会環境の改善に向けて抑圧された人々や集団とともに活動する

クライエントのエンパワメントを目指したソーシャルワーカーには、❶クライエントの抱える生活上の困難に対して、クライエント本人による意味づけを採用する、❷クライエントがもつストレングスを実践のなかで活用する、❸クライエントをパワーレスな状態に追いやった抑圧的な社会環境に対して、クライエントが批判的な意識をもち、環境を改善したり社会を変革したりするために必要なスキルを習得するよう支援する、❹地域にある社会資源が活用できるように支援する、などの活動が求められる。

❷スティグマを受けた集団のパワーを増強するよう支援する

エンパワメントは、もともと「黒人」「障害者」「女性」「高齢者」などのスティグマを受けた集団を対象としており、ソーシャルワーカーは集団のストレングスである構成員同士の相互支援（セルフヘルプグループ）や地域にあるネットワークを支援に活用する。

❸クライエントとパートナーシップを形成する

抑圧的な社会環境の改善や変革に向けて活動するという点では、クライエントやクライエントが所属する集団とソーシャルワーカーは対等である。クライエント個人や集団が活動に際して、ソーシャルワーカーのもつ権限や社会資源を活用しようと思えるように、ソーシャルワーカーはパートナーとして認められる関係を形成する。

4 リカバリーの視点

1 「リカバリー」が生成された時代背景

世界の精神科リハビリテーションの動向をみると、1950年代に始まったアメリカの脱施設化運動に続き、1960年代以降、精神医療を利用する者の権利を求めた消費者運動や、地域で自らが望む生活を求めた自立生活運動（IL運動）に代表される当事者運動が盛んになった。1980年代に入ると、多くの精神障害のある当事者が自らの病いの経験

★自立生活運動（IL運動）
1960年代のアメリカにおいて、重度の障害者が大学生活の保障を求めたことを機に、障害者の自立生活の権利保障を主張した社会運動のこと。自立生活モデルは、日常生活動作の自立ではなく、自己決定に基づく自立をいう。

を踏まえて、たとえ精神病を患ったとしても、一人の人間として自らが希望する生活や人生を新たに構築できると主張したライフストーリーを語り始めた。当事者たちは専門職が規定した精神病からの回復ではなく、一人の人間としての回復を願ったのである。その願いは自分たちが希望する政策転換を目指す**リカバリー運動**（recovery movement）に発展し、1990 年代以降「リカバリー」という当事者の視点に基づく地域精神保健福祉改革が行われるようになった。

2 「リカバリー」の定義

従来、精神障害者にとっての「回復」は、症状や病理の軽減や除去により元の状態に戻ることを意味し、それを可能とするのは客観的知識をもつ専門職であるという捉え方があった。しかし、「リカバリー」における「回復」は元の状態に戻るのではなく、一人の人間としての尊厳を獲得していく過程や状態を指し、精神障害者に対しても**「保護される存在から自らの人生に責任をもつ存在へ」**という障害者観の変容に影響を与えた。

❶アンソニーの定義

ボストン大学精神科リハビリテーションセンターの長であるアンソニー（Anthony, W. A.）は、以下のように定義している。

「リカバリーは、きわめて個人的なものであり、自分の態度、価値観、感じ方、目標、技能、役割を変化させる独自の過程である。たとえ病気による限界はあっても満足し、希望のある、貢献できる生活の仕方である[7]」。

❷ディーガンの定義

精神障害当事者であり心理学博士であるディーガン（Deegan, P. E.）は、自らが求めるものは精神病からの回復ではなく、人々の偏見、医源性の障害、自己決定の欠如、壊された夢からの回復であるという。

「リカバリーは、一つの過程、生活の仕方、姿勢、日々の課題への取り組み方である。それは完全な直線的過程ではない。［中略］求められることは課題に立ち向かうことであり、障害がもたらす制限のなかであるいはそれを超えて、人生の新たな意味と目的を再構築することである。願いは、地域のなかで生活し、仕事をし、人を愛し、社会に貢献することである[8]」。

Active Learning

あなたがつらい出来事から立ち直った体験を思い返し、その際にプラスの作用をもたらしたものについて書き出してみましょう。

3 リカバリーの視点を活用した実践

❶「人生の主人公はその人自身である」という認識で援助を行う

当事者のリカバリーには選択可能なものから自らが決定する自由があるという信念を取り戻すことが不可欠である。サービス提供システムのあらゆるレベルにおいて、当事者の希望が語られ、他者と共有される機会や当事者の意思決定や失敗できる権利保障の支援を行う。

❷当事者の「生きられた経験（lived experience）」を実践に活かす

リカバリーは、当事者の社会生活における意味ある出会いや人間関係の形成、および意味ある社会的な役割を担うことを重視する。社会的役割には、ピアサポート（peer support）などの当事者が病いの経験によって得た知恵や、その人に意味づけされた固有の経験（lived experience）を活用する。

❸援助者は当事者の語りから学ぶという関係性を形成する

ソーシャルワーカーと当事者の関係性は、共感、理解、およびユニークな人として互いに認めあうことに基づいている。[9] 病いの経験から得た知恵をもつ当事者と科学的根拠による知識をもつ専門職が互いに学びあう教育的関係のなかで、誰もがリカバリーできる社会を共同創造していく関係（co-production）を形成することが望まれる。

5 アンチスティグマの視点

1 精神障害者に対するアンチスティグマ活動の必要性

「スティグマ」はギリシャ語で、奴隷や犯罪者の身体に刻印された徴（しるし）という意味がある。現在は大多数とは異なる特徴がある人々の属性を示し、それが偏見や差別の対象となる場合に使われることが多い。

我が国の精神障害者が置かれてきた社会状況に着目すると、従来の隔離収容を重視した入院治療の政策、「精神障害者」を理由にした国家資格等の取得制限（欠格条項）の規定、「精神疾患」や「精神障害」について学ぶ教育の不在、犯罪事件に関して精神科の受診歴等を報道するマスメディアなどは、精神障害者に対する社会のスティグマを生み出す要因になっている。社会のスティグマは、「精神障害者」に対する正しい知識がない人々の意識のなかに精神障害者に対する偏見（スティグマ）をもたらす傾向がある。このような内なる偏見は、自身が精神的不調を

感じていても誰かに助けを求めることや、医療機関を受診することに抵抗感を抱きやすい状況を生む。

以上のような状況は世界的にも同様の傾向があり、精神障害者に対するスティグマの低減を目指した活動が必要視されるようになった。我が国の政策に着目すると、2004（平成16）年に公表された「精神保健医療福祉の改革ビジョン」では、「医療改革」「地域生活支援」とならび「正しい知識の普及」が柱として掲げられ、全国民を対象として、精神疾患や精神障害者に対する正しい理解を促すために「こころのバリアフリー宣言」が表明された。

2 アンチスティグマ活動の目的とは

「アンチスティグマ」とは、スティグマと反対を意味する「アンチ（anti）」が連結された造語である。精神保健福祉領域のアンチスティグマ活動は、精神疾患、病者、医療機関や治療などに対する固定的なイメージや考えを適切な意識や態度に変容することを目的とした活動である。

3 アンチスティグマの視点を活用した実践

❶市民が精神障害者と良好な接触体験をもつ機会を提供する

精神障害者に対する偏見は、無知や誤解によって生じる傾向があることから、精神障害のある人の「ふだんの姿」を知ることや、良好な接触体験によって低減されることが多い。良好な接触体験の機会の一つとして、当事者による病いの経験に基づく語りを聞く機会がある。生活用語で語る当事者の語りは、聞き手に意識の変容をもたらす。たとえば、今まで自分たちと異なる集団の人々と思っていた「精神障害者」を身近な存在として捉え、自分と同じ「一人の人間」であるという認識を促すなどがある。その体験は、自分にある「精神障害者」に対する偏見への気づきとなり理解が深まる。

このような過程は、「精神障害者」に対する偏見の低減をもたらし、あらためて「精神障害者」を再定義する機会となることから、精神保健福祉士は精神障害者が一人の人間としてもつストレングスを活用し、良好な接触体験をもつ機会を提供する。

❷「精神障害者」を「同じ地域の構成員」と認識する人々を増やす

「精神障害者」を同じ地域を構成する一員としてかかわりあう活動の一つに、「精神保健福祉ボランティア活動」がある。精神保健福祉ボランティアは、精神障害者が抱える生活上の困難を地域の生活課題として

★こころのバリアフリー宣言
2004（平成16）年3月、厚生労働省が国民に向けて、精神疾患を正しく理解し、新しい一歩を踏み出すためにまとめた指針。自身のこころの健康の保持・増進と精神障害者に対する偏見のない共生社会の創造を目指す。

Active Learning
精神障害者のことを正しく知るための情報にはどのようなものがあるのか、考えてみましょう。

捉え、その課題の解決に向けて精神障害者とともに活動する人々である。精神保健福祉ボランティアという精神障害者に対する理解者が増えれば増えるほど、精神障害者が住みよいまちになっていく可能性は広がる。

そこで、精神障害者の理解者を増やす一つの方策として、精神保健福祉士による精神保健福祉ボランティア講座の企画・開催や、その取り組みを地域の福祉計画に組み込む活動がある。このような地域に対する啓発活動や人的資源の開発は、ソーシャルワーカーのマクロレベルの活動である。

❸精神障害者に関する正しい知識の普及に向けてソーシャルアクションを起こす

精神疾患は思春期や青年期に発症するものが多い。その意味では、学校教育において精神疾患に関する正しい知識を学ぶ機会が必要だが、これまで学習指導要領に掲げられてこなかった経緯がある。そこで、精神保健福祉士は、精神障害者に対する正しい知識の普及を目指して、教育制度の改善や創設を要望する活動を行う。

Active Learning

精神疾患や障害に関するマスメディアの記事をインターネットで検索し、それらが精神疾患や障害に対するスティグマを助長していないか検討してみましょう。

また、マスメディアにみられる精神障害者に関する否定的な情報は、市民が精神障害者に偏見を抱く要因の一つになっている。特に、「精神障害者」に関する犯罪事件の報道において、被疑者の診断名や通院歴が公表されることがみられることから、「精神障害者」は犯罪と結びつけて認識されやすい。そこで、精神保健福祉士は、精神障害者の偏見を助長する報道の扱いの改善を目指した要望活動を行う。

❹「ハームリダクション」の理念からアンチスティグマを学ぶ

我が国では、違法薬物の使用防止を目的として厚生労働省が推進してきた「『ダメ。ゼッタイ。』普及運動」や、薬物の取り締まりを強化してきた結果、違法薬物使用者に対する社会のスティグマが根強くある。

近年、違法薬物問題に対して、「処罰ではなく支援を」求めるハームリダクションという概念がみられるようになった。ハームリダクションは、本人の健康や社会経済に及ぼす被害（harm）を減少させる（reduction）という意味がある。違法薬物使用者の断薬ではなく、本人への医療と福祉的支援の提供という人権擁護の観点と地域社会の不健康の減少という公衆衛生の観点から、本人と社会経済の被害の減少を主たる目的とする政策、プログラム、実践である。

本節では、精神保健福祉士による実践で必要とされる視野や視点として、「人と環境の相互作用」「生活者」「エンパワメント」「リカバリー」「ア

ンチスティグマ」を示してきた。いずれも社会の変動や「精神障害者」
と呼ばれる人々のニーズや願いを背景として生成された概念である。
ソーシャルワーカーである精神保健福祉士には、クライエントが抱える
生活上の困難がクライエント個人とその個人を取り巻く環境との相互作
用のなかで生じることを踏まえ、生活者やリカバリーの視点をもってク
ライエント個人の生活を支える援助と、エンパワメントやアンチスティ
グマの視点をもってクライエントが生活する抑圧的な社会環境を変えて
いく働きかけの双方を実践することが求められる。

第5章

精神保健福祉の原理と理念

◇引用文献
1) C. ジャーメイン他，小島容子編訳・著『エコロジカル・ソーシャルワーク』学苑社，p.89，1992.
2) Gitterman, A. & Germain, C. B., *The Life Model of Socialwork Practice 3rd*, Columbia University Press, pp.51–70, 2008.
3) 岡村重夫『社会福祉原論』全国社会福祉協議会，pp.68–92，1983.
4) 谷中輝雄『生活支援——精神障害者生活支援の理念と方法』やどかり出版，p.178，1996.
5) Dodd, P. & Gutierrez, L., 'Preparing Students for the Future: A PowerPerspective on Community Practice', *Administration in Social Work*, 14 (2), pp.63–64, 1990.
6) Solomon, B. B., *Black Empowerment : Social Work in Oppressed Communities*, Columbia University Press, p.19, 1976.
7) Anthony, W. A., 'Recovery from Mental Illness : The Guiding Vision of the Mental Health Service System in the 1990s', *Psychosocial Rehabilitation Journal*, 16(4), pp.11–23, 1993.
8) Deegan, P. E., 'Recovery : The lived Experience of Rehabilitation', *Psychosocial Rehabilitation Journal*, 11(4), p.15, 1988.
9) C. A. ラップ・R. J. ゴスチャ，田中英樹監訳『ストレングスモデル——精神障害者のためのケースマネジメント』金剛出版，p.58，2008.

◇参考文献
・日本精神保健福祉士協会編『公益社団法人日本精神保健福祉士協会 生涯研修制度共通テキスト第2版』中央法規出版，2013.
・日本精神神経学会監訳『こころの扉を開く——統合失調症の正しい知識と偏見克服プログラム』日本精神神経学会，2002.
・松本俊彦・古藤吾郎・上岡陽江編者『ハームリダクションとは何か——薬物問題に対する、あるひとつの社会的選択』中外医学社，2017.

第4節 援助における関係性

学習のポイント
● 精神保健福祉士の援助における多様な関係性の特性について学ぶ
● 精神保健福祉士の援助における立場性について学ぶ

1 援助における関係性とは

1 援助における関係性

前節では、精神保健福祉士による援助で必要とされる視野や視点について、その定義や実践における活用方法を示してきた。この視野や視点が精神保健福祉士による援助に活かされるには、精神障害者と精神保健福祉士の間に良好な関係性が必要となる。

たとえば、精神疾患を患い、自らが解消できない生活上の困難を抱えているクライエントとの初回面接の場面を想像してみよう。精神保健福祉士は人と環境の相互作用の観点や生活者の視点から、クライエントの生活上の困難の理解を目指して、本人の情報（生活歴、現病歴、生活状況、家族構成、性格や能力、価値観など）や、環境の情報（家庭環境、友だち関係、友人以外の人間関係、地域の状況など）に加え、クライエントが体験している生活上の困りごとや今ある状況に対する願いなどを本人に尋ねる。その際、精神保健福祉士はクライエントに対して、どのような配慮やかかわりが求められるだろうか。

クライエントの立場からすると、「精神保健福祉士」と名乗る人は自分の悩みや情報を話すに値する人なのだろうか、誰かに自分の個人情報を漏らしたり、情報を聞いて自分を責めたりしないだろうか、でもこの人なら自分の苦しみを理解してくれるかもしれないといった不安と期待の揺れ動きのなかで、どこまで自分の情報を開示してよいのか躊躇する姿が想像できる。そのようなクライエントに対して、精神保健福祉士はクライエントの感情や基本的なニーズを感じ取り、その意味を理解し、それらに対して適切に応じる。その際、精神保健福祉士はクライエントに対して、一人の人間として尊重すること、クライエントを裁くのではなく、自己決定を援助したいと思っていることをクライエントが感じ

取ってくれることを期待して態度で示す。

　特に、初回の面接では、クライエントの不安が期待よりも大きいことが多いことから、精神保健福祉士はクライエントに安心と安全を保障するメッセージを態度で示すことが求められる。そして、このような精神保健福祉士の態度や言動によって、クライエントが「安心して話ができる」「この人なら信頼できる」「本当に困っていることを相談してみよう」という思いを態度や言動で示すようになる。このとき、クライエントがありのままの自分を開示しようと思えるように、精神保健福祉士はクライエントとの間に良好な関係づくりを意識的に行うことが求められる。両者の間の態度と情緒によって形成される関係性は「援助関係」と呼ばれ、契約に基づく意図的な関係であることから「専門的援助関係」と称されることもある。

　ソーシャルワーカーである精神保健福祉士による援助には、クライエントと呼ばれる「人」と援助者と呼ばれる「人」との、人と人の信頼関係が基盤にあり、その関係性が援助者とクライエントの援助関係の質に、そして精神保健福祉士による援助の質に影響する点に特徴がある。

2 援助関係における特性の枠組み

　次に、精神保健福祉士の援助における関係性に着目し、援助の対象や目的によって多様な関係性があることをみていく。

　先述した状況に戻ると、クライエントの悩みや不安は、精神疾患そのものから生じる生活上の困難と、社会にある偏見や差別から生じる生活上の困難が相互に作用しながらクライエントの生活に影響しあうところにあった。このようなクライエントを前にして、精神保健福祉士は本人（個人的側面）のみを援助の対象とするだけでなく、家族や同僚などの周囲の環境や、偏見や差別を生み出す社会（環境的側面）をも援助対象として働きかけていく必要がある。

●個人的側面に着目した援助関係

　まず、精神保健福祉士による援助において、クライエントに属するもの（個人的側面）に着目した援助関係について考えてみよう。

　たとえば、クライエントが精神疾患を患い混乱状態にあって自らの生活上の困難を解消できない場合、精神保健福祉士はクライエントに共感的態度で接しながら、一方でクライエントの生活上の困難における構造について客観的に分析し、その解消に向けて援助計画を立てていく。このように、クライエント個人に対して専門職の客観的判断を重視する援

助では、精神保健福祉士は本人と契約に基づく援助関係を結ぶものの、両者に「援助する側―援助される側」という関係性が生じやすい。

　では、クライエントが病気を抱えていても自分らしい生活を目指したいという状態になると、精神保健福祉士はどのような援助を行うだろうか。その際、精神保健福祉士はリカバリーの視点から、クライエントの価値観や人生観を尊重し、その希望の実現に向けてかかわるようになる。このような本人の主観を重視する援助では、精神保健福祉士は専門職による援助という色合いを薄め、クライエントと支援関係を形成し、ともに歩む支え手という関係性が求められる。

❷環境的側面に着目した援助関係

　次に、精神障害者の偏見や差別がある社会環境の改善や変革を目指し、クライエントの環境的側面に着目した精神保健福祉士の援助関係について考えてみよう。

　たとえば、エンパワメントの視点から、精神保健福祉士は「精神障害者」と呼ばれる人々のパワーを喪失していく状況を専門的知識に基づき客観的に分析し、「精神障害者」と呼ばれる人々に必要な知識や技術を学ぶ機会を提供しながら、彼らの活動を側面的にサポートする。このように、抑圧された人々による環境改善や社会変革に対して、専門職の客観的知識や権限をもつ精神保健福祉士はクライエントのパートナーとしての関係性が求められる。

　では、精神障害者に対する偏見や差別がある社会環境のなかで、病いを抱えながらも自分なりの対処方法を編み出してきた人々に対して、精神保健福祉士はどのような援助を行うのだろうか。このような人々が求めるものは、社会にある精神障害に対する偏見の言葉を病いの経験をした自分たちの言葉で語り換えることであり、病いを抱えていても自分らしく生きることが可能な社会を創ることである。このような活動では、精神保健福祉士は病いの経験をした人々から学び、ともに住みよい社会の創造に向けて協働関係（collaborate relationship）が求められるといえよう。

　以上のように、精神保健福祉士の援助における関係性の特性を理解するために、精神障害者が抱える生活上の困難に対する援助対象が個人的側面なのか環境的側面なのか、重きを置くのはクライエントの主観的側面なのか援助者による客観的側面なのかという枠組みを用いながら示してきた。

　クライエントと精神保健福祉士との間に形成される援助関係は、援助

の対象やクライエントのニーズによって、そのありようは異なることを示してきたが、実際の精神保健福祉士による援助では明確な区別はなく、各々の関係性の強弱はあるものの、すべての関係性を包含しながら展開していくことが多い。

そこで、次項では精神保健福祉士の援助における関係性の理解を図るため、前記の枠組みを用いて、「援助関係」「間主観（相互主体性）」「パートナーシップ」「協働関係」について理解を深めていくことにする。

2 援助関係における三つの特性

精神保健福祉士の援助における関係性のなかでも、「援助関係」は基盤となる関係性であり、精神保健福祉士（ソーシャルワーカー：援助者）と精神障害者（クライエント）の契約によって成立する関係である。そのため、援助関係は自然に生じる親子関係や友人関係と異なり、援助過程において形成される意図的であり、一過性の関係である。クライエントは、自分の生活上の困難を解消するためにソーシャルワーカーとの援助関係を利用するのである。

ソーシャルワークにおける「援助関係」の重要性を指摘したバイステック（Biestek, F. P.）は、ソーシャルワーカーが行う「援助過程の全体」が援助の身体にあたるならば、「援助関係」は魂であるとし、援助関係は援助過程全体に流れをつくる水路の役割があるとしている。そして、援助関係における態度と情緒による力動的な相互作用をもとに、援助者がクライエントと良好な援助関係を形成する七つの原則を編み出した。

それはバイステックの7原則といわれ、❶個別化（クライエントを個人として捉える）、❷意図的な感情表出（クライエントの感情表出を大切にする）、❸統制された情緒的関与（援助者は自身の感情を自覚し吟味しながらかかわる）、❹受容（受けとめる）、❺非審判的態度（クライエントを一方的に非難しない）、❻クライエントの自己決定（クライエントの自己決定を促して尊重する）、❼秘密保持（秘密を保持して信頼感を醸成する）がある。これらの原則は、個々に独立して存在するものではなく、互いに作用しながら援助関係に影響を与え、援助の質を決定する要因となっている。

先の事例でみてきた関係性の枠組みを用いると、クライエントが抱え

★バイステックの7原則
アメリカのソーシャルワークの研究者によって見出された援助関係を形成する七つの技法を指す。1957年に出版された『The Casework Relationship』に紹介されている。

る生活上の困難（個人的側面）に対して、援助関係は自分で解消できないクライエントと、その解消や解決に向けて援助する援助者（客観的側面）との間に形成する意図的な関係である。ここでは、援助関係における三つの性質について説明する。

■1 一方的な援助関係の特性

一方的な援助関係はクライエントの精神症状が著しく混乱状態にあるときや、今すぐ判断しなければ命にかかわるような場合に用いられることが多い関係性である。クライエントの援助方針や援助計画の作成の過程において、ソーシャルワーカーの専門的知識に基づく客観的判断がクライエントの主観的判断よりも優先されることが多い。

このようなソーシャルワーカーの行為は、クライエントの最善の利益や保護を目的とする場合に限定されるものであり、ソーシャルワーカーは自らの裁量権がもつ加害性を意識しながら、クライエントの自己決定権を保障できる関係づくりを行う必要がある。

■2 相互的関係の特性

相互的関係とは、クライエントとソーシャルワーカーが相互に影響しあいながら、互いのやりとりのなかで問題の解消や解決を図っていく関係性である。クライエントは、生活上の困難を自らの力で解決できる主体として捉えられ、問題解決にあたってはクライエントの自己決定に基づく解決が重視される。日々のクライエントとソーシャルワーカーのやりとりでは、その相互的関係を用いて解決することが多い。

■3 循環的関係の特性

循環的関係とは、クライエントの立場に立って、ソーシャルワーカーの言動がどのように捉えられているのかを認識するのと同時に、クライエントの言動がどのような思いからなされるのかを理解するように努める関係性である。両者の循環的関係のなかで援助の内容を決めていく過程をたどる。

以下に示すひきこもり状態にあるBさんの事例をもとに、循環的関係について理解を深める。Bさんのことで母親から相談を受けた保健所の精神保健福祉相談員である精神保健福祉士がBさんの自宅を訪問したときをイメージしてみよう。

事 例

　初対面の精神保健福祉士に対して、Ｂさん（16 歳、男性）は、「この人は何のために家に来たのだろう。外出しない自分のことを責めたりしないだろうか。世間の価値観から自分のことを問題児扱いしないだろうか」という不安を抱いている。このようなＢさんに対して、精神保健福祉士はひきこもり状態を否定するのではなく、Ｂさんの今・ここの生活、Ｂさんの立場からみえる世界に関心を寄せることにした。そして、自己紹介をするものの、「専門職」という立場や見方をいったん保留し、一人の人間としてＢさんの生活に思いをはせながらゲームをしたり、たわいもない話をすることにした。人と人とのやりとりが続く日々のなかで、Ｂさんは大学入学試験検定のことや趣味の漫画のことを話しあう仲間がネット上にいることを伝え、「「ひきこもり」というレッテルを貼られることがつらい。自分でも生活を変えるタイミングを探している」と精神保健福祉士に自分の悩みを打ち明けるようになった。Ｂさんが今の生活や将来のことを自己開示するなかで、精神保健福祉士はＢさんの「ひきこもり」状態は、複合的な出来事や時間の経過が相互に影響しあうなかで生じてきたことであると理解できた。そして、精神保健福祉士は自分のなかで「ひきこもり」というレンズを通してＢさんをみていたことを反省し、自身のことを教えてくれたことに感謝の意を伝えた。Ｂさんも精神保健福祉士の「Ｂさんの世界の枠組みに添い、Ｂさんの言動を理解することが大切である」という思いを理解することで、精神保健福祉士に信頼を寄せるようになった。両者の循環的な関係を丁寧に形成しながら、ソーシャルワーカーは何をすればよいかをＢさんと考えるなかで、具体的な援助の方向性を見出すことができた。

Active Learning

事例の精神保健福祉士がＢさんに感謝を伝えるとき、自分だったらどのような言葉をかけるか、事例の状況を想像し関係性を考慮しながらセリフを書き出してみましょう。

　このように、クライエントの生活上の困難を解消したり解決したりする緊急度合い、クライエントの意思決定能力やニーズの異なりによって、援助関係の性質として「一方的関係」「相互的関係」「循環的関係」があることを示してきた。しかし、実際の精神保健福祉士による援助では、援助関係の各々の関係は独立して存在するのではなく、クライエントの状況に応じて三つの関係が強弱しながら変容していくことが多い。

3 間主観（相互主体性）への理解

1 間主観の特性

　「間主観」の「間」とは「二人」や「共同」を意味し、相互主観性、共同主観性ともいわれる。「間主観」におけるクライエントと援助者との関係性は、「クライエント」という主体と「援助者」という主体が互いの価値観を認めあい、「我々関係」に代表される相互主体性に基づく関係性を示す。この「共にある」という関係性は、援助関係でみられた「援助する側—援助される側」といった上下関係（縦型的関係）ではなく、支援関係にみられる水平的関係（横型的関係）に特性がある。

2 間主観（相互主体性）における「精神障害者」の捉え方

　精神保健福祉領域で「間主観（相互主体性）」の関係性が重視されてきた背景には、精神障害者が社会防衛や医療の対象と位置づけられた時代背景がある。当時の精神障害者は専門職や家族から監督される存在、保護される存在、指導される存在として捉えられ、自らの生活や人生の決定が困難とされていた。

　このような精神障害者に対する見方を変え、「共にある」という関係性では、精神保健福祉士はクライエントとの関係のなかで一人の人間としての対等性を重視する。精神障害者は病者や障害者としての側面を一部にもつ「生活主体者」であり、たとえ精神症状があっても、責任能力のある一人の人であるというリカバリーの視点が重視される。

3 間主観における関係性を活かした支援

　間主観の「共にある」という関係性を重視した代表的な精神保健福祉実践として、谷中輝雄が「やどかりの里」の実践から提唱した「生活支援」がある。生活支援の目標は、共に豊かな生活世界の実現にある。[1]

　生活支援活動では、❶精神障害当事者は生活主体者であり、自らの生活や人生の責任主体者であると捉える。❷生活支援の根本は生活の支え合いにあり、当事者同士の相互支援が重要な柱に位置づけられる。❸支援者はともに歩む・支え手として、当事者の多様な価値観を許容し喜びも悲しみも共有し、連帯のなかでともに生きる空間を創り出す。❹支援者は当事者から支援されることもあれば、支援者が相談役、コーチ、教師、ごく普通の友人、コーディネーター（その人が必要とする人を結び

合わせる）、コミュニティワーカー（共生社会を目指し、資源の調整・整備・開発をする）などの役割を担うこともある。当事者のニーズに応じて柔軟に対応していくことが求められる。

4 パートナーシップへの理解

1 パートナーシップの特性

「パートナーシップ」という言葉は、一般的に仲間や協力関係を示すことが多いが、ここでは、本章第3節で学んだエンパワメントの視点に基づく関係性に着目しながら理解を図る。エンパワメントアプローチでは、「精神障害者」と呼ばれる人々が自分たちのパワーを喪失させる抑圧的な社会環境の改善や変革を目指す活動に対して、ソーシャルワーカーはパートナーとして側面的な支援をすることが求められた。クライエントとソーシャルワーカーのパートナーシップに基づく関係性では、社会環境を変えるという点で両者は対等であり、「援助する側—援助される側」といった閉鎖的な二者関係ではなく、外に開かれた関係性である点に特徴がある。

2 社会環境の改善や変革を目指すパートナーシップの着目点

精神障害者のパワーを喪失させる抑圧的な社会環境を対象として、精神障害者自身がその社会環境の改善や変革ができるように、ソーシャルワーカーは、❶クライエント本人、❷社会の偏見や差別を経験した集団、❸その集団と相互作用のある抑圧的な社会環境、そして、❹社会システムの構造を規定する政治社会など、四つの次元に働きかける。

3 パートナーシップの関係性を活かした援助

「精神障害者」に対する偏見や差別がある抑圧的な社会環境の改善や変革を目指し、「精神障害者」と呼ばれる人々とソーシャルワーカーとの間にパートナーシップを築きながら次の活動について、両者は対話を重ねながら合意形成を図る。❶環境の改善や社会の変革に向けた役割を分担する、❷クライエントが「パワー」を獲得していく方策やソーシャルワーカーのもつ権限とパワーをクライエントと共有する、❸クライエントとソーシャルワーカーのおのおのの得意分野を相互に認識し、社会環境の改善や変革に向けた活動に活用する、❹クライエントとソーシャ

ルワーカーという枠組みにしばられない一人の人間としての多様性を認めあう、❺クライエントとソーシャルワーカーの互いの弱さを受容し、相互に補完しあう。

以下に示すM法人における精神障害者のグループホームの建設にあたって、地域住民から反対の署名を受けた事例をもとに、精神保健福祉士の援助について考えてみよう。

事例

M法人の利用者であるCさんは、「地域住民から施設建設について反対されるのは、精神病になった私のせいでしょうか。どうして精神病になんかなってしまったのだろう。何もできない無力感があり、自分を責めてしまう」と精神保健福祉士に相談した。精神保健福祉士は、Cさんに共感的態度で接しながら、偏見のある社会を変えるべきであり、Cさんの苦しみは社会の偏見から生じることを共有した。そして、精神保健福祉士はCさんをはじめ、グループホームの入居を希望するDさん、Eさん、Fさんと話し合いの場をもった。精神保健福祉士は個々人のとまどいや不安をメンバーの思いとして共有するとともに、「精神障害者」に対する偏見が形成されていく過程や、メンバーがパワーを喪失していく過程について学ぶ機会をもち、互いの意見が尊重される場をもった。

C：病気になった自分を責めていましたが、知識をもつと精神障害者に偏見がある社会に視野が広がった。

D：「精神障害者」ということで、町から排除されることに理不尽を感じる。私も地域を構成する一人なのに。

E：精神疾患は5大疾患の一つに位置づけられていることを住民に知ってほしい。人ごとではないんです。

F：精神障害者に対する偏見のある社会を変えたい、でも何から始めてよいのかわからない。

このように、メンバーの社会に対する批判的な意識が醸成されて、社会変革を求める発言が聞かれた。

精：変えるべきは社会であり、皆さんに会うことで住民の精神障害者に対する意識も変わると思うのです。

その後、メンバーは、精神保健福祉士と偏見を減らす方策について学習を重ねるなかで、教育内容の見直しやボランティア講座の開催、ピアサポートの広報誌への掲載などの意見が示され、最終的に

「精神障害のある人々の理解」を目的とした市民講座の開催が提案された。精神保健福祉士は地域福祉を推進する社会福祉協議会に共催の依頼をし、市民講座を開催できることとなった。

　市民講座の開催に向けて、資金や場所の設定はM法人と社会福祉協議会が担い、住民に向けた語りはEさんが担当することになった。精神保健福祉士は、メンバーと社会福祉協議会で講座を企画し、Eさんとは講座に向けた語りを作成した。当日、民生委員や地域のボランティアが参加し、Eさんは、精神疾患は誰もがなる可能性があること、精神障害者が一人の人間として回復するには周囲との温かい交流が必要なことを語った。参加者から「精神障害者のイメージがよいほうに変わった」「自分のなかの偏見に気づいた」という感想が多くみられたことから、次年度は、M法人と社会福祉協議会との共催で精神保健福祉ボランティア講座を開催することになった。講座の目的は、地域に精神障害者の理解者を増やすことであり、それはM法人のメンバーたちの願いでもあった。そこで、企画の段階からM法人のメンバーが参加し、メンバーの得意分野を活かしたポスターづくりや、「病いの語り」のプログラムを担当することになった。また、市のアクションプランの委員である精神保健福祉士とM法人のメンバーは、今回のことを踏まえて、「障害者に対する差別解消に向けた方策」について、精神障害者の意見や希望を組み込んだ具体的な地域福祉アクションプランの作成を案件として提出した。

5　協働関係への理解

1　協働関係における関係性の特性

　協働関係（collaborative relationship）における関係性は、クライエントの主観に価値を置き、クライエントのものの見方や考え方が重視される。本章第3節で学んだリカバリーの視点やアンチスティグマの視点に基づく実践でみられることが多い。クライエントとソーシャルワーカーの関係性は、共感、相互理解、およびユニークな人として互いに認めあうことに基づいている。

■2 協働関係における当事者の主観に基づく語りの特性

　協働関係は、「クライエントこそ専門家である[2)]」というフレーズに代表される関係性である。クライエントが語る自己物語は、過去の出来事のなかから本人が選択した出来事と出来事を結びつけ、「過去―現在―未来」といった時系列の形式をとる。その物語には、クライエントによる出来事の意味づけや、病いの経験によって得た知恵やその人に意味づけされた固有の経験（lived experience）が紡がれており、ソーシャルワーカーの客観性を重視したアセスメントでは得られない事実も確認できる。

　留意すべき点は、上記のフレーズをクライエント不在で用いないことである。どの立場に立つかはクライエント本人が決めることであり、援助者によって専門家に位置づけられるものではない。協働関係では、クライエントが「自分自身の専門家である」と認識できる対話を重ねることが不可欠である。

■3 協働関係における関係性を活かした支援

❶当事者の主観に基づく語りから学ぶ

　「クライエントこそ専門家である」という考え方をもとに、ソーシャルワーカーは「無知の姿勢（not-knowing）[3)]」でクライエントの語りを聞き、今まで当たり前と思っていた観念や慣行を見直す機会を得るとともに、自らの援助のあり方を問い直すことができるようになる。クライエントの主観に基づいた語りの承認者が増えれば増えるほど、社会にある支配的な精神障害者の偏見にみられる語りが書き換えられる。

❷病いの経験知に基づく当事者活動に価値を置き、協働する仕組みをつくる

　病いの経験知に基づく代表的な当事者活動として、ピアサポート（peer support）がある。ピアサポートの「ピア」とは、仲間や対等を意味し、ピアサポートは同様の課題を体験した者同士の相互支援を指す。その特徴として、❶リカバリー志向、❷経験知の活用、❸仲間意識に基づく支援、❹既存の制度の不備な点の検証・補完・是正・改革、新しいサービスの創出、などの可能性がある。

　我が国における「ピアサポーター」は、ピアカウンセラー（相談支援）、ピアヘルパー（生活支援）、ピアサポーター（狭義：地域移行支援）、ピアスタッフなどを包含する広義の活動として捉えられることが多い。ソーシャルワーカーは、ピアサポーターと協働しながら、組織の職業倫

理の点検や、ピアサポーターの有用性の社会的発信、リカバリー志向の社会資源の創出を行う。このような協働関係は、パートナーシップで示した特性と重なるものである。

近年、我が国では、リカバリーについて学び合う場が重要視され、「リカバリーカレッジ*」という取り組みがみられるようになった。その活動の中核的な概念である「コ・プロダクション（co-production）」は共同創造と訳され、病いの経験によって得られた知恵をもつ人と、専門的な科学的知識をもつ人が互いの持ち味を活かしあう協働関係によって、ともに学びあう場を創造するという意味あいがある。

リカバリーカレッジは、それぞれの経験から得られた知恵や価値観、専門性が持ち寄られることで、新たな文化を生み出す可能性がある。このような活動のなかで形成される協働関係は、「クライエント—援助者」という固定した関係性ではなく、「クライエント」や「援助者」の属性を一部にもつものの、一人の人と一人の人との関係性を重視することから時間をかけて形成されていく関係といえる。

★リカバリーカレッジ
2009年にイギリスの国策として始まったリカバリー志向の取り組み。カレッジは治療の場・支援の場ではなく、障害の有無にかかわらず参加する、誰もがともに学びあう場である。

6 加害者性の理解

前項まで、クライエントとソーシャルワーカーとの間に取り結ばれる援助関係の特性についてみてきた。ここでは、クライエントと援助関係を形成するソーシャルワーカーがもつ加害者性について理解を深める。

本来、援助とは援助者による生活課題を抱えるクライエントへの意図的なかかわりである。クライエントの利益を最大限に実現することを目指して、援助者は専門的見地からクライエントの生活課題を定義し、その解消や解決方法を図る役割がある。そのため、双方の援助関係において援助者のパターナリズムが生じやすい。

「パターナリズム」は「父権主義」を原義とし、強い立場にある者が弱い立場にある者の最善の利益や保護を理由に、その者の自律性を制限したり干渉したりする考え方を意味する。パターナリスティックにならざるを得ないクライエントの状況として、身体的・精神的疾患により自己決定が困難な場合、自分の生活上の課題を解決する知識が欠如している場合、緊急性の高い対応が必要とされる場合などがある。そのような場合、援助者とクライエントがそれぞれ有する情報の非対称性が顕著となり、「援助者（援助する主体）とクライエント（援助される客体）」と

Active Learning

精神科病院における「白衣の着用」や「病棟の開閉の鍵」は、精神保健福祉士と入院患者との援助関係において、どのような影響があるか、考えてみましょう。

いう主客関係が強調されやすい。援助者は本来、クライエントとの援助関係において、一人の人間としての対等性を目指すことから自己矛盾が生じることになる。

　精神障害者の処遇の歴史を振り返ると、1960年代の精神医療において、精神病者は精神疾患により自己決定が困難であるという医師の言説により、援助者によるクライエントの代理行為や生活管理、温情的な世話などがみられた。このような援助者によるパターナリズムが本人不在の入院を強制したY問題を引き起こす背景にあったといえる。Y問題の問いかけは、この問題に関与した援助者に違法性がないこと、そして援助者がY氏の人権に対する加害に無自覚だったことにある。当時の精神衛生法は社会防衛の色彩が濃く、援助者（当時・精神衛生相談員）には医療につなげる役割が求められていた。その役割を遂行するなかで、Y氏を「病者」とみなし入院に至らせてしまった。精神保健福祉士の専門性に基づく援助関係は、誰のための、何のための関係性なのかを問われることになったのである。

　パターナリズムに基づく専門職主導の援助関係は、前述した「一方的な援助関係の特性」で示したように、クライエントの精神症状の悪化時や緊急時の対応には必要とされる関係であり、本人の最善の利益や保護のためであるなら否定されるものではない。しかし、そのことによってクライエントは、援助者の裁量権がクライエントの自己決定権に優先される理不尽さを経験することになる。このような「一方的な援助関係」においても、援助者は自らがもつ加害者性を常に意識し、クライエントの自己決定権を尊重しながら、援助内容の根拠についてクライエントに責任をもって説明するとともに、法制度に規定される援助者の役割を点検する必要がある。

7 援助者の立場性を意識する

　本節では、援助の方向性や内容を決定づける要素および援助対象の内容を踏まえて、援助における関係性として、「援助関係」「間主観（相互主体性）」「パートナーシップ」「協働関係」の四つの関係性について示してきた。クライエントと援助者の関係は、解決すべき課題の緊急度合いやクライエントのニーズによって求められる関係性が異なり、それには援助者とクライエントの主客関係、クライエントと援助者がともに支

え手の関係、専門職のもつパワーへの批判によるパートナーの関係、クライエントから援助者が学ぶ関係があることをみてきた。実際の精神保健福祉士の援助では、これらの関係性は包括的なものであり、クライエントの希望やニーズに応じて、その強弱を柔軟に変えながら形成されるものである。

　本来、どの援助関係を活用するかを決めるのは、生活課題を抱えるクライエント本人であり、本人不在の援助関係は成立しない。しかし、援助における関係性において、精神保健福祉士とクライエントのもつ専門的知識や技術の質と量には格差があり、精神保健福祉士はクライエントより優位になりやすい。また、「一方的な援助関係」のように、精神保健福祉士の裁量権がクライエントの自己決定権よりも優先される援助関係もある。

　このことから、援助における関係性において、精神保健福祉士はクライエントより優位になりやすい立場性を意識しながら、「一方的な援助関係」が求められるときでも、クライエントの最善の利益や保護に加え、クライエントの自己決定を尊重し、クライエントが自己決定権を行使できる関係づくりを行う必要がある。

◇引用文献
1）谷中輝雄『生活支援——精神障害者生活支援の理念と方法』やどかり出版，p.130，1996.
2）H. アンダーソン・H. グーリシャン「クライエントこそが専門家である」S. マクナミー・K. J. ガーゲン編，野口裕二・野村直樹訳『ナラティヴ・セラピー——社会構成主義の実践』金剛出版，p.59，1997.
3）同上，p.68

◇参考文献
・F. P. バイステック，尾崎新・福田俊子・原田和幸訳『ケースワークの原則——援助関係を形成する技法 新訳改訂版』誠信書房，2006.
・坪上宏「援助関係論」坪上宏，坪上宏・谷中輝雄・大野和雄編『援助関係論を目指して——坪上宏の世界』やどかり出版，pp.268-313，1998.
・谷中輝雄『生活支援——精神障害者生活支援の理念と方法』やどかり出版，1996.
・S. マクナミー・K. J. ガーゲン編，野口裕二・野村直樹訳『ナラティブ・セラピー——社会構成主義の実践』金剛出版，1997.
・日本精神保健福祉士協会編『公益社団法人日本精神保健福祉士協会 生涯研修制度共通テキスト 第2版』中央法規出版，2013.
・早坂泰次郎編著『現場からの現象学——本質学から現実学へ』川島書店，1999.
・A. M. ジャネット マアー，野中猛監訳『コンシューマーの視点による本物のパートナーシップとは何か？——精神保健福祉のキーコンセプト』金剛出版，2015.

第6章

「精神保健福祉士」
の役割と機能

　国家資格専門職である精神保健福祉士として、遵守すべき事項や重視すべき事柄、当事者に対する姿勢や関係者への働きかけ方、政策および法制度を捉える視点や社会環境を見渡す際の着眼点などは、相手や場面、状況に応じた柔軟性とともに共通性が求められる。そのため、「精神保健福祉士法」の規定および解釈、「精神保健福祉士の倫理綱領」の意義と内容、「精神保健福祉士業務指針」の内容を学び、精神保健福祉士としての基軸と、各職場や状況に応じた機能を発揮するための応用力の基礎となる知識を獲得する。

精神保健福祉士法の理解

学習のポイント

- 精神保健福祉士の定義とソーシャルワークを関連づけて考える
- 精神保健福祉士の義務について、クライエントや他職種との関係から学ぶ
- 社会福祉士と精神保健福祉士の関係性について、整理して学びを深める

1 精神保健福祉士法の成立とその目的

精神保健福祉士法の成立経緯については、すでに第5章第1節で示されているため、ここでは簡潔に触れることとしたい。

精神保健福祉士法が成立するプロセスの最終段階において、国会（1997（平成9）年第140回通常国会衆議院厚生委員会）で当時の厚生大臣（小泉純一郎）より、精神科病院における入院患者数・入院期間とも増大していること、国民の精神保健や精神障害者の福祉の向上と社会復帰が喫緊の課題であること等を踏まえ、「精神障害者の社会復帰に関する相談および援助の業務に従事する者の資質の向上およびその業務の適正を図り、精神障害者やその家族が安心して必要な支援を受けることができるよう、新たに精神保健福祉士の資格を定めることとし、この法律案を提出することとした」と述べられている。

つまり、こういった国家的課題への対応を担う者（相談および援助の業務に従事する者＝ソーシャルワーカー）の業務適正化・資質向上を目的としている。この部分については、1998（平成10）年に施行された精神保健福祉士法の第1条に法の目的として次のように記されている。

（目的）
第1条 この法律は、精神保健福祉士の資格を定めて、その業務の適正を図り、もって精神保健の向上及び精神障害者の福祉の増進に寄与することを目的とする。

先に示した国会答弁のなかで特に注意したい部分が、「精神障害者やその家族が安心して必要な支援を受けることができるよう」と述べられた部分である。ソーシャルワーカーである精神保健福祉士はさまざまな

組織に所属し、その業務を行う。クライエントや家族が抱える不安の対象が精神保健福祉士の所属する組織である場合も考えられるのである。そのような状況にあっても、クライエントや家族への支援として「精神障害者が安心して必要な支援をうけられる＝クライエントの側に立つ」ことを明文化したものであり、ソーシャルワーカーのもつ価値として根底に置いておくべきものである。

1 定義

精神保健福祉士法における精神保健福祉士の定義については、下記のように示されている（下線は2010（平成22）年の改正時に追加された文言）。

（定義）

第2条　この法律において「精神保健福祉士」とは、第28条の登録を受け、精神保健福祉士の名称を用いて、精神障害者の保健及び福祉に関する専門的知識及び技術をもって、精神科病院その他の医療施設において精神障害の医療を受け、又は精神障害者の社会復帰の促進を図ることを目的とする施設を利用している者の地域相談支援（障害者の日常生活及び社会生活を総合的に支援するための法律（平成17年法律第123号）第5条第18項に規定する地域相談支援をいう。第41条第1項において同じ。）の利用に関する相談その他の社会復帰に関する相談に応じ、助言、指導、日常生活への適応のために必要な訓練その他の援助を行うこと（以下「相談援助」という。）を業とする者をいう。

なお、法第2条に示されている第28条とは「登録」のことであり、精神保健福祉士となる資格を有する者が精神保健福祉士となるために、「精神保健福祉士登録簿」に必要な情報を登録することとしている。このようなことから、国家資格としての精神保健福祉士は、❶名称独占の国家資格であること、❷その対象者はいわゆる精神障害者であり、❸精神科病院や障害福祉サービス事業所などで提供される相談援助を業とすると示している。また、2010（平成22）年の精神保健福祉士法改正時

---

i　精神保健福祉士は名称独占の国家資格（精神保健福祉士法第42条における「名称の使用制限」）である。しかし、診療報酬や施設基準への組み込み、障害福祉サービス等報酬における専門職配置加算の対象になるなど、実態として業務独占資格に近い存在になりつつある。

には、「今後の精神保健福祉士に求められる役割」として以下の4点が整理されている[1]。

❶ 医療機関等におけるチームの一員として、治療中の精神障害者に対する相談援助を行う役割

❷ 長期在院患者を中心とした精神障害者の地域移行を支援する役割

❸ 精神障害者が地域で安心して暮らせるよう相談に応じ、必要なサービスの利用を支援するなど、地域生活の維持・継続を支援し、生活の質を高める役割

❹ 関連分野における精神保健福祉の多様化する課題に対し、相談援助を行う役割

しかし、たとえば国際ソーシャルワーカー連盟と国際ソーシャルワーク学校連盟総会で採択されたソーシャルワーク専門職のグローバル定義（2014（平成26）年）に示される内容と、精神保健福祉士法に記された定義には重ならない部分がある。

ソーシャルワーク専門職は確実にその実践領域を広げてきた経緯をもつ。実際に精神保健福祉士法第2条に示されているような対象や範囲を超えて活動している（教育・司法・産業・行政など）。ソーシャルワーカーの国家資格化によりソーシャルワーク関連の業務を担ってきた者が国家資格をもつ者に置き換わっていくなか、精神保健福祉士の「支援対象」ができてきた。それは一定の資質を備える者たちが、身分保障を高めていくために「法」や「制度」に「規定」されていく必要性があったともいえる。しかし、すべてではないにせよ、そのように支援対象が「規定」されていくなかで「支援対象にならない人」が生まれ、本来果たすべきソーシャルワーカーとしての使命を果たしにくくなってきた点は否めない。

法に位置づけられた内容や、所属する組織に求められることだけが、精神保健福祉士の役割ではない。「精神保健福祉士として組織に求められる役割」を「ソーシャルワーカーとしての精神保健福祉士が果たしたい役割」や「ソーシャルワーカーとしての精神保健福祉士に社会が求める役割」に重ね、拡大していく必要がある。そのためには、それぞれの精神保健福祉士が所属する組織に対してソーシャルワークを理解してもらうための活動を行い（そのことでどのような利益が社会やその組織にもたらされるのか）、組織内での業務をソーシャルワークと関連づけて考え、そのセンスを磨き、所属組織の業務を越境してソーシャルワーカーとして社会活動を行うといった、ソーシャルワーカーとしての生き方が

重要である。

2 義務規程

精神保健福祉士法の第4章「義務等」では、「誠実義務」「信用失墜行為の禁止」「秘密保持義務」「連携等」「資質向上の責務」を挙げ、精神保健福祉士が果たすべき社会的責務や遵守しなければならない義務について示している。以下で、その詳細についてみていく。

❶誠実義務

精神保健福祉士法では、誠実義務について以下のように示している（下線は筆者による）。

（誠実義務）
第38条の2　精神保健福祉士は、その担当する者が個人の尊厳を保持し、自立した生活を営むことができるよう、常にその者の立場に立って、誠実にその業務を行わなければならない。

どのように誠実であらねばならないのか、これを端的に示しているのが、下線部分である。❶精神保健福祉士の支援の対象となる者（クライエントや家族など）の尊厳を保持すること、❷自立（自律）した生活を営むことができるようにかかわること。すなわち、クライエントや家族が自分の生活を自分でコントロールする感覚を取り戻すことを支える（エンパワメント）こと、❸クライエントの権利擁護を担うこと。これらを遂行することが「誠実にその業務を行う」ことだといえる。

❷信用失墜行為の禁止

精神保健福祉士法では、信用失墜行為について次のように禁じている。

（信用失墜行為の禁止）
第39条　精神保健福祉士は、精神保健福祉士の信用を傷つけるような行為をしてはならない。

ソーシャルワーク実践において、しばしば「クライエントとの信頼関係」について問われる。信頼関係をもとに人（クライエント）と環境の相互作用に着目し、その役割を果たすことができるのである。よって、信頼を失う相手（対象）はクライエントや家族に限らない。他職種、他機関、同職種、そして広く社会である。精神保健福祉士はその実践のプロセスでこのような人々と関係を紡ぎ、広げ、ネットワークを構築する

のである。

　社会に目を広げると、「コンプライアンス*違反」による企業や個人の
さまざまな不祥事をみる機会も多くなっている。企業や組織、専門職が
法令や企業倫理・職業倫理を遵守することが当然の社会にあって、この
法第39条のもつ意味は大きい。

　先に示した法第38条の2にある誠実義務を守れなかった場合にも当
然信頼を失う。人が信頼を失うのにはさまざまな理由があるが、多くは
他者が「期待を裏切られた」と感じた場合である。その期待は精神保健
福祉士個人に対する期待だけではなく、資格やヒューマンサービスその
ものに対する期待も含んでいる。日々の実践（場合によっては日常生活
においても）を丁寧に積み重ね、立ち止まって考えること、同僚からの
指摘を謙虚に受けとめ、スーパービジョン*を意識的に受けることを続け
なければ、思ってもいなかったことから「信頼を失う」行為を無意識に
行いかねない。

❸秘密保持義務

　保健医療福祉専門職の守秘義務といえば、1948（昭和23）年に採択
されたジュネーブ宣言がある。そこでは「私は、私への信頼のゆえに知
り得た患者の秘密を、たとえその死後においても尊重する」と記され、
その義務を絶対的なものとしてきた。しかし、その後の社会構造の変化
や事例の蓄積によりさまざまな「例外」も認められるようになっている。
秘密保持については、ソーシャルワーカー養成の入り口でも学ぶもので
ある。あらためて、精神保健福祉士法における秘密保持義務をみてみた
い。

> （秘密保持義務）
> **第40条**　精神保健福祉士は、正当な理由がなく、その業務に関して知
> 　り得た人の秘密を漏らしてはならない。精神保健福祉士でなくなった
> 　後においても、同様とする。

　ここで2点に注意したい。一つは、「正当な理由がなく」と書かれた部
分である。先述した「例外」に該当する部分となる。逆に「クライエン
トの秘密を開示する正当な理由」とはどのような場面であろうか。それ
は、たとえば虐待の通告や自傷他害行為からの保護といったものである。

　もう一つは、「精神保健福祉士でなくなった後においても」である。
これは、業務としてクライエントを担当していた場合、その担当でなく
なった場合や精神保健福祉士自身が退職した場合、すなわち援助関係が

★コンプライアンス
一般的に法令遵守のこ
とを指す。企業・病院・
福祉サービス事業所な
どの組織が関係法令は
もちろんのこと、社会
規範や倫理を守って行
動することをいう。

★スーパービジョン
スーパービジョンは、
職場内外問わずさまざ
まな形で実施される。
日本精神保健福祉士協
会では、構成員（会員）
の支援体制を整備する
ため、「認定スーパー
バイザー制度」を設け
ている。養成研修を修
了した認定スーパーバ
イザーが構成員との契
約に基づき、スーパー
ビジョンを実施する。

Active Learning
精神保健福祉士が保
持しなければならな
い秘密にはどのよう
なものがあるか、具
体的に考えてみま
しょう。

終結した場合における「その後」も引き続き課せられる義務である。

クライエントとの関係性の構築や実際の支援において精神保健福祉士が触れることになる情報は、プライバシーや個人の尊厳にかかわる根本的なものである。クライエントが長い人生を歩んできたなかで蓄積された他の誰にも知られたくない、人の尊厳にかかわる情報を扱っているのである。また、よかれと思ってクライエントの情報を開示したことが、偏見や差別が残る現状において、効果的に機能しない場合もあり、かえって逆効果となることもある。常にクライエントを中心に据え、一つひとつの情報についてクライエントに確認を取りながら、支援ネットワークをつくっていくことが大切である。

❹連携等

連携とは、「同じ目的を持つ者が互いに連絡をとり、協力し合って物事を行うこと」(広辞苑)とされる。つまり、クライエントを中心としたチーム間で調整を行いつつ、目的(＝クライエントのリカバリー)に向けた支援を行うことである。精神科医療機関においては、従来から**チーム医療**による支援が行われてきた。クライエントが精神科医療機関を訪れる際に抱えている課題は複雑化・多様化しており、その支援の切り口はさまざまな方法が考えられる。その方法を一つの専門職で担うことに限界が生じたことから「チーム医療」が生まれたのである。精神科病院内においては医師・看護師・作業療法士・公認心理師・管理栄養士・薬剤師などとの**多職種連携**によって、それぞれのもつ専門性からアセスメントが重ねられるようになった。その結果、「個としての専門職として何ができるか」に加え、「チームとしてどのような支援を提供できるか」という側面からアプローチが可能になり、その幅と質が向上してきた。

また、忘れてはならないのが、「クライエントをチームの一員として位置づける」ことである。専門職だけでアプローチを行う場合、リスクを冒すことを恐れ、時としてパターナリズムに偏った支援になり、クライエントの希望や願いが反映されずに時間だけが経過してしまいがちである。クライエントを含んだチームで「**リカバリー志向の実践**」を行うことでクライエントの自己決定の積み重ねやお互いを認め合う関係性の構築が営まれる。

このような精神科医療に限らず、さまざまな場で精神保健福祉士の連携の多様性をみることができるが、あらためて、精神保健福祉士法における連携についてみてみたい。

（連携等）

第41条 精神保健福祉士は、その業務を行うに当たっては、その担当する者に対し、保健医療サービス、障害者の日常生活及び社会生活を総合的に支援するための法律第5条第1項に規定する障害福祉サービス、地域相談支援に関するサービスその他のサービスが密接な連携の下で総合的かつ適切に提供されるよう、これらのサービスを提供する者その他の関係者等との連携を保たなければならない。

2　精神保健福祉士は、その業務を行うに当たって精神障害者に主治の医師があるときは、その指導を受けなければならない。

1997（平成9）年に精神保健福祉士法が制定された当初の同条には、「精神保健福祉士は、その業務を行うに当たっては、医師その他の医療関係者との連携を保たなければならない」と示されてあった。明らかに、現在の第41条よりその連携の対象としての幅は狭い。

しかし、その後、精神保健福祉士や精神障害者、広く国民を取り巻く環境や支える法制度・施策は大きく変化し、精神障害者に対する医療・保健・福祉のアプローチを統合、ケアマネジメントを提供していくことが当たり前になった。そこで、精神保健福祉士の果たす役割もいっそう重要視されるようになってきた。実態に合わせて法律の示す「連携」の幅が広がったといえる。精神保健福祉士がその所属する機関や種別の枠を超えて連携を行うことが当たり前になり、社会福祉士・看護師・保健師・介護福祉士・介護支援専門員・相談支援専門員・サービス管理責任者・社会復帰調整官・スクールソーシャルワーカー・スクールカウンセラーや教育相談員・障害者職業カウンセラー・グループホーム等の管理人や世話人・行政職といった多職種・多機関と連携を行っている。精神保健福祉士法に示されているように、「総合的かつ適切に」クライエントに対しサービス提供を担うことが示されたのは、ソーシャルワーク実践の法的裏づけとしても大きな意味がある。

また、精神保健福祉士と主治医の関係性について「指示」ではなく「指導」という関係性が記されていることも注目しておきたい。クライエントに対する支援を行う際、主治医からの「指示」という命令に従った行為ではなく、「指導」を受けた内容を解釈し、精神保健福祉士としてさらによい支援内容に発展させるための判断材料とすることができるのである。

Active Learning

精神保健福祉士が多職種・多機関と連携をとる場合の課題を考えてみましょう。

❺ 資質向上の責務

　精神保健福祉士法の制定（1997（平成 9）年）以降、精神障害者や国民の精神保健を取り巻く環境が大きく変化している。この「資質向上の責務」は精神保健福祉士法の 2010（平成 22）年の改正時に追加されたものである。

　近年では減少傾向にあるが、1998（平成 10）年以来、2011（平成 23）年まで、毎年 3 万人を超えて推移した自殺の問題も継続している。

　地震・津波・火山噴火・台風や豪雨による洪水など、異常な自然災害（場合によっては人災）と隣り合わせの日常が続く我が国にあっては、それらによるメンタルヘルス上の問題も大きな課題である。

　過重労働やハラスメントなど職場で引き起こされるメンタルヘルスの問題（うつ病・過労死・自殺など）など、雇用・労働環境も見逃せない。アルコールや薬物、ギャンブル、インターネット・ゲームへの依存といったアディクション関連問題は多様化・複雑化している。

　更生保護の面では、心神喪失等の状態で重大な他害行為を行った者の医療及び観察等に関する法律（医療観察法）対象者の社会復帰と地域定着への取り組み、累犯障害者への早期介入支援と地域定着が課題となっている。

　子どもを取り巻く環境では、貧困問題にとどまらず、いじめや不登校など学校や地域全体の課題に対するスクールソーシャルワークの実践も蓄積されている。また、若者に限らず、就職氷河期世代（いわゆるロスジェネ世代）[ii]の雇用環境や将来不安も蓄積している。人口構造の変化（人口減少）による中高年層のひきこもり・社会的ひきこもりの問題が顕在化し、未来への不安が社会全体をおおっている。

　このような社会の変化や要請に対応していくために、精神保健福祉士はその資質を向上させることに日々関心を払い、努力する必要がある。精神保健福祉士法では、以下のように示されている。

> （資質向上の責務）
> **第 41 条の 2**　精神保健福祉士は、精神保健及び精神障害者の福祉を取り巻く環境の変化による業務の内容の変化に適応するため、相談援助

---

ii　我が国における「ロストジェネレーション」とは、バブル崩壊後の景気低迷・就職超氷河期（1990（平成 2）年から2000（平成12）年初頭）に新卒として社会に出た世代。希望する職業に就くことができなかった者も多く、非正規雇用の増加と相まって、キャリア形成に大きな影響を受けている。

★生涯研修制度
日本精神保健福祉士協会における生涯研修制度では、❶基幹研修、❷課題別研修、❸養成研修（認定スーパーバイザー養成研修・認定成年後見人養成研修）がある。特に、❶基幹研修は協会への入会からの経過年数に応じた積み上げ式の研修である。研修受講を継続することで「認定精神保健福祉士」を取得することができ、資質向上に寄与している。

★継続（ラダー）教育
ラダーとは梯子（はしご）を意味する。就職したばかりの新人の時期、職場内である程度の仕事を引き受けられるようになった時期、中堅期、管理職や後進育成を担う時期など、それぞれのキャリアステージで受けるべき教育のことを指す。

に関する知識及び技能の向上に努めなければならない。

精神保健福祉士の対象や社会環境の変化に敏感であること、目の前のクライエントと社会の変化を関連づけて考えること、これらは資格取得後の継続した学び、実践との往還のなかでしか得られないものである。

精神保健福祉士としての資質向上は、これまで職場外における教育・研修・スーパービジョンの機会が中心であった。日本精神保健福祉士協会でもさまざまな形態の研修が企画され提供されている（生涯研修制度の確立）。都道府県支部や都道府県協会でも地域のニーズを汲み取り、同様に行われている。

一方、職場内における教育・研修（on the job training）への取り組みも活発化している。新人精神保健福祉士の教育や継続（ラダー）教育も蓄積され始め、精神保健福祉士のキャリアパスを担うものとして確立しつつある。このような動きがさらに加速し、精神保健福祉士が「資質向上に努める」「研修を受ける」「教育を受ける」ことが職場における業務として当たり前になっていくことが今後の課題であるといえる。

2 社会福祉士及び介護福祉士法と精神保健福祉士法との関係

我が国において精神保健福祉士と同じくソーシャルワークを基盤とした国家資格に社会福祉士がある。社会福祉士は精神保健福祉士に先んじて、1987（昭和62）年に成立した社会福祉士及び介護福祉士法によって創設された国家資格である。ここで社会福祉士と精神保健福祉士について、根拠となるそれぞれの法律による定義から共通点と相違点をみてみたい。

精神保健福祉士の定義については、先に示したとおりだが、社会福祉士の定義については、社会福祉士及び介護福祉士法の第2条に次のように示されている。

（定義）
第2条 この法律において「社会福祉士」とは、第28条の登録を受け、社会福祉士の名称を用いて、専門的知識及び技術をもって、身体上若しくは精神上の障害があること又は環境上の理由により日常生活を営むのに支障がある者の福祉に関する相談に応じ、助言、指導、福祉サー

> ビスを提供する者又は医師その他の保健医療サービスを提供する者その他の関係者（第 47 条において「福祉サービス関係者等」という。）との連絡及び調整その他の援助を行うこと（第 7 条及び第 47 条の 2 において「相談援助」という。）を業とする者をいう。

　ここで、注目されるのは「法に記載されている」精神保健福祉士と社会福祉士の支援対象とかかわりの視点である。精神保健福祉士はその支援対象を、「精神科病院その他の医療施設において精神障害の医療を受け、又は精神障害者の社会復帰の促進を図ることを目的とする施設を利用している者」としており、社会福祉士は「身体上若しくは精神上の障害があること又は環境上の理由により日常生活を営むのに支障がある者」としている。精神保健福祉の対象は医療・保健・福祉サービスを利用している者であり、「社会復帰」を目的としたソーシャルワークや社会リハビリテーションを担うことがうかがえる。そして、社会福祉士は対象となる者の「福祉に関する相談援助」にかかわるというソーシャルワーク展開を中心としたものであることがわかる。これについては、たとえば、精神保健福祉士法と社会福祉士及び介護福祉士法に示されている「連携」の項目において、精神保健福祉士は主治医との関係性について触れられている（社会福祉士にはその記述はない）ことからも、より精神医療や精神保健について踏み込んだ役割を担っていることがわかる。

　資格が創設された当初はそれぞれに必要性と固有性があり、この間の歴史をはぐくんできた。一方、近年ではこういった資格の違いによる「対象者像の相違」や「技術的・方法的な相違」に着目して議論するよりもソーシャルワークという大きなくくりで対象や技術・方法を考える必要が出てきているのではないだろうか。たとえば、柏木一惠は次のように述べている。

> 「精神保健福祉士は今後、病院や施設を足場とした実践から地域生活支援へとその軸足をさらに移していくだろう。一方、社会福祉士が地域に根付いた活動を展開していけば、生活問題に苦しむ多くの人がメンタルヘルス課題を抱えていることに直面するだろう。
>
> 　これから先、精神保健福祉士と社会福祉士の働く場が地域において重なってくることはまちがいない。そのとき、資格の違いで問題を区別することなど可能だろうか。それは住民にとって不利益をもたらすだけでなく、ソーシャルワーカーに対する社会的な信頼の土台そのも

のを揺らがせることになるだろう[2]」。

　近年、精神保健福祉士と社会福祉士を取り巻く施策的な環境、地域福祉の充実に向けたパラダイムシフトが起こっている。新たな時代に対応した福祉の提供ビジョン（新福祉ビジョン）（2015（平成27）年9月）、ニッポン一億総活躍プラン（2016（平成28）年6月）、そして「我が事・丸ごと」地域共生社会実現本部（2016（平成28）年7月に設置）が示した「地域共生社会」の実現に向けて（当面の改革工程）（2017（平成29）年2月）である。これらの施策展開におけるキーワードは地域包括ケア、分野横断的、そして全対象型地域支援に収斂される。松本すみ子によれば、「地域におけるメンタルヘルス課題が精神保健福祉にとどまらず、児童や高齢者福祉などの分野を超えたクロスカッティング・イシューとなっている現状とも併せ考えると、社会福祉士・精神保健福祉士には、その資格種別を問わず、広範で多様な福祉課題に対応できる力量が求められる[3]」としている。資格の枠を超え、「ソーシャルワーカー」としてクライエントと私たちが生きる社会をみつめ、それに対応し続けるための資質向上を継続していけるかが今後のソーシャルワーク発展の鍵となる。その営みを通して、精神保健福祉士法の目的である「（国民の）精神保健の向上及び精神障害者の福祉の増進」に寄与できるのである。

◇引用文献
1）厚生労働省社会・援護局障害保健福祉部精神・障害保健課「精神保健福祉士養成課程における教育内容等の見直しについて」2010年3月29日
2）柏木一惠「ソーシャルワーカーはなぜひとつになれないのか」井手英策・柏木一惠・加藤忠相・中島康晴『ソーシャルワーカー──「身近」を革命する人たち』筑摩書房，2019.
3）松本すみ子「多様化・複雑化するメンタルヘルス課題とソーシャルワーク──精神保健福祉士を切り口に」『第46回全国社会福祉教育セミナー報告集』pp.67-71，2016.

◇参考文献
・C. A. ラップ・R. J. ゴスチャ，田中英樹監訳『ストレングスモデル──リカバリー志向の精神保健福祉サービス 第3版』金剛出版，2014.
・大塚淳子「職域拡大と社会的認知の向上」日本精神保健福祉士協会50年史編集委員会編『精神保健福祉士協会50年史』中央法規出版，2014.

▪おすすめ
・田中英樹『精神障害者支援の思想と戦略──QOLからHOLへ』金剛出版，2018.
・鶴幸一郎・藤田孝典・石川久展・高端正幸編『福祉は誰のために──ソーシャルワークの未来図』へるす出版，2019.

第 2 節 精神保健福祉士の職業倫理

学習のポイント

- 精神保健福祉士の職能団体である日本精神保健福祉士協会の倫理綱領を学ぶ
- 精神保健福祉士の抱えるジレンマや倫理的ジレンマについて具体的に学ぶ
- 精神保健福祉士のキャリアと専門職団体の存在価値について考える

1 倫理綱領について

　まず、精神保健福祉士がその業務を行ううえで専門職として守るべき職業倫理に目を向けてみたい。職業倫理とは、後述する倫理綱領と同様に幅の広い概念（職業人や組織人として専門職内外から期待される行動の規範）であり、精神保健福祉士がクライエントや組織・社会との関係のなかで大切に育んできた価値が表出されたものである。

　ソーシャルワーク専門職の実践に関する研究で著名な秋山智久は、ソーシャルワーク専門職であるための条件として、❶体系的な理論、❷伝達可能な技術、❸公共の関心と福祉という目的、❹専門職の組織化（専門職団体）、❺倫理綱領、❻テストか学歴による社会的承認、を挙げている。ここに示された❹や❺からも、専門職（ここでは精神保健福祉士）が自らの専門職団体（日本精神保健福祉士協会）を組織化し、その倫理綱領を自ら作成し、それに基づいた行動をとることがいかに重要かわかる。すなわち、精神保健福祉士法によって定められた義務規程はある種「他律的な規範」に基づくものであり、専門職団体によって作成され、自らが育んできた価値や職業倫理を規範化し、その行為を律する「自律的な規範」をもつことにこそ意味があるのである。

　日本におけるソーシャルワーク専門職団体が会員となっている日本ソーシャルワーカー連盟も倫理綱領を保有し、2020（令和 2 ）年 6 月にその倫理綱領を改訂している。複数の資格に分かれ、それぞれの分野で活躍するソーシャルワーク専門職にとって共通の原理や倫理基準を示したものとなっている。

　ここで、精神保健福祉士の職能団体である日本精神保健福祉士協会の

★Ｙ問題
1973（昭和48）年に開催された日本精神医学ソーシャル・ワーカー協会（日本精神保健福祉士協会の前身）の全国大会において、Ｙ氏によって「本人不在による不当な入院や人権侵害があり、そのプロセスにPSWが関与していたこと」などが問題提起された。その後この問題に対し、協会は調査委員会を設置、問題の精査と一般化を行った（第5章第1節参照）。

★ソーシャルワーク専門職のグローバル定義
2014年、IFSW（国際ソーシャルワーカー連盟）およびIASSW（国際ソーシャルワーク学校連盟）総会において採択された定義。

倫理綱領（精神保健福祉士の倫理綱領）をみてみたい。日本精神保健福祉士協会における倫理綱領の策定経緯は第5章において示しているとおりである。1973（昭和48）年に提起された「Ｙ問題」を発端とし、当時の日本精神医学ソーシャル・ワーカー協会のなかで丁寧に議論され、1988（昭和63）年に最初の倫理綱領が制定された。その後複数回の改正を経て、現在の倫理綱領（2013（平成25）年4月21日採択／2018（平成30）年6月17日改訂）となっている。倫理綱領は「前文」「目的」「倫理原則」「倫理基準」から構成されている。

まず、「前文」から概観したい。前文に示された個人としての尊厳、人と環境の関係を捉える視点、共生社会の実現という前半部分のキーワードからソーシャルワークの価値・本質につながる姿勢が見出せ、クライエントとのかかわりを通じて社会に貢献する専門職であることが描かれている。そして、基盤とする学問を社会福祉学であるとし、精神保健福祉の向上に寄与せんとする点や、社会的復権、権利擁護のための専門的活動にとどまらず社会的活動を行うことを明示している。ソーシャルワーク専門職のグローバル定義において、「ソーシャルワークは、社会変革と社会開発、社会的結束、および人々のエンパワメントと解放を促進する、実践に基づいた専門職であり学問である」と示された部分で述べられる「社会に対する働きかけ」を支える屋台骨となっている。

次に「目的」である。この倫理綱領が精神保健福祉士・ソーシャルワーカーの「価値」をもとに育まれたものであることがよく理解できる内容となっている。何のために倫理綱領が存在するのか、自らのためだけでなく、クライエントはもとより、他職種、社会との関係のなかで自らを律する倫理綱領であることを指し示している。

「倫理原則」は、「1　クライエントに対する責務」「2　専門職としての責務」「3　機関に対する責務」「4　社会に対する責務」から構成される。クライエントとのかかわりの際の視点、専門職である自己への問いかけ（内省を促す）、所属機関（組織）がクライエントの社会的復権という目的に沿った行動をとるような働きかけ、そして、「社会」に対する働きかけが精神保健福祉士の価値をもとにした使命であることを示している。

そして、最後の「倫理基準」はここまで示した倫理原則に即した形で、日々の専門職の実践において遭遇するさまざまな場面やケースの具体的な場面・対応方法を記載している。精神保健福祉士が日々の業務を行う際、そのかたわらに置き、「眺めるものではなく、積極的に使うもの」

としての価値がある。

　また、倫理綱領は時代とともに変化している。社会の変化に応じて、倫理そのものに対する考え方やターゲット（対象）は変化する。精神保健福祉士が対象とするクライエント像も大きく変化しつつある。また、社会から期待される役割が変化している点からも同様のことがいえる。「変わるものと変わらないもの（価値）」は何なのか、精神保健福祉士一人ひとりが目の前のクライエントとのかかわり、その背景にある社会との関係のなかで、日々疑問をもって倫理について立ち止まって考えること、その蓄積が必要である。

Active Learning
精神保健福祉士にとって倫理綱領を必要とする理由を整理してみましょう。

資料6-1　精神保健福祉士の倫理綱領

公益社団法人日本精神保健福祉士協会
2013 年 4 月 21 日採択
2018 年 6 月 17 日改訂

前文

　われわれ精神保健福祉士は、個人としての尊厳を尊び、人と環境の関係を捉える視点を持ち、共生社会の実現をめざし、社会福祉学を基盤とする精神保健福祉士の価値・理論・実践をもって精神保健福祉の向上に努めるとともに、クライエントの社会的復権・権利擁護と福祉のための専門的・社会的活動を行う専門職としての資質の向上に努め、誠実に倫理綱領に基づく責務を担う。

目的

　この倫理綱領は、精神保健福祉士の倫理の原則および基準を示すことにより、以下の点を実現することを目的とする。

1　精神保健福祉士の専門職としての価値を示す
2　専門職としての価値に基づき実践する
3　クライエントおよび社会から信頼を得る
4　精神保健福祉士としての価値、倫理原則、倫理基準を遵守する
5　他の専門職や全てのソーシャルワーカーと連携する
6　すべての人が個人として尊重され、共に生きる社会の実現をめざす

倫理原則

1　クライエントに対する責務
　⑴　クライエントへの関わり
　　　精神保健福祉士は、クライエントの基本的人権を尊重し、個人としての尊厳、法の下の平等、健康で文化的な生活を営む権利を擁護する。
　⑵　自己決定の尊重
　　　精神保健福祉士は、クライエントの自己決定を尊重し、その自己実現に向けて援助する。
　⑶　プライバシーと秘密保持
　　　精神保健福祉士は、クライエントのプライバシーを尊重し、その秘密を保持する。
　⑷　クライエントの批判に対する責務
　　　精神保健福祉士は、クライエントの批判・評価を謙虚に受けとめ、改善する。
　⑸　一般的責務
　　　精神保健福祉士は、不当な金品の授受に関与してはならない。また、クライエントの人格を傷つける行為をしてはならない。
2　専門職としての責務
　⑴　専門性の向上
　　　精神保健福祉士は、専門職としての価値に基づき、理論と実践の向上に努める。

　(2)　専門職自律の責務
　　　精神保健福祉士は同僚の業務を尊重するとともに、相互批判を通じて専門職としての自律性を高める。
　(3)　地位利用の禁止
　　　精神保健福祉士は、職務の遂行にあたり、クライエントの利益を最優先し、自己の利益のためにその地位を利用してはならない。
　(4)　批判に関する責務
　　　精神保健福祉士は、自己の業務に対する批判・評価を謙虚に受けとめ、専門性の向上に努める。
　(5)　連携の責務
　　　精神保健福祉士は、他職種・他機関の専門性と価値を尊重し、連携・協働する。
3　機関に対する責務
　　精神保健福祉士は、所属機関がクライエントの社会的復権を目指した理念・目的に添って業務が遂行できるように努める。
4　社会に対する責務
　　精神保健福祉士は、人々の多様な価値を尊重し、福祉と平和のために、社会的・政治的・文化的活動を通し社会に貢献する。

倫理基準
1　クライエントに対する責務
　(1)　クライエントへの関わり
　　　精神保健福祉士は、クライエントをかけがえのない一人の人として尊重し、専門的援助関係を結び、クライエントとともに問題の解決を図る。
　(2)　自己決定の尊重
　　a　クライエントの知る権利を尊重し、クライエントが必要とする支援、信頼のおける情報を適切な方法で説明し、クライエントが決定できるよう援助する。
　　b　業務遂行に関して、サービスを利用する権利および利益、不利益について説明し、疑問に十分応えた後、援助を行う。援助の開始にあたっては、所属する機関や精神保健福祉士の業務について契約関係を明確にする。
　　c　クライエントが決定することが困難な場合、クライエントの利益を守るため最大限の努力をする。
　(3)　プライバシーと秘密保持
　　　精神保健福祉士は、クライエントのプライバシーの権利を擁護し、業務上知り得た個人情報について秘密を保持する。なお、業務を辞めたあとでも、秘密を保持する義務は継続する。
　　a　第三者から情報の開示の要求がある場合、クライエントの同意を得た上で開示する。クライエントに不利益を及ぼす可能性がある時には、クライエントの秘密保持を優先する。
　　b　秘密を保持することにより、クライエントまたは第三者の生命、財産に緊急の被害が予測される場合は、クライエントとの協議を含め慎重に対処する。
　　c　複数の機関による支援やケースカンファレンス等を行う場合には、本人の了承を得て行い、個人情報の提供は必要最小限にとどめる。また、その秘密保持に関しては、細心の注意を払う。
　　　クライエントに関係する人々の個人情報に関しても同様の配慮を行う。
　　d　クライエントを他機関に紹介する時には、個人情報や記録の提供についてクライエントとの協議を経て決める。
　　e　研究等の目的で事例検討を行うときには、本人の了承を得るとともに、個人を特定できないように留意する。
　　f　クライエントから要求がある時は、クライエントの個人情報を開示する。ただし、記録の中にある第三者の秘密を保護しなければならない。
　　g　電子機器等によりクライエントの情報を伝達する場合、その情報の秘密性を保証できるよう最善の方策を用い、慎重に行う。
　(4)　クライエントの批判に対する責務
　　　精神保健福祉士は、自己の業務におけるクライエントからの批判・評価を受けとめ、改善に努める。
　(5)　一般的責務
　　a　精神保健福祉士は、職業的立場を認識し、いかなる事情の下でも精神的・身体的・性的いやがらせ等人格を傷つける行為をしてはならない。
　　b　精神保健福祉士は、機関が定めた契約による報酬や公的基準で定められた以外の金品の要求・授受をしてはならない。
2　専門職としての責務

(1)　専門性の向上

　　a　精神保健福祉士は専門職としての価値・理論に基づく実践の向上に努め、継続的に研修や教育に参加しなければならない。

　　b　スーパービジョンと教育指導に関する責務

　　　1)　精神保健福祉士はスーパービジョンを行う場合、自己の限界を認識し、専門職として利用できる最新の情報と知識に基づいた指導を行う。

　　　2)　精神保健福祉士は、専門職として利用できる最新の情報と知識に基づき学生等の教育や実習指導を積極的に行う。

　　　3)　精神保健福祉士は、スーパービジョンや学生等の教育・実習指導を行う場合、公正で適切な指導を行い、スーパーバイジーや学生等に対して差別・酷使・精神的・身体的・性的いやがらせ等人格を傷つける行為をしてはならない。

(2)　専門職自律の責務

　　a　精神保健福祉士は、適切な調査研究、論議、責任ある相互批判、専門職組織活動への参加を通じて、専門職としての自律性を高める。

　　b　精神保健福祉士は、個人的問題のためにクライエントの援助や業務の遂行に支障をきたす場合には、同僚等に速やかに相談する。また、業務の遂行に支障をきたさないよう、自らの心身の健康に留意する。

(3)　地位利用の禁止

　　精神保健福祉士は業務の遂行にあたりクライエントの利益を最優先し、自己の個人的・宗教的・政治的利益のために自己の地位を利用してはならない。また、専門職の立場を利用し、不正、搾取、ごまかしに参画してはならない。

(4)　批判に関する責務

　　a　精神保健福祉士は、同僚の業務を尊重する。

　　b　精神保健福祉士は、自己の業務に関する批判・評価を謙虚に受けとめ、改善に努める。

　　c　精神保健福祉士は、他の精神保健福祉士の非倫理的行動を防止し、改善するよう適切な方法をとる。

(5)　連携の責務

　　a　精神保健福祉士は、クライエントや地域社会の持つ力を尊重し、協働する。

　　b　精神保健福祉士は、クライエントや地域社会の福祉向上のため、他の専門職や他機関等と協働する。

　　c　精神保健福祉士は、所属する機関のソーシャルワーカーの業務について、点検・評価し同僚と協働し改善に努める。

　　d　精神保健福祉士は、職業的関係や立場を認識し、いかなる事情の下でも同僚または関係者への精神的・身体的・性的いやがらせ等人格を傷つける行為をしてはならない。

3　機関に対する責務

　　精神保健福祉士は、所属機関等が、クライエントの人権を尊重し、業務の改善や向上が必要な際には、機関に対して適切・妥当な方法・手段によって、提言できるように努め、改善を図る。

4　社会に対する責務

　　精神保健福祉士は、専門職としての価値・理論・実践をもって、地域および社会の活動に参画し、社会の変革と精神保健福祉の向上に貢献する。

ジレンマと倫理的ジレンマ

　精神保健福祉士に限らず、どのような専門職であってもその保有する価値、課している倫理と目の前で起こる現実の間にはさまざまな葛藤（＝dilemma：ジレンマ）が発生する。「○○したい／したほうがよい」のに、「△△によってできない／困難である」といった場面によく遭遇する。

　なぜ、そのようなジレンマが起こるのか。ソーシャルワーカーの実践や成長に関する研究で著名な本多勇は、社会福祉の実践が置かれている「状況」と「理想」との間にある大きなギャップを、❶「社会全体」と社会福祉実践のギャップ、❷「社会福祉制度」と現場実践のギャップ、❸「教育・学問・研究の成果」と現場実践とのギャップ、❹「社会福祉の実践理念」と現場実践とのギャップに整理し、ソーシャルワーク実践を行ううえで、「制約」や「条件」がたたきつけられ、ジレンマを抱えるとしている[3]。

　精神保健福祉士は支援を行うとき、クライエントやその家族はもとより、さまざまな職種（精神保健福祉士も含む）、機関、地域住民と連携を行う。そのなかで、あるクライエントが抱えるニーズについて対応しようとする際、複数の倫理的根拠が存在したり、人と人との関係調整を行うなかで双方の倫理的な立場性を保とうとすると、もう一つの側の立場性が危うくなったりすることで、判断がつかなくなり葛藤に陥ることがある。これを倫理的ジレンマという。

　リーマー（Reamer, F. G.）はその著書のなかで、ソーシャルワーカーが出会う倫理上のジレンマについて、二つのグループに分類している。一つはクライエント個人、家族、小集団との援助活動（直接的実践）を含む倫理上のジレンマであり、他の一つは、コミュニティオーガニゼーション、社会政策やプランニング、アドミニストレーション、リサーチ、評価などの（間接的実践）活動を含む倫理上のジレンマである[4]。

　ここでは、精神保健福祉士が実践現場で陥りやすいジレンマや倫理的ジレンマについて、その対象ごとに具体的にみていく。

Active Learning

あなたが経験したジレンマと倫理的ジレンマについて整理し、その違いを具体的に考えてみましょう。

1 クライエントとの関係

　たとえば、長期入院によって、精神科病院に対する安心感が強くなったあまり、「退院したくない」というクライエントの自己決定と、精神保健福祉士の抱える本質的使命（社会復帰の促進）のはざまで抱えるジ

レンマがある。あるいは、それとは逆に、自宅にひきこもり、明らかに
精神症状があるにもかかわらず、周囲からのかかわりや治療を拒否し続
けるようなケースでも、精神保健福祉士はクライエントの自己決定とク
ライエントの保護の間でジレンマを抱える。または、クライエント（あ
るいはクライエントであった者）から「気持ち」と称して金品を渡され、
関係性を壊してしまうのではないかと断ることに悩む場面もある。この
ように、クライエント自身による表出された言葉や希望、ソーシャルワー
カーとしての社会的使命や倫理との間にはさまれ、ジレンマを感じるこ
とがある。

■2 クライエントの家族との関係

　クライエント自身の意向と家族の意向が異なるとき、その調整を担う
精神保健福祉士が抱えるジレンマがある。長期間の入院（特に社会的入
院の場合など）によって、家族の側もその構造に変化が生じ（たとえば
親世代の高齢化やきょうだい世代の環境の変化）、家族の意向に納得す
ることでクライエントの社会復帰や地域移行に対する支援にとまどいを
感じてしまうこともある。クライエントとその家族それぞれに対して主
体性や自己決定の尊重を認め、寄り添おうとすることで、どちらの利益
も優先することに困難を感じ、ジレンマを感じることがある。

■3 他の専門職との関係

　たとえば、精神科病院内でチーム医療が展開されるとき、各専門職が
その専門性に基づいた方針でクライエントに個別にかかわる。しかし、
他の専門職に対する理解が相互に不十分であったりコミュニケーション
不足などから、その方針にとまどいを感じたり、ジレンマに陥ることが
ある。他の職種との関係においてこのようなジレンマに陥るとき、多く
の場合、支援の「目的」はどの職種であってもクライエントのリカバリー
や尊厳の保持といった共通の考えに立つことが多い。そこに至るプロセ
スでの「手段」による相違がほとんどであることに気づく必要がある。

■4 同職種との関係

　先に、他の職種との関係性におけるジレンマについて触れたが、それ
は同職種であっても発生する。すべてのソーシャルワーカーが同じ内容
の支援を行うことは困難であり、そのキャリアや環境に応じて支援の内
容は異なるものである。時として同職種の考えが自身の考え方と相反す

るような場合、ジレンマに陥ることがある。

　また、専門職としての自己覚知や成長を促すスーパービジョンと、組織人としての業務遂行やその内容について教育を行うOJT（on the job training：職場内教育・研修）を混同してしまい、上司や先輩となった精神保健福祉士はその指導においてジレンマを抱えることもある。多くの場合、「管理職である上司」とその「管理下に置かれ指導を受ける部下」という関係性に重ねてスーパービジョンが構成されがちである。「管理職である上司」にはスーパーバイザーとしての職責と同時に、部下を育て、職場・職域で一定の評価を得ていかなければならないという側面も発生する。「どのような部下を育てたか」が「管理職の評価」につながることを考えると、この関係性にジレンマを抱えることもある（所属組織や社会に対する責任）。

▌5 他機関との関係

　クライエントの抱える多様なニーズに対し、多様なサービスや多様な人材がかかわることが当たり前になりつつある。そのようななか、関係機関同士が同じような方針や考え方、支援の歩調を合わせていくことは簡単なことではない。他の専門職との関係において抱えたジレンマと同様、自身の所属する機関と他機関の間ではその機関の根拠法などの相違により、その目的や使命が異なることもあり、ジレンマを抱えやすい。また、利害関係にある機関同士でもジレンマを抱える。

　さらに、「情報共有上の課題」が出てくるのも他機関との関係において特徴的である。守秘義務と支援チームにおける情報共有はいつもクライエントを中心に置きながら判断していく必要がある。

▌6 所属組織との関係

　精神保健福祉士の多くは、被用者としてさまざまな組織（例：医療法人、社会福祉法人、NPO法人、株式会社、行政機関など）に雇用され、実践を行う。専門職である精神保健福祉士に使命があるのと同様に、それぞれの法人や組織にも使命があり、組織の運営のために活動が行われる。

　そこで陥りやすいのが利益相反にかかわるジレンマである。これは、クライエントの利益と精神保健福祉士が所属する機関の利益にはさまれてしまうことによって発生する。たとえば「グループホームへの退院の条件が精神科デイ・ナイト・ケアの週5日利用」や「必要以上の医療福

★利益相反
ある特定の行為を行うことによって一方の者には利益が発生し、もう一方の者には不利益が発生すること。クライエントからの信頼とそれに基づいた契約によって職務に当たるソーシャルワーカーがクライエントにとっての不利益・それ以外の者の利益に加担するような場合、利益相反となる。

祉サービスの提供」「同一法人内のサービスに偏って提供されるケアマネジメント」といった極端なケアという名のコントロールに加担してしまうことがないように心がけねばならない。

また、精神保健福祉士自身がソーシャルワーカーとして果たしたい職責と、所属組織が精神保健福祉士に求める役割に相違がある場合にもジレンマを抱えることになる。

▌7 専門職・個人としての自己との関係

「専門職としてこうあるべき」という専門職としての倫理や価値と、そのソーシャルワーカー自身が生きてきたなかで育まれた価値観（人間としての育ちと専門職としてどう育ってきたかの双方）が相反するとき、内省を伴うジレンマを抱える。スーパービジョンによる対話で自己覚知を進め、自らの価値観と向き合いながらソーシャルワーカーとしての価値観を育んでいくプロセスが重要である。

▌8 社会における法や施策との関係

ソーシャルワーカーとして抱えている価値観や社会的使命と、社会のなかで展開される施策に相違が出る場合もある。法や制度施策に従って行動することが当然の社会にあって、その法や施策そのものがソーシャルワーカーとして受け入れられないときや疑問を抱えるときにジレンマを抱える。特に社会正義、人権、集団的責任、多様性尊重に係る施策、平和や民主主義の保持といったソーシャルワーカーの核となる価値観が揺るがされるとき、大きなジレンマや社会現象に対する問いを抱えることになる。

3 ▶ 専門職団体の意義と役割

ジレンマや倫理的ジレンマをなくすことができるかといえば、そうではない。むしろ、ソーシャルワーカーはジレンマを抱えながら、それに折り合いをつけていくことに価値を見出す専門職であるといえる。

たとえば、精神保健福祉士は精神科病院というクライエントにとって権利侵害されやすい組織に雇われつつ、クライエントの権利擁護を担う専門職である（二重拘束性）。そういった点から考えると特徴的・境界的な立場性をもつ。社会学用語でマージナルマン（marginal man）

という言葉がある。マージナルマンとは、「異質な文化をもつ複数の集団（社会）に同時に属している人間、あるいは、いずれの集団（社会）にも十分には属することができず、いわば各集団の境界に位置する人間、境界人、限界人、周辺人。［中略］自らの文化的マージナリティ（境界性）を生かし、現実に主体的に対応していく場合には、特定の文化に完全に同化している人間にはなしえない創造性・革新性が示されることがある[5]」とされる。

　マージナルマンの抱えるデメリット（内面的緊張や葛藤）に視点を置くのではなく、メリットにも目を向けるとどうだろうか。組織やステークホルダー*と一定の距離を保ちつつ、自己と組織の関係性に客観性をもたせクライエントを中心としてかかわろうとする専門職の特性がうまく表現されることになる。

　他方、それぞれの精神保健福祉士が所属する組織のなかで、マージナルマンという立場で実践を積み重ねると、時として不安やとまどい、孤独感すら感じることもあるだろう。各実践現場の精神保健福祉士のよりどころとなるものが精神保健福祉士の価値を具体的に示した倫理綱領であり、その倫理綱領をもつ専門職団体（日本精神保健福祉士協会）であるといえる。

　精神保健福祉士は、それぞれが所属する組織のなかでは数の多くない専門職である。それゆえ、所属する組織のなかだけでの人材育成には限界もある。組織のなかで抱えたジレンマをそのなかだけで解決することにも困難がつきまとう。所属組織にスーパーバイザーが不在の場合もある。ソーシャルワーカーとして担いたい（担うべき）社会活動・ソーシャルアクションを個人で行っていくのにも限界がある。

　このような不安やとまどい、ジレンマを共有し、課題解決に寄与しようとするのが専門職団体である。専門職団体では先に示した倫理綱領はもとより、ソーシャルワーカーとしてどう育っていくのか、その道標としてさまざまな教育・研修、キャリアアップのための仕組み（例として、❶日本精神保健福祉士協会の生涯研修制度*による認定精神保健福祉士制度、❷認定社会福祉士認証・認定機構による認定社会福祉士制度など）が準備されている。

　また、現場の精神保健福祉士が自らの価値や倫理に基づいた行動や活動をしやすくなることを支えること（支援者の支援）を担うのが専門職団体であり、その営みが現場の精神保健福祉士の働きがいの向上にもつながる。このような各専門職と専門職団体が一体となった取り組みに加

え、多職種や当事者が集う研修会や学会（たとえば、日本精神障害者リハビリテーション学会、日本精神保健福祉学会、日本病院・地域精神医学会など）に参加することで、自らの専門性をこれまでとは違った視点から見つめ直す機会になったり、多様性のある新たな営みに対する気づきが生まれることもある。こういった取り組みの積み重ねが地域社会への普及啓発（精神保健福祉を必要とする人が精神保健福祉士に出会えるようになる）や社会変革につながるのである。

◇**引用文献**

1）秋山智久『社会福祉専門職の研究』ミネルヴァ書房，p.89，2007.
2）日本精神保健福祉士協会50年史編集委員会編『日本精神保健福祉士協会50年史』中央法規出版，pp.88–93，2014.
3）本多勇・木下大生・後藤広史・國分正巳・野村聡・内田宏明『ソーシャルワーカーのジレンマ──6人の社会福祉士の実践から』筒井書房，pp.162–167，2009.
4）F. G. リーマー，秋山智久監訳『ソーシャルワークの価値と倫理』中央法規出版，pp.131–225，2001.
5）濱嶋朗・竹内郁郎・石川晃弘編『社会学小辞典 新版』有斐閣，p.574，1997.

◇**参考文献**

・日本精神保健福祉士協会編『生涯研修制度共通テキスト 第2版』日本精神保健福祉士協会，2013.
・日本精神保健福祉士養成校協会編『精神保健福祉士の養成教育論──その展開と未来』中央法規出版，2016.

●**おすすめ**

・岩本操『ソーシャルワーカーの「役割形成」プロセス──「違和感のある仕事」から組織活動への実践モデル』中央法規出版，2015.
・木下大生・後藤広史・本多勇・木村淳也・長沼葉月・荒井浩道『ソーシャルワーカーのジリツ──自立・自律・而立したワーカーを目指すソーシャルワーク実践』生活書院，2015.
・後藤広史・木村淳也・荒井浩道・長沼葉月・本多勇・木下大生『ソーシャルワーカーのソダチ──ソーシャルワーク教育・実践の未来のために』生活書院，2017.

精神保健福祉士の業務特性と業務指針

学習のポイント

● 精神保健福祉士の業務特性と業務を構成する要素を理解する
● 職能団体における業務指針作成の経緯を踏まえその意義を理解する
● 精神保健福祉士の業務指針の概要を理解し読み方を学ぶ

1 精神保健福祉士と業務

　「業務」とは「日常継続して行われる職業上の仕事」（大辞林 第三版）である。また、アメリカ労働省の職務分析手法における用語の定義では、業務（tasks）とは「職務内容（job contents）の具体的表現」であり、課業（task）とは「特定の目的を達成するために人間の心身の活動が行われるときに生み出される」と示されている[1]。つまり「業務」は、ある職業において求められていることを具体的に表現するという行為的側面を強調する言葉であることがわかる。

　「精神保健福祉士の業務とは何か」を問われた場合、精神保健福祉士に「求められていること」を明確にし、それをどのように表現するのかを説明する必要がある。精神保健福祉士に求められていることは、精神保健福祉士の倫理綱領が示す「共生社会の実現」「精神保健福祉の向上」「クライエントの社会的復権・権利擁護と福祉」などの理念にほかならない。そして、その責務を果たすべく具体的に行動することが精神保健福祉士の業務といえる。

　一方、倫理綱領が示す理念は抽象度が高く、それらをそのまま日常的・具体的な業務に落とし込むのは、特に初任者の精神保健福祉士にとって相当な困難を伴うだろう。また、精神保健福祉士が直面する事象は複雑かつ流動的で、所属機関の機能や地域の実情などからさまざまな影響を受けており、倫理綱領が示す理念を実行するには多くの葛藤やジレンマを経験する。さらに、多忙な現場において業務が形式化されたり、法制度によって規定された業務を要請されたりするなか、精神保健福祉士の理念と業務とが乖離する現象も引き起こすのである。

しかし、精神保健福祉士の理念は倫理綱領の文言のなかで完結するものではなく、実際の業務において示すことで意味をなす。精神保健福祉士は、さまざまな場面や所与の条件のなかで多様な業務を展開するが、それらの業務を精神保健福祉士の理念の実現につなげることが求められており、その道筋を示すものが業務指針なのである。

2 職能団体における業務指針作成の経緯

1 職能団体の組織化と業務指針の萌芽

精神保健福祉士の業務指針にかかわる取り組みは、国家資格化以前より積み重ねられてきた。1950 年代以降、精神科病院の急増とともにソーシャルワーカーを雇用する病院も増えていった。当時の精神医学ソーシャルワーカー（psychiatric social worker、以下、PSW）たちは、病院において実に多様な仕事を担っていたが、そのなかにはソーシャルワークとは言い難いものも多く散見された。そして、PSW は自らの専門職としての立場を模索して各地で研究会等を組織化し、1964（昭和 39）年に全国組織である日本精神医学ソーシャル・ワーカー協会（以下、日本 PSW 協会）の設立に至ったのである。

1970 年代に入ると、すでに精神科病院における入院の長期化は進んでおり、各地で精神障害者の人権問題が顕在化していた。日本 PSW 協会は、あらためて精神障害者が置かれている現状と向き合うなかで PSW の業務を問い直す方向性を示し、業務基準の検討を行うようになった。具体的には、日本 PSW 協会の全国大会における「PSW の業務指針」をテーマとしたシンポジウムの開催や業務に関する研究発表などがあり、業務指針作成に向けた萌芽がみられたのである。

2 「Y 問題」の提起から「業務指針」の採択へ

日本 PSW 協会における業務基準の明確化に向けた動きのなかで、PSW の立場に内省を迫ったのが、1973（昭和 48）年の全国大会におけるいわゆる Y 問題の提起であった。Y 問題の内容と経緯については他の章にゆずりここでは触れないが、精神衛生法下の当時、入院先行の精神医療体制において「本人不在」のまま強制入院の行政手続きを進めた PSW 業務の加害者性が問われたのであった。日本 PSW 協会は、Y 問題が本件にかかわった当該 PSW だけの問題ではなく、すべての PSW

に共通する課題との認識に立って対応に努めた。そして、精神衛生法における入院体制のあり方を点検する必要性を指摘するとともに、当事者の立場に立つことを基本姿勢とするPSW業務の確立が課題であるとの見解を示したのである。

Y問題の提起から日本PSW協会は長い内省の期間を経験したが、そのプロセスはPSWの業務における専門性の検討において不可欠な基盤形成となった。そして、日本PSW協会は1981（昭和56）年の全国大会のテーマに「PSW業務論とは何か——業務を通してかかわりの視点を明らかにする」を掲げ、1982（昭和57）年の全国大会総会にて「精神障害者の社会的復権と福祉のための専門的・社会的活動を進めること」を基本方針とした協会宣言（いわゆる「札幌宣言」）の採択に至った。

日本PSW協会は「札幌宣言」の基本方針に基づき、精神障害者福祉論の構築、倫理綱領の制定、業務の構築の三つの課題に着手した。そして、1988（昭和63）年に「精神科ソーシャルワーカー倫理綱領」が採択され、翌1989（平成元）年に「精神科ソーシャルワーカー業務指針」が採択された。職能団体としてPSWの業務を問い続けて20年近くを経て、ようやく「業務指針」を策定し、今日の「業務指針」の礎が築かれたのであった。

Active Learning

精神保健福祉士にとっての業務指針の意味を考えてみましょう。

■3 新たな「業務指針」の作成に向けて

1997（平成9）年に精神保健福祉士法が制定され、PSWは精神保健福祉士として国家資格化された。それに伴い、日本PSW協会は1999（平成11）年に「日本精神保健福祉士協会」へと名称変更し、さらに2004（平成16）年に「社団法人日本精神保健福祉士協会」の設立、2013（平成25）年に公益社団法人日本精神保健福祉士協会（以下、日本精神保健福祉士協会）へ移行している。

この間、精神保健福祉を取り巻く状況は急激に変化してきた。日本精神保健福祉士協会は、定点的に構成員（会員）の業務実態調査を実施しており、その結果から精神科医療機関が主な職場であった精神保健福祉士の職域が拡大していることが示された。先の「精神科ソーシャルワーカー業務指針」は医療機関の業務を中心に作成されたものであったため、精神保健福祉士の実態に即した業務指針の見直しが必要になったのである。日本精神保健福祉士協会は、2006（平成18）年より新たな業務指針の作成に着手し、2010（平成22）年の総会にて「精神保健福祉士業務指針及び業務分類 第1版」を採択した。ここで第1版とあるように、

業務指針はさらなる改良を重ね、2014（平成26）年に「精神保健福祉士業務指針及び業務分類 第2版」の公表、2020（令和2）年には「精神保健福祉士業務指針 第3版」の公表と進化し、今日に至っている。

「精神保健福祉士業務指針 第3版」の構成

第Ⅰ部　精神保健福祉士の基盤と業務指針の意義

第Ⅱ部　精神保健福祉士の業務と業務指針

第Ⅲ部　精神保健福祉士業務指針：分野別事例集

　　　　医療分野・地域分野・行政分野・学校教育分野・産業分野

3　精神保健福祉士の業務特性

1　精神保健福祉士の業務の定義

　精神保健福祉士の業務とは、一言でいうと「精神保健福祉士の価値・理念を具体化する行為」につきる。ここでは「精神保健福祉士業務指針 第3版」[2]（以下、「精神保健福祉士業務指針」）に基づき、その業務特性について解説する。

　「精神保健福祉士業務指針」では、精神保健福祉士の業務を以下のように定義している。

「精神保健福祉士の業務」の定義

精神保健医療福祉にかかわる諸問題に対して（場面・状況）

ソーシャルワークの目的を達成するために（価値・理念・視点）

適切かつ有効な方法を用いてはたらきかける（機能・技術）

精神保健福祉士の具体的行為・表現内容（行為）

　この定義から精神保健福祉士の業務特性は**図6-1**のように示すことができる。**図6-1**にある「場面・状況」とそれに対する「精神保健福祉士の行為」は目にみえるものであり、それらをもって業務（狭義の業務）と捉える側面もある。しかし、精神保健福祉士は目の前で起きていることをただ受動的に取り込むのではなく、「この現象はどういうことなのか」を精神保健福祉士の価値・理念・視点を軸として状況分析を図り（場面の再構成）、目指すべき方向性を見定める。そして、ソーシャルワークの幅広い知識とさまざまな技術を活用して場面・状況に働きかけており、その一連の働きをもって精神保健福祉士の業務といえるので

図6-1　精神保健福祉士の業務特性①

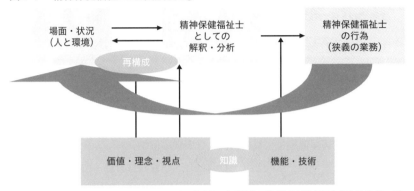

出典：日本精神保健福祉士協会「精神保健福祉士業務指針」委員会編著『精神保健福祉士業務指針 第3版』
日本精神保健福祉士協会，p.19，2020.

ある。

　図6-1にある「価値・理念・視点」「機能・技術」「知識」、そして場面の状況分析や解釈を行っている精神保健福祉士の頭のなかは、目にみえるものではない。しかし、これらの目にみえない要素を含めて言語化し可視化しなければ、精神保健福祉士の業務を定義し、その専門性を説明することはできない。

　今日、精神保健医療福祉にかかわる法制度において精神保健福祉士が担うべき業務が規定されており、所属機関から期待され要請される業務も多い。上記で定義した精神保健福祉士の業務は、制度上で規定されたり職場から期待されたりする業務を否定するものではなく、むしろその現実も精神保健福祉士が直面する状況として認識するものである。しかし、それらをただ受動的にこなすだけでは、精神保健福祉士の業務とはいえないのであり、そこから精神保健福祉士の価値・理念・視点に基づく状況分析を行い、ソーシャルワークを展開することが求められるのである。

2 精神保健福祉士の包括的視点・アプローチ

　精神保健福祉士は、人と環境の相互作用の視点から包括的なアプローチを行う。たとえば、一人のクライエントと向き合い具体的な支援を展開する場面でも、必ずクライエントを取り巻く環境である社会システムやサービス内容を点検し、環境に対して働きかけることが求められる。また、地域活動や資源開発、福祉計画の立案や政策提言を行う場面でも、個々のクライエントのニーズの充足に向かっているかを問い、確認することが求められる。つまり、精神保健福祉士の業務は、ミクロレベル・

メゾレベル・マクロレベルそれぞれの現象を包括的に捉え、レベル間の連続性のなかで展開するところにその特性がある。

なお、ミクロレベル・メゾレベル・マクロレベルの分類については複数の見解があり、特にメゾレベルの定義づけは難しい。それぞれのレベルが連続していることを踏まえれば、明確な線引きができないのはむしろ自然なことである。「精神保健福祉士業務指針」では、ジェネラリスト・アプローチに基づくソーシャルワーカーの介入システムの位置づけをもとに、一定の整理を示している（**表6-1**）。

精神保健福祉士の業務は、精神保健福祉士の価値と理念の実現を目指し、ソーシャルワークの視点に立ち、専門的知識や技術を活用する一連の行為であり、ミクロ・メゾ・マクロの連続性を踏まえて展開する。つまり、**図6-2**が示すように「価値・理念・視点・機能・技術・知識」それぞれをつなぐ縦軸と、「ミクロ・メゾ・マクロ」をつなぐ横軸とが交差するところに現れるものと位置づけることができる。

★ジェネラリスト・アプローチ

人と環境の相互作用の視点からクライエントの置かれた状況をアセスメントし、クライエントのニーズの実現に向けて多様なシステムに働きかけるアプローチをいう。ソーシャルワーカーが関心をもち、働きかける単位は個人、家族、小集団、機関または組織、地域、社会およびこれらのなかでの相互作用が含まれる。

表6-1　ジェネラリスト・ソーシャルワーカーにおける介入システム

ミクロレベル	個人との（個別あるいは家族や小集団での）ワークを意味し、個人の行動や対人関係における変化の促進を目的とするレベル
メゾレベル	公式集団や複合的な組織（ソーシャルサービス機関、ヘルスケア組織、教育システム、矯正保護施設など）との相互作用を意味するレベル
マクロレベル	社会の変革を目的とした、近隣関係、コミュニティ、社会とのワークが含まれるレベル

出典：B. デュボワ・K. K. マイリー，北島英治監訳，上田洋介訳『ソーシャルワーク——人々をエンパワメントする専門職』明石書店，pp.90-93，2017.

Active Learning

精神保健福祉士によるマクロレベルの実践にはどのようなものがあるか考えてみましょう。

図6-2　精神保健福祉士の業務特性②

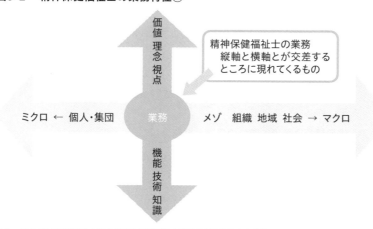

出典：日本精神保健福祉士協会「精神保健福祉士業務指針」委員会編著『精神保健福祉士業務指針 第3版』日本精神保健福祉士協会，p.20，2020.

3 業務分類と業務を構成する要素

　精神保健福祉士は実に幅広い活動を行っており、その業務を限定的に捉えることになじまない。また、ソーシャルワークの包括的アプローチは一つの業務がそれ単独で成立するものではなく、いくつもの業務を複合的・多元的に展開することを意味している。そのため、精神保健福祉士の業務を分類して示すことには限界があり、常に困難がつきまとうが、精神保健福祉士が「行っていること」を説明し、一つひとつの行為の意図や位置を明確にするためにも一定の整理と分類が必要である。

　「精神保健福祉士業務指針」では、すべての土台に倫理綱領を置き、「精神保健福祉士の倫理綱領」の示す四つの責務を軸に、多様な精神保健福祉士の業務を分類し（**表6-2**）、そこから26の業務を示している（本章第5節を参照）。

　複数の業務を複合的・多元的に展開する一方、同一の業務が複数のレベルにおいて展開することもある。たとえば「多職種／多機関連携」は、精神保健福祉士としての責務を果たす業務であると同時に、機関に対する責務や地域に対する責務を果たす業務でもある。また「調査研究」は、精神保健福祉士の資質向上のための業務（事例研究など）であると同時に、機関の機能を評価・改善するための業務でもあり、実態調査やニーズ調査の結果を政策に反映させる業務でもある。同じ業務であっても、その目的によってターゲットとなるレベル（対象）が異なってくることを念頭に置く必要がある。

　これまで述べてきたとおり、いずれの業務も精神保健福祉士の価値、理念、視点、機能、技術、知識によって構成される。これらの構成要素の概念や内容については、精神保健福祉士養成課程の全般で学習するものである。ここでそれぞれを説明することはできないが、精神保健福祉士の業務特性を踏まえた業務を構成する要素の全体像を**表6-3**に示す。

★**四つの責務**
「精神保健福祉士の倫理綱領」では、精神保健福祉士の責務として、❶クライエントに対する責務、❷専門職としての責務、❸機関に対する責務、❹社会に対する責務、の四つを挙げ、それぞれに倫理原則および倫理基準を示している。

表6-2　倫理綱領における四つの責務と業務分類

	倫理綱領の示す責務	業務分類
①	クライエントに対する責務	個人・集団に対する業務（ミクロレベル）
②	専門職としての責務	専門職としての業務（メゾレベル）
③	機関に対する責務	機関に対する業務（メゾレベル）
④	社会に対する責務	地域・社会に対する業務（メゾレベル・マクロレベル）

表6-3　精神保健福祉士の業務特性と業務を構成する要素

価値・理念	倫理綱領（精神保健福祉士の倫理綱領） 個人としての尊厳、基本的人権、社会的復権・権利擁護と福祉、自己決定の尊重、自己実現 精神保健福祉の向上（ウェルビーイング）、多様な価値の尊重、共生社会の実現（ソーシャルインクルージョン、ノーマライゼーション）				
倫理原則	1.　クライエントに対する責務	2.　専門職としての責務	3.　機関に対する責務	4.　社会に対する責務	
	精神保健福祉士の業務を構成する要素				
視点	人と環境の相互作用の視点、ミクロ・メゾ・マクロの連続性を踏まえた包括的視点 生活者の視点、地域生活支援、個別化（個人・集団・地域）、エンパワメント（主体性の回復）、ストレングス、リカバリー、当事者との協働（パートナーシップ）				
レベル（対象）	ミクロ	メゾ		メゾ／マクロ	
	① 個人／② 集団	③ 専門職	④ 機関	⑤ 地域	⑥ 社会
業務（狭義）	・サービス利用に関する支援 ・受診／受療に関する支援 ・退院／退所支援 ・経済的問題解決の支援 ・住居支援 ・就労に関する支援 ・雇用に関する支援 ・就学に関する支援 ・対人関係／社会関係の問題調整 ・生活基盤の形成・維持に関する支援 ・心理情緒的支援 ・疾病／障害の理解に関する支援 ・権利行使の支援 ・家族支援 ・グループ（集団）による支援・グループワーク ・活動・交流場面の提供	・スーパービジョン ・コンサルテーション ・多職種／多機関連携 ・記録 ・組織運営／経営 ・組織介入／組織改革 ・調査研究	・組織運営／経営 ・組織介入／組織改革 ・コンサルテーション ・多職種／多機関連携 ・セルフヘルプグループ、当事者活動への側面的支援 ・記録 ・調査研究	・地域活動／地域づくり ・多職種／多機関連携 ・セルフヘルプグループ、当事者活動への側面的支援 ・調査研究 ・政策提言／政策展開	・調査研究 ・政策提言／政策展開
機能	仲介（ブローキング）、支援／支持（サポート／カウンセリング）、調停（メディエイト）、教育（エデュケーション）、評価（エバリュエーション）、調整（コーディネート）、代弁（アドボカシー）、促進（ファシリテート）、啓発（イニシエイト）、協議／交渉（ネゴシエーション）、組織化（オーガニゼーション）、つなぐ／連結（リンケージ）、変革（イノベーション）				
技術	・関係形成技法 ・面接技術 ・アセスメント ・個別援助技術 ・集団援助技術 ・ケアマネジメント ・チームアプローチ ・ネットワーキング	・関係形成技法 ・組織運営管理（ソーシャルアドミニストレーション） ・社会福祉調査（ソーシャルワークリサーチ）	・アセスメント（組織アセスメント） ・チームアプローチ ・ケアマネジメント ・ネットワーキング ・組織運営管理(ソーシャルアドミニストレーション) ・社会福祉調査(ソーシャルワークリサーチ)	・アセスメント（地域アセスメント） ・地域援助技術（コミュニティワーク） ・チームアプローチ ・ネットワーキング ・ケアマネジメント ・組織運営管理(ソーシャルアドミニストレーション) ・社会福祉調査(ソーシャルワークリサーチ)	・アセスメント（政策アセスメント） ・組織運営管理(ソーシャルアドミニストレーション) ・社会福祉調査(ソーシャルワークリサーチ) ・ソーシャルアクション
理論／知識	＊理論的基盤：社会福祉学 ＊活用する実践理論／アプローチ：単一のものにしばられず柔軟に活用する。 　エコロジカル理論／アプローチ、ストレングス理論／アプローチ、エンパワメント理論／アプローチ、ナラティブ理論／アプローチ、問題解決理論／アプローチ、危機介入理論／アプローチ、課題中心理論／アプローチ、認知行動理論／アプローチ、システム理論／アプローチ、ソーシャルサポート理論／アプローチなど ＊活用する知識：人と環境（社会）とその相互作用に関する知識 　人間を生物的・心理的・社会的な視点から全体的・統合的に捉えるための基礎知識、人権と社会正義にかかわる基礎知識および権利擁護に関する知識、社会福祉／精神保健福祉の思想・哲学およびその発展に関する知識、社会福祉／精神保健医療福祉に係る制度体系およびサービス内容に関する知識、ソーシャルワークの基盤形成にかかわる知識、ソーシャルワーク援助技術・支援方法に関する知識、専門職としての自己覚知と成長、社会福祉／精神保健福祉の向上・発展のための知識				

出典：日本精神保健福祉士協会「精神保健福祉士業務指針」委員会編著『精神保健福祉士業務指針 第3版』日本精神保健福祉士協会，pp.22-23，2020. を一部加工して作成

4　精神保健福祉士業務指針

1　業務指針の枠組みと読み方

「精神保健福祉士業務指針」では、26 の主要な業務について精神保健福祉士の業務特性を反映させて指針を示している。**表 6-3** で精神保健福祉士の業務特性と業務を構成する要素の全体像を示したが、その内容について業務を切り口にして再構成したものである。

「精神保健福祉士業務指針」は、それぞれの業務について、❶定義、❷価値・理念・視点、❸当該業務を要請する主要なレベル（ターゲットレベル）における業務内容、活用する技術、必要となる主な知識、❹包括的アプローチの四つの枠組みで構成されている。以下に四つの枠組みの意図と内容を概説するが、**表 6-4** において業務指針の一例を示すので、あわせて参照してほしい。

❶定義

各業務の定義は、「何のためにどのような活動を行うのか」を表現しており、「何を行うか」だけでなく、その目的を見据えることを重視した。たとえば「経済的問題解決の支援」は、経済的問題の解決そのものが目的ではなく、その結果がクライエントのウェルビーイングにあることを示している。

❷価値・理念・視点

当該業務における具体的な状況を想定しつつ、それらの状況において留意すべき点や大切にすべき点を、精神保健福祉士の価値・理念・視点の概念を用いて示している。たとえば、「経済的問題解決の支援」において、経済的問題を「人と環境の相互作用」から捉え、社会構造の不備を改善する視点をもつことなどである。

❸当該業務を要請する主要なレベル（ターゲットレベル）における業務内容、活用する技術、必要となる主な知識

ターゲットレベル（対象）

当該業務がミクロ・メゾ・マクロのどのレベルのどのような人たち（機関、地域、社会）に焦点を当てた働きかけであるかを示している。たとえば、「経済的問題解決の支援」では、「生活費や医療・福祉サービス利用費等の問題を抱えている人」などである。

業務内容

ターゲットレベルに焦点化して、当該業務の展開過程で押さえるべき

表6-4　業務指針の一例：経済的問題解決の支援

業務名		経済的問題解決の支援	
❶ 定義		生活費や医療・福祉サービス利用費または財産管理等の経済的問題の調整を通して、クライエントが安心して主体的に生活を営めるよう支援する。	
❷ 価値 理念 視点		・経済的問題を個人の責任に帰するのではなく【人と環境の相互作用】から捉え、問題を生み出している社会構造から捉える視点をもつ【社会変革】。 ・貧困・生活困窮にある人の生存権をはじめとする【基本的人権】を保障する。 ・単に経済的問題の解決を図るのみならず、その結果が社会とのつながりを強め【ソーシャルインクルージョン】、生活の質の向上【ウェルビーイング】と【エンパワメント】につながることを目指す。 ・経済的または財産上の問題における本人の権利とプライバシーを保障する【権利擁護】。	
❸ ターゲットレベル	ミクロレベル	**対象：個人／集団** ・生活費や医療・福祉サービス利用費等の問題を抱えている人 ・生活基盤の安定のために、年金、公的扶助、所得保障、手帳制度等の諸サービスを必要とする人 ・財産の管理や保護に支援を必要とする人	
		業務内容	**活用する技術**
		・経済的問題を踏まえて本人の置かれている生活状況を把握し、クライエントの経験している困難さを受けとめ、理解する。 ・クライエントの望む生活を共有し、それを実現するために必要な経済的問題解決の方策をクライエントとともに検討する。	関係形成技法 面接技術 アセスメント
		・経済的問題の解決／改善のための資源を、クライエントが知り活用できるように支援する。 ・経済的問題の解決／改善に向けてクライエントのニーズと諸サービスを結びつけ、必要な資源開発を図る。	個別援助技術 ケアマネジメント
		必要となる主な知識 ・経済的保障の諸制度に関する知識：生活保護法、生活困窮者自立支援制度、障害年金、各種手当、雇用保険（基本手当、傷病手当などの失業等給付）、障害者手帳制度（税金控除等）、医療保険制度（高額療養費、傷病手当金）、自立支援医療など ・財産の保護や日常的金銭管理を支援する制度に関する知識：成年後見制度、日常生活自立支援事業など	
❹ 包括的アプローチ	メゾレベル	◆**専門職としてのはたらき** ・権利擁護の視点を確認し、経済的問題に対する適切な情報提供やサービス提供ができるよう常に知識の習得・向上を図る。 ◆**機関に対するアプローチ** ・所属機関の権利擁護の意識を高め、経済的問題調整にかかわる組織内のサービス内容を評価し、必要なサービスおよびシステムを組織に提案・開発する。	
	マクロレベル	◆**地域に対するアプローチ** ・経済的問題解決や生活保障に係る諸制度に対する人々の理解を促進するとともに、経済的問題に関連する地域課題を抽出し、必要な資源の改善・創出に向けた組織化を図る。 ◆**社会に対するアプローチ** ・現代社会における貧困問題等を含め、経済的問題に対応する制度／施策を評価し、制度上の不備について職能団体および関係団体と共有・協働して改善策を検討し提言する。	

出典：日本精神保健福祉士協会「精神保健福祉士業務指針」委員会編著『精神保健福祉士業務指針 第3版』日本精神保健福祉士協会、p.52、2020.

点を踏まえて具体的な動きを示している。たとえば、「経済的問題解決の支援」では、「経済的問題を踏まえて本人の置かれている生活状況を把握し、クライエントの経験している困難さを受けとめ、理解する」に始まり、その後の展開を想定して示している。

活用する技術

　前記の業務内容の各展開過程で活用する主な技術を示している。たとえば、「経済的問題解決の支援」の業務内容においては、「関係形成技法」「面接技術」「アセスメント」などの技術が活用されることになる。

必要となる主な知識

　精神保健福祉士の知識は、価値、理念、視点、技術、機能を示す概念に関する知識、人や社会を理解する基礎知識、法制度に関する知識など幅広いが、ここでは当該業務に特徴的な知識に限定して示している。たとえば、「経済的問題解決の支援」では「生活保護法、生活困窮者自立支援制度、障害年金など経済的保障の諸制度に関する知識」などである。

❹包括的アプローチ

　精神保健福祉士の業務特性である包括的視点を踏まえ、当該業務のターゲットレベルへの業務から他のレベルとの連続性を踏まえた展開を示している。たとえば、「経済的問題解決の支援」では、個人へのアプローチのみならず、機関に対するアプローチとして所属機関の経済的問題にかかわるサービス内容の改善を図ったり、社会に対するアプローチとして経済的問題に対応する制度を点検し必要な政策提言を行ったりする展開を例示している。

　「精神保健福祉士業務指針」の四つの枠組みに記されている概念や知識は、あくまでも当該業務の展開における主要なものに限られ、実際の業務ではもっと多様な要素が動員されるはずである。しかしながら、一つの業務を展開するには、常に精神保健福祉士の価値・理念・視点というアンテナを張り巡らせ、実に幅広い知識と技術の活用が必要であり、そのことを説明するためのモデルとして示したものである。

▌2 具体的な場面における業務指針の活用

　「精神保健福祉士業務指針」は、どの分野にも共通する業務を取り上げて指針を示しているが、実際は現場のさまざまな環境要因に影響を受けて業務を展開している。同じ業務でも所属機関の機能や現場の特性によって留意点や具体的な方法が異なるため、精神保健福祉士は、実践現場の特徴を踏まえた現実的な業務展開が求められる。

　この点を踏まえ、「精神保健福祉士業務指針」では精神保健福祉士の職域として五つの分野（医療、地域、行政、学校教育、産業）を取り上げ、それぞれの分野における具体的な場面事例から業務指針を活用した

業務の展開を示している。分野別の業務指針は本章第5節に詳しいので参照してほしい。

5 業務指針の意義

　日本精神保健福祉士協会における業務指針作成の経緯からも、業務指針は時代の変化に対応しつつ精神保健福祉士の業務における専門性を指し示すものであり、とかく「わかりにくい」「みえにくい」といわれることの多い精神保健福祉士の業務を、言語化・可視化したものである。この点を踏まえ、業務指針の意義を挙げる。

1 実践を振り返り、点検するために活用する

　精神保健福祉士法第41条の2には精神保健福祉士の資質向上の責務が明記され、「精神保健福祉士の倫理綱領」には専門職としての責務として専門性の向上が示されている。自らの実践を振り返り、点検し、常に改良を重ねるのは専門職として必須のことである。一方、精神保健福祉士が対応する現実場面はさまざまな要素を含む複雑さがあり、自身の動きも多様であることから、実践を振り返るためのツールが必要である。

　業務指針は、複雑な場面においても精神保健福祉士が進むべき方向性を見定める羅針盤であると同時に、自らの実践を振り返るうえでの枠組みとチェックポイントを示している。専門職として共通の枠組みを活用して実践を振り返ることは、精神保健福祉士の質の向上につながると考えられる。

2 業務における共通言語をもち説明責任を果たす

　精神保健福祉士の業務特性①（図6-1：p.278）が示すように、精神保健福祉士の業務における専門性は、目にみえる行為だけで説明がつくものではない。また、精神保健福祉士の幅広い実践において、その業務を説明する言葉は多種多様であるが、それでは精神保健福祉士が何をする人なのか周囲にはわからない。専門職である以上、社会に対して自らの業務に対する説明責任を有しており、精神保健福祉士として業務を説明する言葉を共有する必要がある。

　業務指針は、精神保健福祉士の業務における共通言語となるよう業務の枠組みと説明モデルを提示している。業務指針を活用して「精神保

★説明責任
accountability（アカウンタビリティ）の訳語としてさまざまな分野で用いられている。医療・福祉分野においては、利用者に対してサービスや支援内容をわかりやすく説明することで、利用者の自己決定を保障することが求められる。

第6章 「精神保健福祉士」の役割と機能

福祉士が何をする人か」を社会に発信することは、潜在的なクライエントに必要な支援を届ける意味でも意義がある。また、雇用主や関係者に、精神保健福祉士の専門性を理解してもらい、適切に活用してもらうことにつながると考えられる。

■3 精神保健福祉士の業務の整理、統計作業の枠組みを示す

精神保健福祉士の役割や課題を把握するためには、精神保健福祉士の業務実態やその傾向を明らかにするプロセスが欠かせない。それゆえ、日本精神保健福祉士協会等による業務実態調査や各職場での日報・月報の管理が行われているが、調査項目や業務管理における一定の枠組みが必要である。

業務指針は、精神保健福祉士として共有すべき業務の定義や業務を構成する要素を示しており、実態調査や日報等の枠組みとして活用できる。また、各職場や地域における業務実態を共通の枠組みで示し、それらを蓄積することによって、精神保健福祉士の業務実態を総体的・立体的に把握できるようになり、専門職としての課題と改善点が明確になってくる。さらに、そこからみえてくる地域課題や制度上の課題について、その改善を図る政策提言につなげることも可能となる。

★日報・月報
日報は各機関や各部門において日々の業務内容を報告する様式であり、月報は日報を月単位でまとめたものである。当該機関・部門における業務内容やその傾向を共有し視覚化するために活用される。

◇引用文献
1）Bemis, S. E. & Belenky, A. H. & Soder, D. A., *Job Analysis: An Effective Management Tool*, The Bureau of National Affairs, 1983.
2）日本精神保健福祉士協会「精神保健福祉士業務指針」委員会編著『精神保健福祉士業務指針 第3版』日本精神保健福祉士協会，2020.

◇参考文献
・日本精神保健福祉士協会50年史編集委員会編『日本精神保健福祉士協会50年史』中央法規出版，2014.
・L.C.ジョンソン・S.J.ヤンカ，山辺朗子・岩間伸之訳『ジェネラリスト・ソーシャルワーク』ミネルヴァ書房，p.1，2004.

＊おすすめ
・F. G. リーマー，秋山智久監訳『ソーシャルワークの価値と倫理』中央法規出版，2001.

学習のポイント

● 精神保健福祉士の職場や地域活動を含む職域について理解する
● 精神保健福祉士の職場の特性を理解し、実践上の課題を考える
● 精神保健福祉を取り巻く状況を踏まえて連携における精神保健福祉士の役割を学ぶ

1 精神保健福祉士が働く多様なフィールド

1 精神保健福祉士の職域の広がり

精神障害者の地域生活支援の推進やメンタルヘルス課題の増加と多様化を背景に、精神保健福祉士の職域や活躍の場はますます広がりをみせている。精神保健福祉士が国家資格化される以前は、その職場のほとんどが精神科医療機関であったが、精神障害者に対する福祉施策が整備されるなか、障害福祉サービス事業で働く精神保健福祉士は大幅に増えた。また、精神保健福祉行政の第一線機関として位置づけられてきた保健所では、精神保健福祉相談員として精神保健福祉士が従事しているが、市町村が精神保健福祉行政の取り組みを始めるようになり、市町村で働く精神保健福祉士も増えてきている。

精神保健福祉士の職域は、保健医療福祉領域にとどまらない。学校や家庭を取り巻く状況はいじめや貧困などの問題が深刻化しており、学校においても児童生徒およびその家族の福祉課題やメンタルヘルス課題に取り組む必要性が高まっている。2008(平成20)年に「スクールソーシャルワーカー活用事業」が開始されて以降、急速にスクールソーシャルワーカーの配置が進み、その職に従事する精神保健福祉士も多い。

司法の領域においては、2003(平成15)年の「心神喪失等の状態で重大な他害行為を行った者の医療及び観察等に関する法律」制定以降、保護観察所の社会復帰調整官として精神保健福祉士が配置され、同法の対象者の支援を行っている。また、現時点での数は少ないものの、矯正施設におけるソーシャルワークや刑事裁判等における福祉的支援、犯罪被害者支援などに取り組む精神保健福祉士も注目されてきている。

産業の領域では、以前より公共職業安定所(ハローワーク)等の労働

Active Learning
精神保健福祉士の職域が広がってきた理由を整理してみましょう。

機関において精神障害者の就労相談に精神保健福祉士が従事していた。近年、労働者のメンタルヘルスの保持増進へのニーズを背景に、EAP（Employee Assistance Program：従業員支援プログラム）機関において専門的立場から企業にコンサルテーションを行う精神保健福祉士や、産業保健部門のスタッフとして働く精神保健福祉士も紹介されるようになった。まだ企業における精神保健福祉士の配置は多くはないが、企業の従業員等の多様なニーズに対応した精神保健福祉士の育成とその活躍が期待されている。

ほかにも、高齢者施設や児童福祉施設、障害児福祉事業、社会福祉協議会などで働く精神保健福祉士や、NPO法人などでホームレス支援や被災者支援を展開している精神保健福祉士もいる。精神保健福祉士は、精神障害者の相談支援はもちろんのこと、メンタルヘルス課題がある人々への支援や住民のメンタルヘルスの向上への取り組みなど幅広い役割が期待されている。メンタルヘルス課題は、年代や領域で分断されることのない普遍的な課題であるため、精神保健福祉士の職域は範囲を限定するものではない。

2 精神保健福祉士の職場

精神保健福祉士はさまざまな職域で働いており、一つの職域にはいくつもの職場（機関）がある。職場（所属機関）によって精神保健福祉士の職務内容も環境も異なる。**表6-5**に精神保健福祉士が働く主な職場を挙げる。

3 職場を超えた実践

精神保健福祉士の活動の場は職場（所属機関）だけではない。クライエントの支援ネットワークの形成に向けた多機関連携はもちろんのこと、精神保健福祉の向上のための普及啓発、社会資源の開発や政策提言にかかわることは精神保健福祉士の重要な役割である。どの機関に所属していようと、精神保健福祉士の実践の基盤は地域にあり、地域を拠点として社会に働きかける姿勢が求められる。

精神保健福祉士は地域におけるさまざまな会議や活動に参画しており、**表6-6**はその一例である。近年、法律で規定された各種会議への参画や活動も増えているが、もちろんそれらに限定されるものではない。地域課題の改善に向けたボランタリーな働きかけ、関係者と協働した地域づくりや人材育成、災害支援への参画など、社会のニーズに対応した

表6-5　精神保健福祉士の職域と主な職場

職域 （分野）	主な職場
医療	精神科病院（病棟、外来、訪問、精神科デイ・ケア　など） 一般病院（精神科）、認知症疾患医療センター、診療所　など
福祉	【障害者総合支援法における事業所等】 　相談支援事業所、地域活動支援センター 　就労移行支援事業所、就労継続支援事業所、就労定着支援事業所 　共同生活援助事業所、自立訓練事業所、生活介護事業所　など 【その他】 　発達障害者支援センター（発達障害者支援法）、救護施設（生活保護法）、 　障害児・障害者関連福祉施設、高齢者福祉施設、社会福祉協議会　など
行政	精神保健福祉センター、保健所、市町村
司法	保護観察所、更生保護施設、地域生活定着支援センター　など
教育	学校、教育委員会、大学等学生相談室　など
雇用産業	ハローワーク、障害者職業センター、障害者就業・生活支援センター EAP 機関　など

出典：厚生労働省「精神保健福祉士の配置状況」（厚生労働省精神保健福祉士の養成の在り方等に関する検討会「精神保健福祉士資格取得後の継続教育や人材育成の在り方について」2020 年 3 月 6日より）および日本精神保健福祉士協会「勤務先種別構成員数（2020 年 2 月 21 日現在）」を参考に作成

表6-6　職場を超えた精神保健福祉士の活動（例示）

・地域における協議会（自立支援協議会等）への参画 ・地域移行支援・地域定着支援にかかわる協議・活動 ・障害支援区分の審査判定会等への参画 ・障害福祉計画策定等への参画 ・精神医療審査会への参画 ・精神保健福祉審議会への参画 ・成年後見制度に関する活動 ・精神保健参与員としての活動 ・地域連携・ネットワークにかかわる協議・活動	・他法人等の運営および外部評価にかかわる活動 ・職能団体の運営・研修等における活動 ・地域の人材育成・研修にかかわる協議・活動 ・当事者活動、家族会などの運営協力 ・ボランティアにかかわる協議・活動 ・災害支援・被災者支援にかかわる活動 ・精神保健福祉にかかわる調査研究への参画 ・精神保健福祉に関する普及啓発 ・政策提言に関する会議・活動

★**地域における協議会**
障害者総合支援法（第89 条の 3）に規定された協議会。福祉、医療、教育、雇用の関係者、障害者および家族、その他の多様な人々により構成され、地域における障害者等の支援体制に関する課題を共有し、その改善に向けた協議を行う。

柔軟かつ多様な活動を展開している。

2　精神保健福祉士が働く機関の特徴と課題

　精神保健福祉士は職場環境からさまざまな影響を受けており、それらをソーシャルワークにおける資源として活用することが求められる。職

場の特性や機能を資源化するためには、所属機関の特徴や動向を把握し、精神保健福祉士が置かれている状況を理解する必要がある。

■1 精神科医療機関

精神科医療機関は、精神障害者の多くが最初に利用する機関である。病院等は診断・治療を主たる目的としており、複数の異なる専門職から構成されている点に特徴がある。精神保健福祉士は、クライエントに医療ニーズがあることを踏まえて、その医療の内容や仕組みを理解することが必要であり、他職種の機能を理解し、連携を図りながら、福祉職である精神保健福祉士の役割を果たすことが求められる。

我が国の精神医療は長きにわたり入院中心の施策が続いていたが、2004（平成16）年に「精神保健医療福祉の改革ビジョン」が示されて以降、いわゆる社会的入院の是正や早期退院に向けた施策が次々と打ち出されている。その一つとして病床機能分化の推進が挙げられ、精神科救急病棟、地域移行機能強化病棟、認知症治療病棟、依存症専門病棟、児童思春期病棟など、患者の疾患や状態像に対応した医療体制の整備が進んでいる。それぞれの機能を促進する目的で、精神保健福祉士が特定の病棟等に専従で配置される状況も進んでおり（**表6-7**）、その業務が細分化、専門分化する傾向がみられている。また、病院完結型医療から地域完結型医療への転換を目指して、病院間、病院・診療所間がそれぞれの機能と役割を明確にして医療にあたる地域医療連携が促進されている。多機関連携は従来から精神保健福祉士が行ってきたことであり、地域医療連携業務を担当する精神保健福祉士も多い。

早期退院および地域移行の促進を背景に、精神病床における平均在院日数が年々減少している一方、なお入院が長期化している患者群も多く、早期に退院する群との二極化が生じている。また、入院患者の高齢化が深刻であり、65歳以上の患者がその半数以上を占めている（2017（平成29）年「患者調査」より）。入院が長期化した患者や高齢の患者の地域移行を進めるためには、より包括的な支援が必要である。高齢者福祉の関係者やピアサポーターを含めた多職種・多機関による重層的な支援体制が不可欠であり、精神保健福祉士が果たすべき役割は大きい。

精神医療においては、医療保護入院や措置入院などの本人の同意によらない強制入院の形態があり、権利擁護を意識した支援がいっそう求められる。2013（平成25）年の精神保健及び精神障害者福祉に関する法律（精神保健福祉法）改正では、医療保護入院者の早期退院に向けた取

★平均在院日数
当該病床の入院患者の入院日数の平均を示すもの。厚生労働省が示す平均在院日数の算出方法は、年間在院患者延数÷1／2×（年間新入院患者数＋年間退院患者数）である。日本における精神病床の平均在院日数は、1989（平成元）年は496日であったが、2019（令和元）年は265.8日となっている。

表6-7　診療報酬の算定対象および施設基準等における精神保健福祉士の位置づけ（例示）

項目	概要
精神科救急入院料	当該各病棟に2名以上の常勤の精神保健福祉士が配置されていること。
精神科救急・合併症入院料	当該各病棟に2名以上の常勤の精神保健福祉士が配置されていること。
精神療養病棟入院料	当該保険医療機関に精神保健福祉士または公認心理師が常勤していること。 精神保健福祉士等の退院支援相談員を配置していること。
児童・思春期精神科入院医療管理料	当該病棟または治療室に専従の常勤の精神保健福祉士および常勤の公認心理師がそれぞれ1名以上配置されていること。
精神保健福祉士配置加算	当該病棟に専従の精神保健福祉士が1名以上配置されていること。
精神科地域移行実施加算	地域移行推進室に常勤の精神保健福祉士が1名以上配置されていること。
精神科デイ・ケア（大規模なもの）	精神科医師および専従する3人の従事者（作業療法士、看護師、公認心理師、精神保健福祉士）の4人以上で構成
医療保護入院等診療料	医療保護入院等に係る患者に対する行動制限を必要最小限のものとするため、医師、看護師および精神保健福祉士等で構成された委員会を設置していること。

注：2020（令和2）年4月現在

り組みを業とする退院後生活環境相談員★が創設され、多くの精神保健福祉士が選任されている。その業務の遂行に際して、本人の意向に寄り添い、利用できる資源等の説明を十分に行うとともに、地域援助事業者等との連携を促進して支援にあたることが重要である。

　また、2018（平成30）年には「措置入院の運用に関するガイドライン」および「地方公共団体による精神障害者の退院後支援に関するガイドライン」が示され、措置入院者の退院後の支援の充実が図られている。措置入院者の人権擁護を軸とした支援体制の構築に向けた精神保健福祉士の活躍が期待される。

2 障害福祉サービス事業等

　2005（平成17）年に制定された「障害者自立支援法（現・障害者の日常生活及び社会生活を総合的に支援するための法律（障害者総合支援法））」は、それまでの障害種別によるサービス提供を転換し、身体障害、知的障害、精神障害等を一元化した共通基盤に基づくサービスの再編を図った。同法は、居宅介護や就労支援など利用者の有するニーズに応じて事業を細かく分類し、事業ごとに指定を受けた事業者が定められた

★退院後生活環境相談員

医療保護入院者の早期退院に向けた支援を行うものとして、医療保護入院患者1人につき1人の退院後生活環境相談員を入院後7日以内に選任することが定められている。資格要件は、精神保健福祉士のほか、看護師、作業療法士、社会福祉士として精神障害者に関する業務の経験者等が規定されている。主な業務として、退院に向けた相談支援および関係機関等との連絡調整、医療保護入院者退院支援委員会の運営に係る中心的な役割を担うとされている。

291

サービスを提供することで報酬を受ける仕組みになっている。

　また、同法の改正およびサービスの報酬改定が重ねられており、対象とする障害者の範囲の拡大やサービス内容の拡充、相談支援の体制整備などが進んでいる。相談支援体制は相談の種別ごとに体系化されるようになり、サービス等利用計画の作成を通じて支援を行う「計画相談支援」、精神障害者等の地域移行支援・地域定着支援を行う「地域相談支援」、それ以外の幅広い相談を担う「基本相談支援」に分類されている。

　障害福祉サービス事業等で働く精神保健福祉士は、精神障害に限定しない幅広い障害特性やニーズに対応する力が求められるようになった。一方、一つのサービス事業で利用者の多様なニーズには対応できないため、複数の事業所や関係機関との連携・協働が不可欠である。特に相談支援においては、利用者の複合的なニーズに対応したコーディネートやマネジメントの力が必要であり、制度上のサービスに限定しない支援計画の策定とその実施が求められる。

　また、事業の再編・拡充と報酬改定が続くなか、事業所は事業内容と報酬改定の詳細を熟知し、その変化と基準に則していかなければ運営が成り立たない状況に直面する。その結果が利用者のニーズと乖離してしまっては本末転倒である。利用者のニーズに対応した適切なサービス提供と報酬とのバランスを見据え、安定した事業運営を進める経営力も精神保健福祉士には求められている。

　障害者総合支援法の施行により、精神保健福祉士の業務におけるボーダレス化と分業化が進んでいるといえる。同法では、各種サービスや相談を担う者として、サービス管理責任者や、相談支援専門員の職を規定している。それらの職は、精神保健福祉士のみならず多様な人材が担っており、そのバックグランドもさまざまである。精神保健福祉士としてのアイデンティティを共有していない人々と同様の業務を遂行するなかで、精神保健福祉士の専門性をいかに発揮するかが問われている。

　また、サービスの事業化は、一人の精神保健福祉士が一人の利用者を包括的・継続的に支援する形を変えた。精神保健福祉士の支援が所属する事業所だけをみて進められれば、ソーシャルワークの柔軟性や包括的な視点が損なわれてしまう。精神保健福祉士は、直接支援の場面から利用者の生活全体をイメージする力がいっそう求められており、その生活を踏まえた多機関連携の促進と強化が必要なのである。

3　行政機関

　精神保健福祉行政は、都道府県がその中心的役割を担ってきた歴史がある。特に、保健所は精神衛生法の時代から精神衛生活動の第一線機関として位置づけられてきた。現在も精神保健福祉法において、精神保健福祉センターおよび保健所に精神保健福祉相談員*の配置が規定されており、精神障害者およびその家族の相談支援を担う者として活躍が期待されている。また、保健所が担う措置入院に係る業務は、精神保健福祉に関する高い専門性が求められ、精神保健福祉相談員の果たす役割は大きい。しかし1994（平成6）年の保健所法から地域保健法への改正に伴い、全国で保健所の統廃合が進み、その数は減少している現状がある。

　市町村における精神保健福祉行政は、1999（平成11）年の精神保健福祉法改正によって開始され、精神障害者の福祉に関する業務の一部が都道府県から市町村に委譲された。また、障害者自立支援法の制定により、他の障害と合わせて精神障害者に対する福祉施策を市町村が担うようになり、今日の障害者総合支援法に至っている。障害者総合支援法におけるサービスの支給決定は市町村の重要な役割である一方、相談支援や障害福祉サービス事業は社会福祉法人等が担う体制が進んでおり、市町村は事業所等の技術支援や連携促進、組織育成や人材育成などのバックアップ機能やコーディネート機能を担う役割が期待されている。

　精神保健福祉行政における業務は、各機関や各部門を所管する法令によって定められている。精神保健福祉士は、法令を遵守し適切に運用を図ると同時に、その運用が当事者の権利擁護と福祉の実現につながるものとなるよう、最善を尽くすことが求められる。また、精神保健福祉行政は一般行政職がその任にあたることも多く、精神保健福祉士は一般行政職と協働しつつ、行政においてソーシャルワークの視点を醸成する役割も担っている。

　2017（平成29）年の社会福祉法の改正において、地域福祉推進の理念が規定され、その理念を実現するために市町村が包括的な支援体制づくりに努めることが明記された。さらに、2020（令和2）年の同法の改正では、市町村における地域住民の複合化・複雑化した支援ニーズに対応する包括的支援体制の構築のために、相談支援、参加支援、地域づくりに向けた支援を実施する重層的支援体制整備事業が創設された。

　本事業では、属性や年齢にかかわらず本人・世帯が有する複合的課題を包括的に受けとめる「断らない相談支援」と、狭間のニーズにも対応できるよう地域資源を活かした多様な参加支援、さらに地域社会からの

★精神保健福祉相談員
精神保健福祉法第48条に規定された、保健所や精神保健福祉センター等において精神保健福祉に関する相談に応じ、精神障害者および家族等を訪問して必要な指導・援助を行う職である。都道府県知事や市町村長に任命され、任用資格は精神保健福祉士、保健師（講習会の受講と実務経験が要件）、医師等である。1982（昭和57）年に全国精神保健福祉相談員会を発足させ、精神保健福祉相談員の専門性の向上に向けた研修等の開催、自治体への配置の促進、調査研究などの活動を行っている。

第6章「精神保健福祉士」の役割と機能

孤立を防ぎ、住民同士が出会い参加することのできる場や、居場所の確保に向けた支援を一体的に行うこととしている。

地域共生社会の実現に向けた市町村の役割はますます増しており、重層的支援体制に求められる個別支援の充実と地域への働きかけは、まさにミクロ・メゾ・マクロレベルの連続性を踏まえて包括的アプローチを行うソーシャルワークにほかならない。精神保健福祉士は、すべての人の福祉とメンタルヘルスの向上を軸として地域共生社会に向けた働きが求められているのである。

4 その他の領域における機関

前述したように、精神保健福祉士の職域は広がっており、前記以外にも教育、産業、司法などの新たな領域における活躍が期待されている。これらに共通する特徴は、精神保健福祉を目的とした機関でないことである。異なる目的を有した機関において精神保健福祉士の専門性を発揮するには、各機関の機能や歴史などの理解を深め、その強みを活かしてソーシャルワークを展開することが必要である。

❶教育機関

学校は、教育基本法や学校教育法に基づく機関であり、その目的は、児童生徒の人格の完成を目指して発達段階に応じたさまざまな能力を養うことである。近年、各地の学校や教育委員会でスクールソーシャルワーカーの配置が進み、スクールソーシャルワーカーとして働く精神保健福祉士も増えてきている。

教育機関における精神保健福祉士の役割は、第一に児童生徒の福祉の向上にある。そして、児童生徒およびその家族が抱える生活問題に対して、当事者のニーズの実現を目指してさまざまな環境調整を図り、解決に向けて取り組むことにある。一方、教育は個人の人格形成に向けた指導を重んじているため、児童生徒が抱える問題を個人の改善すべき課題として捉える傾向が見受けられる。このため、ソーシャルワークの視点や方法が理解されにくい面もあるが、ソーシャルワークも教育も人の成長を目指すという理念は共通する。

精神保健福祉士は、学校の役割や教員たちの立場に理解を示しつつ、共有できる包括的な目標を設定して協働を進めることが求められる。

❷企業等の産業領域

近年、労働者のメンタルヘルスの保持増進が重要視され、労働者の心身の健康に対する企業の責任は増してきているが、企業は営利を目的と

した生産活動を行う組織である。

　精神保健福祉士はあくまでも支援する人々の福祉のために働くが、従業員の心身の健康や疾病の予防が、結果として企業のパフォーマンスの向上と利益につながるという視点を示すことも必要である。また、環境調整等による能力開発を目指す合理的配慮は、障害者のみならず、すべての従業員に共通する。合理的配慮の考え方を企業に醸成することも精神保健福祉士に期待される役割である。

❸司法機関

　司法、特に刑事司法にかかわる精神保健福祉士は、専門性に基づく高い人権意識が求められる。刑事司法は罪を犯した人に刑罰を課し、その更生と再犯防止を図るとともに、被害者を守り安全な社会を目指すためにある。犯罪は許容されるものではなく、被害者への配慮が必要だが、精神保健福祉士は人を裁く立場ではないという前提に立つことが肝要である。犯罪に至る背景を人と環境の相互作用の視点から捉え、その人が社会のなかで人々とルールを共有して生きるための方策と環境を整えることに精神保健福祉士の役割がある。

　また、刑事司法の対象には精神障害や知的障害のある人や高齢者が少なくなく、生活環境の脆弱さや必要な支援が届いていないために犯罪へと至るケースも多い。こうしたケースは司法の介入のみで解決できるものではなく、福祉や医療の介入が不可欠である。

3 ▶ 職域の多様化と多機関連携の意義

　以上、精神保健福祉士の職域と職場の現状と課題について述べてきた。総じて、精神保健福祉のニーズの多様化に伴う職域の拡大と、精神保健福祉士の職場の分業が進んでいることがわかる。こうした流れは今後も進むことが予測され、精神保健福祉士がさまざまな人や機関と連携し協働する力がますます試される時代になっている。あらためて連携における以下の留意点を確認しておきたい。

> **連携の留意点**
> ・　当事者のニーズを中心に据える。
> ・　連携する相手（職種・機関）の役割や立場を理解し尊重する。
> ・　相手に伝わる言葉で話す。

- ・ それぞれに共通する理念を土台とする。
- ・ 目標を共有し継続的に確認する。
- ・ 地域の実情を踏まえて資源化する。
- ・ 個別のレベルから体制整備へ展開する。

精神保健福祉士法の第41条には連携等の義務が規定され、精神保健福祉士の倫理綱領には連携の責務が示されている。精神保健福祉士にとって多職種・多機関連携はまさにその中核となる働きであるが、連携する相手や機関が精神保健医療福祉の領域を超えて多様化しており、精神保健福祉や障害福祉の体制整備や機能分化によって、連携する機関や人も広がっているのである。

もともと精神保健福祉士は、国家資格化される前から福祉と異なる医療の分野で医療専門職との関係を形成し、連携を重ねるなかで生活者の視点の醸成に努めてきた。その経験から得た力は大きい。その力を十分に活用して連携を促進させることが期待される。

2017（平成29）年2月に発表された「これからの精神保健医療福祉のあり方に関する検討会」の報告書では、精神障害にも対応した地域包括ケアシステムの構築を目指す理念が示された。精神保健福祉士は、精神障害者や生活のしづらさを抱えている人々が地域で安心して生活できる地域づくりに向けて、さらに多様な分野や人々と連携することが求められている。さらに、人と人、機関と機関とをつなぎ、有機的な循環を生み出すことも精神保健福祉士の大切な役割である。

◇参考文献
- ・日本精神保健福祉士協会「精神保健福祉士業務指針」委員会編著『精神保健福祉士業務指針 第3版』2020.
- ・日本精神保健福祉士協会「精神保健福祉士の業務実態等に関する調査報告書（ダイジェスト版）」2019.
- ・日本精神保健福祉士協会司法精神保健福祉委員会編「司法精神保健福祉委員会報告書（プレ調査結果）──司法分野における精神保健福祉士の関わりについてのアンケート 第1版」2018.

・おすすめ
- ・WILLこども知育研究所編著『医療・福祉の仕事見る知るシリーズ 精神保健福祉士の一日』保育社，2017.

学習のポイント
● 精神保健福祉士の業務内容の実際について把握する
● 業務に含まれる精神保健福祉士の専門性について学ぶ
● 業務展開における包括的視点について理解する

1 精神保健福祉士の業務内容

　精神保健福祉士の業務内容は、実践の分野や働く職場によっても異なり、多様である。ここでは、「精神保健福祉士業務指針 第3版」（以下、「精神保健福祉士業務指針」）に基づき、精神保健福祉士の具体的な業務内容について取り上げていく。

1 業務指針における主な業務内容

　まずは、「精神保健福祉士業務指針」で提示されている精神保健福祉士の主要な業務（26業務）について、業務名と定義を列挙する（**表6-8**）。

　「精神保健福祉士業務指針」で提示されている主要な業務をみてみると、精神保健福祉士は個人・集団に対するミクロレベルの業務のみならず、専門職・機関を対象としたメゾレベルの業務、地域・社会を対象としたマクロレベルの業務まで幅広く展開していることがわかるだろう。さらに、各業務の定義には精神保健福祉士が何をするかという行為的側面に加え、何のために行うかという目的が記載されており、業務の基盤となる価値・理念を踏まえた目指すべき方向性が示されている。

表6-8　精神保健福祉士の主な業務と定義

①サービス利用に関する支援
　精神保健福祉サービスを必要とする人に対して、利用上の問題を調整し、適切なサービスの利用が図れるように支援する。

②受診／受療に関する支援
　心身の変調により、受診／受療上の課題を抱えている人に対して、課題を解決、調整し、必要な医療が受けられるように支援する。

③退院／退所支援
　病院／施設からクライエントが望む場所へ退院／退所し、その人らしい暮らしを実現するために支援する。

④経済的問題解決の支援
　生活費や医療・福祉サービス利用費または財産管理等の経済的問題の調整を通して、クライエントが安心して主体的に生活を営めるよう支援する。

⑤居住支援
　住居および生活の場の確保や居住の継続に関して、クライエントの希望を尊重しながら支援することをとおし、地域におけるその人らしい暮らしを実現する。

⑥就労に関する支援
　就労に関するクライエントの希望を尊重し、そのニーズに応じた就労環境の調整を通して、主体的に社会参加できるよう支援する。

⑦雇用に関する支援
　雇用上の問題解決およびクライエントの職業上の自己実現を支援するとともに、精神障害のある労働者への合理的配慮を雇用主に提案、調整し雇用の安定を図る。

⑧就学に関する支援
　就学／復学に関するクライエントの希望を尊重し、そのニーズに応じた環境調整を図り、クライエントが主体的に学ぶことができるよう支援する。

⑨対人関係／社会関係の問題調整
　クライエントと周囲の人々との間で生じる問題や葛藤に対して、課題の整理と調整を図り、クライエントが対人関係／社会関係において安心して生活できるよう支援する。

⑩生活基盤の形成・維持に関する支援
　衣・食・住・心身の保全などの日常生活における基盤を形成・維持し、安心・安定した地域生活が送れるよう必要に応じた支援を行う。

⑪心理情緒的支援
　生活のなかで生じる不安や葛藤、悲哀などの心理・情緒的問題に対して、クライエントが受け止め、見通しをもって取り組めるように支援する。

⑫疾病／障害の理解に関する支援
　疾病や障害を抱える体験や思いを受け止め、クライエントが疾病／障害について理解し、それらとつき合いながらその人らしく生きることを支援する。

⑬権利行使の支援
　権利侵害の状況に関する点検を行うとともに、クライエントが有する権利を適切に行使できるよう支援する。

⑭家族支援
　家族を一つのシステムとしてとらえ、家族が抱える問題の整理と調整を通して、家族成員個々が安心して健康な生活を送れるよう支援する。

⑮グループ（集団）による支援・グループワーク
　共通のテーマをもつ人々の問題解決やニーズの充足を目指し、集団の力動を活用した意図的なグループ経験を通じて、個人の成長や目標の達成を支援する。

⑯活動・交流場面の提供
　社会的役割をもち、豊かな生活を営む権利を保障するために、安心して過ごせる場、他者との交流の機会、創造的活動の機会を提供する。

⑰セルフヘルプグループ、当事者活動への側面的支援
　セルフヘルプグループ、当事者活動（ピアサポーター、ピアスタッフ等含む）などが、当事者性におけるそれぞれの力を発揮し継続的に活動展開できるよう側面的に支援する。

⑱スーパービジョン

　精神保健福祉士の業務をソーシャルワークの専門性に基づき遂行し、実践力の向上を図るために、精神保健福祉士同士で行う相互作用のプロセス（実習指導を含む）。

⑲コンサルテーション

　業務遂行上の問題を抱えたコンサルティ（個人、集団、組織、地域社会）からの相談に対して、精神保健福祉士の専門性に基づき助言を行う。

⑳多職種／多機関連携

　クライエントの課題解決やニーズの実現に向けて、複数の異なる専門職、専門機関等が互いの役割や機能を理解し協働する。

㉑記録

　支援内容や運営管理にかかわる事項を文書化し、ソーシャルワークサービスの向上および機関の支援機能の向上のために活用する。

㉒組織運営／経営

　人々の福祉を目指す組織の理念に基づき、安定したサービスが提供できるよう、持続可能な組織基盤の形成と適切な運営管理を行う。

㉓組織介入／組織改革

　精神保健福祉士の理念に基づき、人々の権利保障の視点から組織を点検し、クライエントのニーズに対応したサービスの改善・開発を行う。

㉔地域活動／地域づくり

　精神保健福祉にかかわる地域課題を発見・分析し、誰もが暮らしやすい地域づくりに向けた資源開発や諸資源のネットワーキングおよび組織化による課題解決を図る。

㉕調査研究

　精神保健福祉士がかかわる実践について検証し、よりよい実践につなげるとともに、精神保健福祉にかかる実態把握や状況分析を行い、その結果を社会に発信する。

㉖政策提言／政策展開

　精神保健福祉に関連する制度・政策を分析し、改善のための具体的な提言を行い、共生社会の実現に向けた施策の展開に関与する。

出典：日本精神保健福祉士協会「精神保健福祉士業務指針」委員会編著『精神保健福祉士業務指針 第3版』日本精神保健福祉士協会, pp.47-48, 2020. を一部改変

2 職場（機関）別の業務内容

　次に、精神保健福祉士の職場（機関）ごとの業務内容について、さらに具体的にみていく。精神保健福祉士の職域は多方面に広がり、その職場も医療機関、障害福祉サービス事業所、行政機関、そして、学校教育、産業、司法の各機関など幅広い分野で業務を展開している。ここでは、主要な職場（機関）を取り上げ具体的な業務内容について紹介していく。

❶精神科医療機関における業務内容

　医療機関における精神保健福祉士の業務は、精神科病院、精神科診療所、総合病院精神科など所属する医療機関の種別や特徴によって異なる。また、所属機関内においても相談室、地域連携室、病棟、精神科デイ・ケアなど配属されている部署によって、中心的な業務は異なってくる。精神科医療機関における配属部署ごとの業務内容を整理する。

① 相談室（受診・受療相談）における業務

　精神科医療機関では精神保健福祉士が所属する部署として相談室が

設置されているところが多い。相談室はその名のとおり、相談援助業務を中心に行う部署であり、その内容は経済問題、就労・就学問題、対人関係上の問題など療養上の生活問題や、各種手続き支援に関するものなど、多岐にわたる。

そのなかでも重要な業務の一つとして、「受診／受療に関する支援」がある。受診／受療に関する支援は、本人、家族、他医療機関、地域関係機関等からの電話による相談から始まることが多い。精神保健福祉士の相談業務は対面による面接のイメージが強いと思われるが、電話での相談や各関係機関への連絡調整などを含めると、実は電話による業務量が思いのほか多い。電話相談では、クライエントの不安を受けとめながら、短時間での情報収集・整理・伝達能力が求められる。

初めての精神科医療機関への受診の場合、医師の診察の前に精神保健福祉士が面接を行うこともある。そこでは、クライエントの気持ちを受けとめつつ、主訴を整理し明確にするなかで、治療や支援に対しての意思を確認することが求められる。そのうえで生活歴、家族歴、治療歴、心理社会的背景等の情報を収集し、記録を作成し医師の診察・治療につなげたり、状況によっては医師の診察に同席することもある。診察の結果、入院が必要となった場合は、本人や家族等に対して入院手続きの支援を行う。そこでは、精神保健及び精神障害者福祉に関する法律（精神保健福祉法）上における今回の入院形態や、入院中の権利擁護に関して、改めて本人や家族にわかりやすく説明していく必要がある。特に非自発的入院の場合は、本人や家族等ともに混乱していることが多いため、丁寧な対応が必須となる。入院費に関する経済的相談や、入院中の生活上の調整などの相談にも適宜応じていくなど、状況に応じた臨機応変な対応が求められる。

また、受診相談の結果、当該医療機関の利用につながらない場合は、適切な医療機関、支援機関を紹介し、丁寧につないでいくことも精神保健福祉士としての重要な業務である。

② 入院病棟における業務

精神科病院の病棟は病態や年代、疾患ごとに構成されているところが多く、精神科救急病棟、精神科急性期病棟、精神療養病棟、認知症治療病棟、児童思春期病棟、依存症治療病棟など、機能に応じた特徴的な治療や支援が展開されている。精神保健福祉士は、各病棟の機能に基づいて、入院療養中における生活相談や退院に向けての調整などを中心に担う。病棟機能によっては、長期入院者の地域移行支援や、多職種ととも

に精神科リハビリテーションプログラムの実施（入院集団精神療法、入院生活技能訓練療法など）にも携わることがある。入院病棟には多くの医療専門職が配属されているため、日常的に病棟内での連絡・報告を密にし、多職種連携を行いながら、チーム医療を意識した業務展開が求められる。

　また、2013（平成25）年の精神保健及び精神障害者福祉に関する法律（精神保健福祉法）の改正で、退院後生活環境相談員が精神科医療機関に配置されたことに伴い、多くの精神保健福祉士が退院後生活環境相談員として、医療保護入院者に対する早期退院促進のための業務を担っている。

　退院後生活環境相談員の業務は、❶入院時の業務（本人・家族等に退院後生活環境相談員の業務と役割、退院に向けた取り組みの流れについて説明）、❷退院に向けた相談支援業務（本人・家族等の相談支援、他職種や関係者と連携、退院に向けた取り組みの実施）、❸地域援助事業者等の紹介に関する業務（地域資源の情報把握、地域生活支援のための関係者の紹介、退院後に向けての連絡・調整）、❹医療保護入院者退院支援委員会に関する業務（委員会開催のための参加者調整、委員会運営の中心的役割）、❺退院調整に関する業務（退院後の生活環境調整、地域関係者との連携による円滑な地域移行の促進）、❻その他（定期病状報告の退院に向けた取組欄への記載）が、精神保健福祉法に基づく厚生労働省通知（平成26年1月24日障発0124第2号）に明記されている。

　これらの業務は、精神保健福祉士が元来担っていた業務でもある。業務内容については医療保護入院者に限らず、どの入院者に対しても必要なことであり、入院病棟における精神保健福祉士の業務の流れを示しているといえる。さらに忘れてはならないのが、入院中の権利擁護に関する業務である。常に本人の権利保障に関する情報提供を行うとともに、退院請求・処遇改善請求など、本人が有する権利を適切に行使できるよう支援することが求められる。また、権利侵害の状況がないか点検を含め、院内の行動制限最小化委員会への参画など、行動制限最小化への取り組みも精神保健福祉士として必須の業務となる。

③　外来・訪問支援における業務

　外来では通院者の生活全般にかかわる相談に対応している。生活費や治療費などに関する経済的問題への相談、障害年金や精神障害者保健福祉手帳の申請に関する相談、就労・就学・対人関係上の相談、生活基盤の形成・維持に関する相談など実に幅広い。

★退院後生活環境相談員

医療保護入院者およびその家族等の退院後の生活環境に関する相談に応じ、退院に向けた支援を中心に担う任用資格。資格要件として精神保健福祉士が筆頭に挙げられている。2013（平成25）年の精神保健福祉法改正により創設。

第6章 「精神保健福祉士」の役割と機能

これらは本人からの相談のときもあれば、家族や関係者、他職種からの依頼で相談が始まる場合もある。精神科診療所の外来では少人数職場のところも多く、医師、看護師等、多職種チームが構成されている。業務を行うにあたっては外来チームの一員として、通院者の状況把握、院内外多職種・多機関の連携を意識し全体をコーディネートしながら、相談業務にあたることが求められる。外来は院外の関係機関と密に接する機会が多くあるため、個別の相談業務を通じて地域のネットワーク構築につなげていくような業務展開が求められる。

また、外来機能の一つとして訪問支援を行っているところもある。診療報酬制度における精神科訪問看護では、精神保健福祉士も資格要件として算定されることから、医療機関で訪問支援に携わる精神保健福祉士も増えてきている。訪問支援は定期的な訪問による相談や地域生活の支援を担うこともあれば、病状が悪化し来院できない人や治療を中断、拒否している人への危機状況への介入もあり、医療分野における精神保健福祉士の重要な業務となってきている。

④　精神科デイ・ケアにおける業務

精神科デイ・ケアにおける業務は、グループワークを中心に、多職種チームで展開される。精神科デイ・ケアのプログラムは、料理などの生活に密着したものから、スポーツや音楽活動などの余暇活動、SST（social skills training：社会生活技能訓練）など精神科リハビリテーションに基づいたものなど、利用者一人ひとりのニーズに合わせられるよう多様なプログラムが実施されている。精神科デイ・ケアのみならず、夕方から夜間にかけて実施される精神科ナイト・ケアや、精神科デイ・ケアと精神科ナイト・ケアを合わせて長時間利用可能な精神科デイ・ナイト・ケア、短時間のプログラム利用中心の精神科ショート・ケアなどを実施している医療機関も多く、利用者のニーズに応じてサービス利用を組み立てている。

いずれにおいても、精神保健福祉士は、グループ内の関係性や動きを活用したグループワークが求められる。また、精神科デイ・ケアでは個別担当制をとっているところが多く、集団による支援と併せて個別支援を展開していくことで支援の幅が広がっていく。

⑤　地域連携における業務、その他の業務

「地域に開かれた医療」を目指し、地域連携部門を設置している精神科医療機関も増加し、そこには多くの精神保健福祉士が配置されている。そこでは、地域関係機関との連絡調整のみならず、精神障害者への差別

や偏見の解消のために院内イベントの実施や、地域住民のメンタルヘルスの予防的取り組みとして講演会の開催など、幅広く普及啓発活動を行っている。さらに、地域関係機関の会議への参加など、地域連携に特化した業務を展開している。

その他、精神保健福祉士は医師や看護師など多職種で構成される院内の会議などにおいて、医療機関における福祉職として権利擁護の視点から意見を発信したり、新規事業開拓など病院の運営に関する会議やプロジェクトに参画する際にも常にクライエントの利益につながっているかの点検を怠らず、間接的業務ではより自らの専門性を意識した業務点検が求められてくる。

❷障害福祉サービス事業等における業務内容

障害福祉サービス事業における精神保健福祉士の業務は、相談支援、就労支援、居住支援、日中活動支援など、職場の特徴によって展開する業務内容は大きく異なる。よって、職場である機関特性の理解が不可欠である。さらに、職場がある地域によって事業展開にも特徴がみられることから、地域特性の理解も欠かせない。ここでは、障害者の日常生活及び社会生活を総合的に支援するための法律（障害者総合支援法）に基づく障害福祉サービス事業所に限定し、その種別ごとに、精神保健福祉士の主要な業務内容をみていく。

① 相談系サービスにおける業務

相談支援事業所の業務は、都道府県が指定する一般相談支援事業者と、市町村が指定する特定相談支援事業者によって、内容が異なる部分がある。双方に共通する業務は「基本相談支援」であり、一般的なサービス利用に関する相談支援として関係機関との連絡調整等を担う。日常生活自立支援事業や成年後見制度の利用調整などの相談にも応じている。

一般相談支援事業所のみの業務としては、「地域相談支援」としての地域移行支援・地域定着支援がある。地域移行支援・地域定着支援は、社会的入院者への退院に向けた支援であり、精神科病院を訪れ、利用者や病院スタッフと関係をつくりながら、地域移行に向けて外出時の同行支援や体験宿泊・障害福祉サービスの体験利用の提供など、具体的な支援を展開していくものである。

一方、特定相談支援事業所のみの業務としては、「計画相談支援」がある。これはサービス等利用計画の作成を主に、ケアマネジメントの展開によるサービス利用に関する支援の一環として行われる業務である。

★相談支援専門員
障害者総合支援法で相談支援事業所に配置が定められている任用資格。地域生活における相談援助やサービス等利用計画の作成、地域移行支援・地域定着支援、地域関係者との連携など、ケアマネジメント業務を中心に担う。

　これら相談支援事業の実施には相談支援専門員が必置となっており、多くの精神保健福祉士が相談支援専門員として業務に従事している。相談支援事業では、地域における幅広い相談支援業務を担っており、ケアマネジメントや地域移行支援などの業務を通して、精神保健福祉士としての専門性が活用される機会が多い職場といえる。

　地域における相談支援の中核的な役割を担う基幹相談支援センターの業務は、地域相談支援の拠点として、相談支援事業所のバックアップ機能を担う。具体的な業務は、❶総合相談・専門相談（三障害対応のワンストップ相談窓口、支援困難事例への対応や地域相談機関への助言、人材育成等）、❷権利擁護・虐待防止（成年後見制度利用支援事業、障害者虐待の通報受理・相談等）、❸地域移行・地域定着（精神科病院への働きかけ、地域の体制整備コーディネート等）である。ミクロレベルの業務のみならず、メゾレベル、マクロレベルにわたる幅広い視点からの業務展開が求められている。

② 日中活動系サービスにおける業務

　地域活動支援センターは、地域における活動・交流場面の提供を中心に、創意工夫された活動が展開されている。特に地域活動支援センターⅠ型には、精神保健福祉士等の専門職配置が規定されており、幅広い業務が展開されている。セルフヘルプグループやピア活動への側面的支援や当事者スタッフとの協働による業務展開は特徴的といえるだろう。また、利用者のニーズに応じて、実際の日常生活における課題解決のためのリハビリテーションプログラムの実施など、柔軟な業務が展開されている。

③ 就労支援系サービスにおける業務

　就労支援サービス事業所は、精神保健福祉士の業務としては「就労に関する支援」「雇用に関する支援」という「働くことへの支援」を主とした職場である。就労移行支援事業、就労継続支援A型事業、就労継続支援B型事業、就労定着支援事業など、障害者総合支援法に規定された事業内容によって重点的な業務内容は異なる。しかし、精神保健福祉士が業務を行うにあたっては、クライエントを生活者として捉える視点と、働くことの基盤にある地域生活支援の視点は、共通の視点として押さえておきたい。就労支援サービスを担う各事業所では、多くの精神保健福祉士がサービス管理責任者として、個別支援計画の作成なども行う。この際も本人のストレングスを引き出しながら、本人との協働を基本にしていくことが、精神保健福祉士の重要な業務の視点である。

★サービス管理責任者
障害者総合支援法で障害福祉サービス事業所に配置が定められている任用資格。効果的なサービスを提供するために、個別支援計画等の作成や、職員への指導・助言など、事業所における管理責任者としての役割を担う。

　また、就労定着支援においては、クライエントへの支援のみならず、事業所の雇用主や担当者との連絡調整やサポートも重要な業務として位置づけられている。

　さらに近年、特に就労支援サービス事業所における業務として、欠かせなくなってきているものに事業の管理運営業務がある。具体的な業務内容としては、事業所の収支管理や工賃の計算、労働環境の整備、委託事業の開拓、自主製品の開発、流通（販売店・納品先）の確保など、経営的な視点も踏まえた業務展開が求められる。利用者が眼前にいない間接的な業務のときこそ、最終的な利用者への還元を視野に入れて業務を行うことが求められる。

④　居住支援系サービスにおける業務

　居住支援サービス事業所としては、グループホーム（共同生活援助）における業務が代表的である。精神保健福祉士は、サービス管理責任者や世話人・生活支援員として、住まいにおける日常生活上の相談援助や家事援助、就労支援など、より生活に密着した業務を展開している。

　居住支援ではケアワーク的な業務が中心となるが、「生活者の視点」と地域生活支援という精神保健福祉士としての視点が最も業務に反映できる職場である。ただ、グループホームは精神保健福祉士が1人しかいないところが多い。日常業務を自己点検していくためにも、法人内や身近な地域で他の精神保健福祉士からスーパービジョンを受けたり、研修等に参加することで、業務における精神保健福祉士の専門性について確認する作業を心がけていく必要がある。

⑤　訓練系サービスにおける業務、その他の業務

　自立訓練（生活訓練）事業所は、地域での自立生活の維持・向上のために、生活能力や就労基礎力を身につけるための各種プログラムを行っている。通所型のみならず、訪問型や宿泊型など多機能型として展開されている事業所も多く、精神保健福祉士の業務として、リハビリテーションやグループワーク、相談支援や居住支援など、幅広い業務が求められる。宿泊型事業所は、精神科病院からの長期入院退院者が利用することが多く、医療機関をはじめ多機関との連携が必須となる。

　その他、特定の事業所にとらわれず、地域とのつながりを意識し、協議会等で地域ネットワークを構築していくことも精神保健福祉士の業務の一つといえる。さらに、そのような場で地域課題を検討し、必要に応じて実態調査を行い、その結果を自治体等に提言するなどの業務展開も、既存の支援のみにとどまらず必要なものは創り出していくソーシャル

ワークの視点に基づくものである。

行政機関の業務は、法律や制度に所属機関における業務内容が明確に規定されており、そのなかで精神保健福祉士としての専門性をいかに発揮できるかが鍵となる。ここでは、精神保健福祉に関連する主要な行政機関として、精神保健福祉センター、保健所、市町村を取り上げ、具体的な業務内容について提示していく。

① 精神保健福祉センターにおける業務

精神保健福祉センターの業務内容について、「精神保健福祉センター運営要領について」（平成8年1月19日健医発第57号）に明示されている各業務について、ミクロ―メゾ―マクロの対象ごとに紹介する。

ミクロレベルの業務として、本人・家族を対象にした、❶精神保健福祉相談としての一般住民への心の健康相談、❷精神疾患・障害者への精神医療受診相談や社会復帰相談、❸アルコール、薬物、思春期、認知症等の特定の課題に関する相談、❹複合的な課題を抱える困難ケースへの対応などがある。

メゾレベルの業務としては、❺精神保健福祉業務従事者を対象とした研修などの人材育成、❻保健所、市町村、関係諸機関など組織を対象とした技術指導および技術援助などのサポート、さらに❼家族会、患者会などの自助グループや、地域住民による組織的活動の育成などの側面的支援がある。

マクロレベルの業務は、❽一般住民を対象とした精神保健福祉に関する普及啓発、❾都道府県・関連機関における精神保健福祉活動の企画立案、❿活動の資料提供や政策立案のための資料収集や統計などの調査研究がある。

その他、制度運用業務として、⓫精神医療審査会の審査に関する事務（開催事務および審査遂行上必要な調査などの実施）や、⓬自立支援医療（精神通院医療の支給認定）・精神障害者保健福祉手帳の判定（申請に対する判定業務）なども担っている。

これら業務対象をみてみると、クライエントのみならず支援者や組織、地域住民など実に幅広く業務を展開していることがわかる。精神保健福祉センター運営要領では、職員の構成に精神保健福祉士が記載されており、精神保健福祉士は精神保健福祉相談員として、さらに公務員として、さまざまな立場の職員とともに業務を行っている。

② 保健所における業務

　保健所には、精神保健福祉センター同様に多くの精神保健福祉士が精神保健福祉相談員として勤務している。その業務は、「保健所及び市町村における精神保健福祉業務について」（平成 12 年 3 月 31 日障第 251 号）で運営要領として規定されている保健所の業務内容に基づき展開される。主な業務としては、❶精神保健福祉相談や訪問指導・訪問支援、❷社会復帰および自立と社会参加への支援などミクロレベルの業務から、❸ケース記録の整理および秘密の保持、❹入院等関係事務、❺研修実施や組織育成、❻市町村への協力および連携などメゾレベルの業務、❼企画調整、普及啓発などのマクロレベルの業務まで、幅広く行っている。

　保健所は、地域精神保健医療福祉の第一線機関としての業務を担ってきた歴史がある。現在も措置入院申請への対応、精神保健指定医診察への立ち合い、医療保護入院・応急入院に関する書類の受理と進達、移送に関する手続きへの参画、人権保護の推進、精神科病院に対する指導監督など、重要かつ慎重さが求められる業務を担っている。これらの業務において精神保健福祉士は個人の尊厳や基本的人権の価値・理念を基盤に、法律に基づく的確で適切な業務遂行が求められている。

③ 市町村における業務

　1999（平成 11）年の精神保健福祉法改正により、市町村が精神保健福祉行政の取り組みを開始したことに伴い、市町村における精神保健福祉士の配置が増加している。市町村が基礎自治体として身近な行政機関として精神保健福祉に関する相談や活動を展開する意義は大きい。

　市町村の業務は、他の行政機関の業務とも類似しているが、より住民に身近な行政機関として担う役割は大きい。その主な業務内容は、❶障害福祉サービスの利用に関する相談および利用の調整などの相談業務、❷精神障害者保健福祉手帳関係事務、入院および自立支援医療費（精神通院医療）関係事務にかかわる業務、❸精神保健福祉関連活動の企画調整や普及啓発、❹市町村障害福祉計画の策定、地域の実情に応じた創意工夫による各種社会資源・施策の整備など、保健所の業務と同様に「保健所及び市町村における精神保健福祉業務について」（平成 12 年 3 月 31 日障第 251 号）に明記されている。

　市町村の精神保健福祉士は、基礎自治体として住民により身近な存在として業務にあたりながら、精神保健福祉センターや保健所、都道府県、関係諸機関とともに地域包括ケアの推進を目指しているのである。

以上、主要な職場（機関）における精神保健福祉士の業務内容の詳細をみてきた。業務は現場の状況に応じて展開されるため、職場や支援対象の特性によって精神保健福祉士の具体的な業務内容には違いがあることが理解できただろう。さらに、精神保健福祉士の業務は、退院後生活環境相談員、相談支援専門員、介護支援専門員、サービス管理責任者、精神保健福祉相談員など、各任用資格の業務とも重複している部分がある。これらの任用資格は他の専門職でも取得が可能であるが、精神保健福祉士が行う業務との違いについては、精神保健福祉士の専門性に基づく業務特性を踏まえて考えてみよう。

2 ▶ 精神保健福祉士の業務特性

　ここでは、精神保健福祉士の業務内容の実際として、医療機関における入院相談業務の一場面を取り上げ、精神保健福祉士の専門性に基づく業務特性について業務を構成する各要素と、業務展開におけるミクロ―メゾ―マクロレベルにわたる包括的視点についてみていく。

1 精神保健福祉士による業務の実際

事例

▌入院相談業務

　一人暮らしのAさん（64歳、男性）はここ数日、公営住宅の団地内で大声を出し、夜通し歩き回っていることがあり、近隣住民の間でうわさになっていた。心配した民生委員がAさんの自宅を朝に訪問したところ、話がかみ合わず、精神科に受診すべきではないかと考え、以前も他の人の受診の付き添いで顔なじみとなっていた精神科病院の精神保健福祉士に相談の電話を入れた。応対した精神保健福祉士は、現在の状況を民生委員から聞き、受診を勧めた。

　その後、民生委員がAさんを説得し、昼前にAさんが民生委員とともに来院した。来院したAさんに精神保健福祉士から声をかけ現在の状況を説明したが、話のつじつまが合わず混乱して落ち着かない状態であったため、早急に医師に診察を依頼し、診察の結果、入院加療が必要ということになった。本人同意による任意入院は難し

い状況であり、医師より「医療保護入院にするにあたり、家族等の状況を把握してほしい」と精神保健福祉士に依頼があった。民生委員からＡさんが生活保護世帯であると聞いていた精神保健福祉士は、Ａさんに確認したうえで福祉事務所に連絡をとり、親族の状況を尋ねた。

　情報によると、Ａさんは同居していた母親を10年前に亡くし、その後は公営住宅で生活保護を受けながら一人暮らしをしていたとのことだった。親族として姉がいたが、母親の死後、姉とは関係が疎遠になっており、10年来やりとりは途絶えているようであった。福祉事務所の協力もあり姉と連絡がとれ、すぐに来院してくれることになったため、この情報を医師とＡさんに伝え、Ａさんの入院手続きは進められていった。夕方、姉が病院に駆けつけ、あらためて医師から病状や医療保護入院の説明を受け、その後精神保健福祉士により入院に関する書類や手続きの説明を行った。姉は10年ぶりに会うＡさんの姿に愕然としていた。

　後日、退院後生活環境相談員に選任された精神保健福祉士は、Ａさんにこれまでの状況を尋ねるとともに、姉とも面接を行った。また、民生委員からＡさんの住む公営住宅では単身高齢者の割合が高く、Ａさん以外にも精神科ニーズへの対応に苦慮しているという相談も入ってきた。

出典：日本精神保健福祉士協会「精神保健福祉士業務指針」委員会編著『精神保健福祉士業務指針 第3版』日本精神保健福祉士協会，2020．の掲載事例を改変

●精神保健福祉士の具体的な業務行為

　この場面事例は、業務名としては「受診／受療に関する支援」にあたる。実際に精神保健福祉士が担った業務、および担うべき業務について、場面の順を追って具体的な業務行為をみていく。

　まずは民生委員から電話があり、精神保健福祉士が相談に応じ、電話で情報収集・状況把握を行い、受診を促している（電話相談）。Ａさん来院後は、混乱しているＡさんに対しても声かけや確認は行い、早急に医師に診察を依頼した（受診調整・診察依頼）。

　診察後は医師より精神保健福祉士に家族等の状況把握の依頼があり、福祉事務所に連絡をとり、親族の状況を確認している（情報収集・多機関連携）。そして、収集した情報を医師に伝え（情報伝達）、姉が来院した際には、入院書類や手続きの説明等を行っている（入院手続き支援）。

姉の様子やこれまでの経緯を踏まえ、本人からこれまでの状況を聞く（面接）のみならず、姉との面接も行っている（家族支援）。

このように行為面のみ抽出してみても、精神保健福祉士がかなり多くの業務行為を行っていたことがわかる。

■2 業務に含まれる精神保健福祉士の専門性

「精神保健福祉士業務指針」による業務の定義によると、精神保健福祉士の業務とは、単に目にみえる具体的行為のみを指すのではなく、目にはみえない価値・理念を基軸として状況分析を行い、状況に応じて機能や技術を活用するなど、その具体的行為は精神保健福祉士の専門性に裏づけられている。この専門性こそが精神保健福祉士の業務特性であるといえる。ここでは、前述した場面事例の業務行為に含まれる精神保健福祉士の専門性の各要素について、確認していく。

❶業務の基盤となる価値・理念・視点

場面事例の業務を行うにあたり、精神保健福祉士が大切にすべきことは何だろうか。精神科病院への入院は本人の意思に基づく入院ばかりとは限らない。事例のように精神症状が顕著となり、本人の意に反して非自発的入院になることもある。そのような場合でも、精神保健福祉士は本人不在で入院を進めることのないよう（当事者主体）、法的手続きに則りながらも、本人が混乱している状態であっても、そのつど本人にも説明を行っていくことは忘れてはならない（説明責任）。そして、本人や家族の言葉に耳を傾け、抱える不安とまどいを受けとめ（受容と傾聴）、安心して医療サービスが受けられるよう、出会いの瞬間から信頼関係の構築を心がける必要がある（関係性の構築）。さらに、受診・入院に至るまでの生活状況を把握し（生活者の視点）、本人を含む家族の歴史や価値観、関係性を尊重し（個別化）、心理社会的視点から本人を多面的に理解することは欠かせない（人と状況の全体関連性）。緊急時においても個人の尊厳が損なわれないよう配慮し、丁寧なかかわりを心がけることが重要となる（人権への配慮）。

入院時のみならず今後のことを踏まえ、本人の生活の連続性を意識し、地域とのつながりを密にしていくとともに（地域関係者との連携・協働）、地域社会における課題をともに考えていく姿勢が求められるのである（共生社会の実現）。このように事例展開に沿って、精神保健福祉士が大切にしていることを列挙してみると、そこには精神保健福祉士の業務の基盤となる価値・理念・視点が含まれていることがわかる。

❷業務で必要となる主な知識

さらに、事例の業務を展開するにあたり、精神保健福祉士にはどのような知識が必要とされるだろうか。ここでは、社会福祉・精神保健福祉に係る制度体系およびサービス内容に関する知識を中心にみていく。

入院相談業務においては、大前提として、精神科入院形態（精神保健福祉法）の知識が必要となる。事例の展開からは、生活保護制度（生活保護法）や、連絡を入れた福祉事務所の機能と役割（社会福祉法）の知識が必要となる。さらに、受診に同行してくれた民生委員の機能と役割（民生委員法）、本人の居住環境を理解するために公営住宅（公営住宅法）の特徴についての理解、そして、退院後生活環境相談員（精神保健福祉法）の役割と業務の理解も必要となる。

業務で必要となるそれぞれの知識には、根拠となる法律名を記載したが、各法律を覚えたとしても実践に援用できなければ意味がない。法律的な基礎知識を身につけたうえで、現場の実情を踏まえ知識を活用しながら、実践的に応用していくことが精神保健福祉士の現場の業務では求められるのである。

ほかにも、精神症状・疾患の基礎知識がないと、電話相談や来院時の本人の様子に対して適切な対応はできないだろう。また、院内の他の専門職、事務スタッフ、入院病棟の機能と役割や、今後の業務展開を考えるならば、地域状況の知識も必要となってくる。

❸業務で活用される主な技術

次に、場面事例の業務において活用されている技術としては、何があるだろうか。民生委員からの電話相談では、話に耳を傾けながらも、短時間に情報を的確に収集し、状況をまとめて把握するための面接技術が求められる。さらに、その状況をアセスメントし、判断する必要がある。本人来院後は、関係形成技法が欠かせない。相手がどのような状態であってもかかわりを基本に据える精神保健福祉士として欠かせない技術である。この関係形成技法は、本人に対してのみならず、家族や民生委員や福祉事務所の職員など関係者との関係を形成していく際にも必要となり、これらがネットワーキングにつながっていくのである。

Ａさんへの声かけや説明などでは面接技術が必要とされ、医師との診察につなげる段階では、医師をはじめとする外来スタッフとのチームアプローチが不可欠である。医療保護入院に至るまでの迅速な情報収集・情報提供・情報伝達では、状況に応じた連携技術が活用されているといえる。全体を通して個別援助技術が駆使され、今後の展開では、ケアマ

ネジメントやコミュニティワーク等も必要となってくる事例である。

このように業務を展開していくためには、適切かつ有効な方法として、精神保健福祉士の数多くの技術が活用されている。

▌3 包括的視点からの業務展開

精神保健福祉士の業務は、「ミクロ（個人・集団）－メゾ（組織・小地域）－マクロ（社会）」の連続性のなかで包括的なアプローチによって展開する特性をもっており、一人のクライエントと向き合っている場面でも、クライエントを取り巻くサービス内容や地域の状況、社会システムを検証し問い直す姿勢が求められる。

ここでは、場面事例の精神保健福祉士がＡさんを支援していくにあたり、Ａさんを取り巻く環境にも目を向けたとき、どのような働きかけが考えられるかについて、レベルごとの業務展開をみていく。

❶ミクロレベルの業務展開

ミクロレベルの業務展開としては、Ａさんの今後の地域生活に向けた相談が考えられる。退院後、Ａさんが公営住宅に戻り、地域生活を送っていくためにはどのような支援が必要なのかをともに考えていくことが重要である。その際、本人の気持ちを確認しながら、活用できる社会資源について説明し、その利用の意思決定に寄り添う支援が求められる。

さらに、いくつかの社会資源活用が考えられる場合は、それぞれの調整を行い本人の状況に応じた利用の仕方ができるよう、ケアマネジメントの技術が求められてくる。また、家族支援も視野に入れる必要がある。姉と10年来疎遠になっていたことを踏まえ、状況によっては家族関係調整の必要も出てくるだろう。

❷メゾレベルの業務展開

メゾレベルの業務展開としては、今回の入院においてかかわってきた民生委員や福祉事務所と、継続的に連絡を取りあいながら、退院に向けたＡさんの支援について、ともに考えていく体制をつくっていく必要がある。今後の地域生活において、必要な社会資源があれば新たに関係機関に加え、本人のニーズに基づいた連携・協働体制の構築が求められる。さらに、個別支援におけるつながりのみならず、地域関係機関から精神科医療機関へのニーズを聞き、院内の組織で今後の受診・受療体制を検討していくことも考えられる。

精神保健福祉士は医療機関における福祉職として、地域ニーズを院内に伝えて組織を改革していくことも重要な業務といえる。

❸マクロレベルの業務展開

マクロレベルの業務展開は幅広く、地域における生活問題状況の把握が考えられる。民生委員から公営住宅での単身高齢者割合の増加と精神科ニーズへの対応への相談を受けているが、実際の状況を把握するために協議会等へも働きかけ、ニーズ調査の実施を提案したり、必要なサービスの提供体制を自治体に働きかけていくことも考えられる。また、同様の課題がほかの地域にもみられる場合は、職能団体等を通して社会に働きかけることも視野に入れていくことで、ソーシャルアクションによる政策提言にもつながっていくのである。

このように、精神保健福祉士の業務展開は、個別支援にとどまらず、そこから組織や地域、社会にも目を向けていくことで、広がりをみせていく。もちろん、一人の精神保健福祉士がこれらすべてを担うには限界がある。よって、他の精神保健福祉士や多職種・多機関・関係者と課題を共有しながら、社会にも働きかけていくためには、連携・協働が不可欠となる。それらをコーディネートしていくことも、精神保健福祉士の特徴的な役割といえる。

以上、精神保健福祉士の業務特性として、業務に含まれる精神保健福祉士の専門性と業務展開における包括的視点について、場面事例における実際の業務を通してみてきた。精神保健福祉士の業務は多くの構成要素から成り立っており、実に幅広くそして奥深い。精神保健福祉士の専門性が欠かせないことが理解できるだろう。

Active Learning

pp.308-309の事例を読み、精神保健福祉士の業務をミクロ・メゾ・マクロそれぞれのレベルから具体的に整理してみましょう。

◇参考文献
・日本精神保健福祉士協会「精神保健福祉士業務指針」委員会編著『精神保健福祉士業務指針 第3版』日本精神保健福祉士協会，2020.
・日本精神保健福祉士協会退院促進委員会編『精神保健福祉士のための退院後生活環境相談員ガイドライン』日本精神保健福祉士協会，2016.
・岩本操『ソーシャルワーカーの「役割形成」プロセス——「違和感のある仕事」から組織活動への実践モデル』中央法規出版，2015.
・赤畑淳「精神科臨床における精神保健福祉士の業務と役割」『精神神経学雑誌』第120巻第7号，pp.609-615，2018.
・日本精神保健福祉士協会監，田村綾子編著，上田幸輝・岡本秀行・尾形多佳士・川口真知子『精神保健福祉士の実践知に学ぶソーシャルワーク① ソーシャルワークプロセスにおける思考過程』中央法規出版，2017.
・日本精神保健福祉士協会監，田村綾子編著，上田幸輝・岡本秀行・尾形多佳士・川口真知子『精神保健福祉士の実践知に学ぶソーシャルワーク② ソーシャルワークの面接技術と記録の思考過程』中央法規出版，2017.
・日本精神保健福祉士協会監，田村綾子編著，上田幸輝・岡本秀行・尾形多佳士・川口真知子『精神保健福祉士の実践知に学ぶソーシャルワーク③ 社会資源の活用と創出における思考過程』中央法規出版，2019.

第6章 「精神保健福祉士」の役割と機能

索引

な〜の

た〜と

は〜ほ

金子　努 (かねこ・つとむ) ……………………………… 第 1 章第 2 節、第 2 章第 4 節、第 3 章
県立広島大学保健福祉学部教授

國重　智宏 (くにしげ・ともひろ) ……………………………………………… 第 2 章第 3 節
帝京平成大学現代ライフ学部専任講師

栄　セツコ (さかえ・せつこ) ……………………………………… 第 5 章第 3 節・第 4 節
桃山学院大学社会学部教授

田村　綾子 (たむら・あやこ) ……………………………………… 序章、第 5 章第 1 節
聖学院大学心理福祉学部教授

茶屋道　拓哉 (ちゃやみち・たくや) ……………………………… 第 6 章第 1 節・第 2 節
鹿児島国際大学福祉社会学部准教授

辻井　誠人 (つじい・まこと) ……………………………………………… 第 5 章第 2 節
桃山学院大学社会学部教授

中村　和彦 (なかむら・かずひこ) …………………………………………… 第 4 章第 4 節
北星学園大学社会福祉学部教授

古屋　龍太 (ふるや・りゅうた) ……………………………………………… 第 4 章第 1 節
日本社会事業大学大学院福祉マネジメント研究科教授

三木　良子 (みき・りょうこ) ………………………………………………… 第 4 章第 3 節
帝京科学大学医療科学部講師

最新 精神保健福祉士養成講座

5　精神保健福祉の原理

| 2021年2月1日 | 初　版　発　行 |
| 2024年2月1日 | 初版第4刷発行 |

編　集　　一般社団法人日本ソーシャルワーク教育学校連盟
発行者　　荘村明彦
発行所　　中央法規出版株式会社
　　　　　〒110-0016　東京都台東区台東3-29-1　中央法規ビル
　　　　　TEL 03（6387）3196
　　　　　https://www.chuohoki.co.jp/

印刷・製本　株式会社アルキャスト
本文デザイン　株式会社デジカル
装　　　幀　株式会社デジカル
装　　　画　酒井ヒロミツ